Bibliografische Information Der Deutschen Nationalbibliothek
Die Deutsche Nationalbibliothek verzeichnet diese Publikation
in der Deutschen Nationalbibliografie; detaillierte
bibliografische Daten sind im Internet über
http://dnb.de abrufbar.

Hermann von Engelbrechten-Ilow
Was läuft da schief im Journalismus?
Warum es mit den Medien bergab geht und wie man ihnen aufhelfen kann
Schriften zur Rettung des öffentlichen Diskurses, 7
Köln: Halem, 2023

http://www.halem-verlag.de

Print: ISBN 978-3-86962-672-7
E-Book (PDF):   ISBN 978-3-86962-673-4
E-Book (ePub):   ISBN 978-3-86962-674-1

ISSN 2699-5832

UMSCHLAGGESTALTUNG: Claudia Ott, Düsseldorf
UMSCHLAGFOTO: Photocase/suschaa
SATZ: Herbert von Halem Verlag
LEKTORAT: Vera Belowski / Julian Pitten
DRUCK: docupoint GmbH, Magdeburg
Copyright Lexicon © 1992 by The Enschedé Font Foundery
Lexicon ® is a Registered Trademark of The Enschedé Font Foundery.

Schriften zur Rettung des öffentlichen Diskurses

Hermann von Engelbrechten-Ilow

Was läuft da schief im Journalismus?

Warum es mit den Medien bergab geht und wie man ihnen aufhelfen kann

HERBERT VON HALEM VERLAG

Die Reihe *Schriften zur Rettung des öffentlichen Diskurses*

Warum ist der lagerübergreifende öffentlich-demokratische Diskurs gefährdet, ja geradezu ›kaputt‹? Weshalb ist der öffentliche Wettbewerb auf dem Marktplatz der Ideen ins Stocken geraten? Und welche Rolle spielen dabei Digitalisierung und Algorithmen, aber auch Bildung und Erziehung sowie eskalierende Shitstorms und – auf der Gegenseite – Schweigespiralen bis hin zu Sprech- und Denkverboten?

Die Reihe *Schriften zur Rettung des öffentlichen Diskurses* stellt diese Fragen, denn wir brauchen Beiträge und Theorien des gelingenden oder misslingenden Diskurses, die auch in Form von ›Pro & Contra‹ als konkurrierende Theoriealternativen präsentiert werden können. Zugleich gilt es, an der Kommunikationspraxis zu feilen – und an konkreten empirischen Beispielen zu belegen, dass und weshalb durch gezielte Desinformation ein ›Realitätsvakuum‹ und statt eines zielführenden Diskurses eine von Fake News und Emotionen getragene ›Diskurssimulation‹ entstehen kann. Ferner gilt es, Erklärungen dafür zu finden, warum es heute auch unter Bedingungen von Presse- und Meinungsfreiheit möglich ist, dass täglich regierungsoffiziell desinformiert wird und sich letztlich in der politischen Arena kaum noch ein faktenbasierter und ›rationaler‹ Interessenausgleich herbeiführen lässt. Auf solche Fragen Antworten zu suchen, ist Ziel unserer Buchreihe.

Diese Reihe wird herausgegeben von Stephan Russ-Mohl, emeritierter Professor für Journalistik und Medienmanagement an der Università della Svizzera italiana in Lugano/Schweiz und Gründer des *European Journalism Observatory*.

Meinen Eltern

Inhaltsverzeichnis

Einführung

Schenkt man Friedrich Dürrenmatt Glauben, so war die Zeitung die zweite Erfindung der Menschheitsgeschichte. Sie wurde nötig, um Kunde von der ersten, dem Aufrechtgehen, zu verbreiten. Dabei erschien die Zeitung noch nicht in gedruckter Form, sondern wurde zunächst in Baumrinde geritzt, bevor das Aufkommen der Riesensaurier ein solideres Trägermedium, den Stein, bedingte.

Die Zeitungen der Steinzeit unterschieden sich in der politischen Ausrichtung und in der Erscheinungsweise. Der *Liassische Beobachter* tat dies als einzige Zeitung jährlich, die *Zukunft*, das »Organ der Fortschrittspartei«, zehnjährlich und die *Carbonalzeitung*, »unser ältestes Blatt«, alle hundert Jahre. Technische Fortschritte erleichterten in der Folge das Schreiben und die Verbreitung der Zeitung als solche. Mit der Erfindung der Schwerkraft wurde es möglich, die Extraausgabe zur Entstehung der Alpen auf runde Steine geschrieben in die Ebene zu rollen. Das erleichterte die Zustellung erheblich. Mit Bedauern betrachtet der Autor die Erfindung der Kreide, führte sie seiner Ansicht nach doch dazu, dass die Zeitungen sich »den vergänglichen Tagesneuigkeiten« zuwandten und sich die »Vielschreiberei« der Menschheit bemächtigte.

Das Zeitungssterben sei auf den Staat, »dieser verhängnisvollen und unseligen Erfindung« des mittleren Tertiärs, zurückzuführen. Schließlich habe er die Zeitungen zu Lokalblättern degradiert, für deren »minime Aufgaben« sie zu schwerfällig gewesen seien. Folgerichtig sei im Pliozän die letzte Zeitung der Steinzeit, das »Organ für Mergel und Gips«, eingegangen.

Diese »Nachrichten über den Stand des Zeitungswesens in der Steinzeit«[1] verfasste der Schweizer Dramaturg Anfang der 1950er-Jahre. Der Wert der Parodie für dieses Buch liegt darin, dass Dürrenmatt, um das Zeitungswesen in die Steinzeit zu übertragen, nicht die gedruckte Zeitung als solche, sondern diejenigen Charakteristika der Zeitung bestimmen musste, die nicht an Zeitalter oder Trägermedium gebunden sind. Eines dieser Charakteristika ist der Zweck, nämlich die Verbreitung von überindividuellen Nachrichten, also solchen, die für die gesamte Menschheit von Interesse sind. Als Trägermedium der Zeitung fungiert zunächst die Baumrinde, später der Stein, den Dürrenmatt sogar noch in Kalkstein und Granit aufdröselt. Ebenso erwähnt Dürrenmatt die Erscheinungsweise, die bereits in der Steinzeit von Regelmäßigkeit geprägt war, auch wenn die Abstände zwischen den einzelnen Ausgaben Jahre und nicht Tage oder Wochen betrugen. Die »Vielschreiberei« mit ihrem Fokus auf den »vergänglichen Tagesneuigkeiten« sorgte dafür, dass der »reine, lakonische« Stil vergessen wurde.

Demnach zeichnen folgende Eigenschaften eine Zeitung aus:

- Ihr Zweck liegt in der Verbreitung von *überindividuellen* Nachrichten.
- Die Zeitung hat *vielfältige Trägermedien*.
- Die Zeitung erscheint *regelmäßig*, d.h. nach einem *festen Rhythmus*.

- Es besteht ein *Zusammenhang* zwischen der *Häufigkeit der Erscheinungsweise* und der *Dauerhaftigkeit einer Nachricht.*
- Eine *häufigere Erscheinungsweise* führt zu einem *ausschweifenden Schreibstil.*

Sofern Dürrenmatt die Schuld für das »Zeitungssterben« dem Staat zuweist, werden ihm die heutigen Verleger insoweit beipflichten, als dass der Staat sich aus dem Zeitungswesen herauszuhalten habe. Nichtsdestotrotz ist das demokratisch verfasste Gemeinwesen darauf angewiesen, dass die (Lokal-)Blätter nicht zu schwerfällig für ihre »minimen« Aufgaben werden. Dürrenmatts Landsleute haben, um genau dies zu verhindern, die Eidgenössische Medienkommission (EMEK) gegründet:

> Sie unterstützt den Bundesrat und die Verwaltung im Bestreben, die Existenz der Schweizer Medien auch in einem sich stark wandelndem Umfeld langfristig zu sichern und so die demokratische Meinungs- und Willensbildung zu gewährleisten.[2]

Nicht nur in der Schweiz, überall auf der Welt hat der Zeitungsjournalismus Schwierigkeiten, sich zu refinanzieren und ist – zumindest in der Breite – in seiner Existenz gefährdet. Selbst die Vereinten Nationen haben sich des Themas angenommen. Zum internationalen Tag der Pressefreiheit fordern sie Rahmenbedingungen, die das ›öffentliche Gut‹ Information ermöglichen. Dafür sei es nötig, den Nachrichtenmedien die Geschäftsgrundlage zu sichern, Transparenz bei den Internetkonzernen herzustellen und die Medienkompetenz in der Bevölkerung zu stärken.[3] In Deutschland will die Ampelregierung immerhin die flächendeckende Versorgung mit periodischen Presseerzeugnissen gewährleisten.[4]

Die Gründe für die Schwierigkeiten der Medien sind bekannt und vielfach beklagt. Das Publikum hat sich nach jahrelangem kostenlosen Online-Journalismus daran gewöhnt, nichts mehr für Informationen zu bezahlen – sieht man einmal vom Rundfunkbeitrag ab, dessen Zahlung allerdings verpflichtend ist. Überhaupt hat sich das Mediennutzungsverhalten geändert. Zu den Informationsquellen sind die digitalen Netzwerkplattformen hinzugestoßen, die nach den Regeln der Aufmerksamkeitsökonomie kurze Informationshappen bevorteilen und nach individuellem Interesse den Nutzern zuspielen. An diese sowie Google haben die Zeitungen ihre Vormachtstellung auf dem Werbemarkt verloren. Die Zeitungen befinden sich in erster Linie in einer Finanzierungskrise, haben aber auch mit einem veränderten Mediennutzungsverhalten zu kämpfen. Die Politik nimmt das mehr oder minder hin und passt ihr Informationsverhalten diesen Verhältnissen an. Sie weitet ihre eigene Kommunikation beständig aus und füllt die Lücken, die die geschwächten Nachrichtenmedien hinterlassen; ohne, dass die breite Öffentlichkeit groß Anstoß daran nähme.

Hauptleidtragender ist der Journalismus, dessen demokratische Funktion diese Entwicklung von Jahr zu Jahr mehr einschränkt. Diese demokratische Funktion bzw. ›öffentliche Aufgabe‹ ist verfassungsrechtlich gewährleistet. Das hat Gründe: Die Demokratie lebt von der Debatte, vom Austausch der Ideen und Meinungen. Dafür braucht es eine informierte Bevölkerung und eine Bevölkerung, die informiert sein will, braucht Journalismus. Nicht nur deshalb spricht das Bundesverfassungsgericht der Pressefreiheit die Eigenschaft zu, schlechthin konstituierend für die Demokratie zu sein.

Diese Ausarbeitung macht Vorschläge, wie innerhalb der Grenzen des Grundgesetzes die Rahmenbedingungen des Journalismus verbessert werden können. Damit einher geht die Frage, inwieweit den Staat aufgrund etwaiger Schutzpflichten für die gesellschaftliche Meinungsbildung sogar eine Verpflichtung zur Verbesserung der Rahmenbedingungen trifft. Schließlich dienen, wie das Bundesverfassungsgericht urteilt, alle Garantien in Art. 5 Absatz 1 Grundgesetz der freien individuellen und öffentlichen Meinungsbildung. In keinem Fall darf eine Unterstützung des Journalismus nach Meinungen differenzieren.

Gegenstand dieses Buchs sind die Dysfunktionalitäten im Meinungsbildungsprozess, die mit der Finanzierungskrise der Medien, der Dominanz der Plattformkonzerne sowie der ausschweifenden staatlichen Kommunikation im Internet einhergehen.

Diese Arbeit richtet sich an die interessierte (Fach-)Öffentlichkeit. Sie ist in sechs Hauptteile untergliedert. Teil I bildet die Lage der journalistischen Medien anhand aktueller empirischer Studien ab. Er zeigt die Entwicklung auf dem Werbemarkt und die der Auflagen auf und stellt im Weiteren die Sicht des Publikums auf den Journalismus dar. Teil II erläutert die Funktion des Journalismus aus rechtlicher und medienwissenschaftlicher Sicht. Er geht zunächst auf die begrifflichen Unterschiede ein, die zwischen der rechts- und medienwissenschaftlichen Forschung zum Journalismus bestehen. Die Rechtswissenschaft arbeitet mit den Trägermedien des Journalismus, der Presse und dem Rundfunk, und spricht von einer öffentlichen Aufgabe dieser beiden Medien. Sie betont ihre Funktion für die Meinungsbildung. Die Medienwissenschaft richtet ihr Augenmerk stärker auf den Begriff des Journalismus selbst, auch wenn sie ebenso zwischen Presse und Rundfunk differenziert. Teil III thematisiert die Bedrohung für Presse-, Rundfunk- und Meinungsbildungsfreiheit, die von der neueren ausschweifenden Kommunikation des Staates im digitalen Raum ausgeht. Teil IV behandelt verfassungsrechtliche Gewährleistungs- und Gleichbehandlungsansprüche. Teil V unterbreitet konkrete Vorschläge, wie der Gesetzgeber den Gefährdungen der Meinungsbildung entgegenwirken kann. Diese zielen vornehmlich auf eine indirekte Förderung, insbesondere Steuererleichterungen und Gutscheine für Abonnements lokaler Tageszeitungen. Bei den Intermediären regt er an, die bestehende Haftungsprivilegierung für Nutzerinhalte nur zu gewähren, soweit die Plattformen die Anordnung von Inhalten an der freien individuellen und öffentlichen Meinungsbildung ausrichten. Das Buch schließt in Teil VI mit einer Betrachtung der wesentlichen Ergebnisse.

TEIL I
DIE LAGE DER JOURNALISTISCHEN MEDIEN

Der Medienbranche geht es schlecht. Wie schlecht? Das aufzuzeigen ist das Anliegen des ersten Teils. Er gibt einen Überblick über die Herausforderungen, vor denen die Branche – ob Print oder Digital – steht. Der 1. Abschnitt beleuchtet die Finanzierung der Presse, während der 2. Abschnitt die Nachrichtennutzung untersucht. Der 3. Abschnitt beschließt diesen Teil mit einer Zusammenfassung der Ergebnisse.[5]

1. Finanzierung

> Die Digitalisierung der öffentlichen Kommunikation hat sowohl das Informations- und Vermittlungsmonopol als auch die einzigartige Stellung von Medien als Werbeplattformen zerstört. Damit funktioniert das traditionelle und über ein Jahrhundert lang erfolgreiche Geschäftsmodell des Journalismus nicht mehr.[6]

Diesen Schluss ziehen Vinzenz Wyss und Guido Keel in ihrer Expertise für die Eidgenössische Medienkommission. Das »über ein Jahrhundert lang erfolgreiche Geschäftsmodell des Journalismus« setzte im Wesentlichen auf zwei Märkte: den Werbemarkt und den Lesermarkt. Auf dem Werbemarkt brechen die Einnahmen aufgrund der übermächtigen Konkurrenz der großen Digitalkonzerne weg (Abschnitt a), auf dem Lesermarkt aufgrund sinkender Abonnentenzahlen im Printbereich, die bisher nicht durch Digitalabonnements aufgefangen werden (Abschnitt b).

a. Werbemarkt

Der Dortmunder Medienökonom Frank Lobigs beschreibt in seiner Expertise für die EMEK den »Paradigmenwechsel in der Ökonomie gesellschaftlich relevanter Medieninhalte«.[7] Medieninhalte »werden in der *mobilen* Nutzungs-Welt des neuen Paradigmas zumeist auf Smartphone- oder auch anderen Mobile-Screens rezipiert, zunehmend als Videos, und dabei in vielen Milliarden von Big Data-algorithmisch kuratierten, personalisierten Trefferlisten (*hit lists*), Streams, Threads und Feeds pausenlos neukonfektioniert.« Zentrale Gatekeeper würden wenige Internet-Konzerne, insbesondere Google und Facebook, die als einflussreiche »Informationsintermediäre« die Mediennutzung von bis zu Milliarden von Nutzern beeinflussen könnten.[8]

Die folgenden Zahlen zur Entwicklung des Werbemarktes in Deutschland basieren auf Erhebungen des in New York ansässigen Branchendienstes Insider Intelligence, einer Tochter der Axel Springer SE, die dem Verfasser als Excel-Datei[9] vorliegen. Der Zentralverband der deutschen Werbewirtschaft ZAW e.V. erhebt ebenfalls entsprechende Daten, hat aber erstmals für 2019 eine neue Systematik angewandt, die einen Langzeitvergleich nach Kategorien verhindert.[10] Abbildung 1 illustriert die Entwicklung der anteiligen Werbeausgaben in Deutschland von 2011 bis 2025. Der Block ›Zeitungen und Zeitschriften (Print)‹ bildet 2011 noch 47,2 Prozent der Gesamtwerbeausgaben ab, 2019 sind es nur noch

27,8 Prozent, und für 2025 prognostiziert Insider Intelligence einen Anteil von 17,3 Prozent. Die Werbeausgaben im Digitalbereich entwickeln sich spiegelverkehrt. Machten sie 2011 etwa ein Fünftel des Werbebudgets aus, waren es 2019 knapp zwei Fünftel und sollen 2025 beinahe drei Fünftel aller Werbeausgaben ausmachen. 2025 werden drei Viertel aller digitalen Ausgaben für Mobilwerbung verwandt werden.

Abbildung 1
Anteil Gesamtwerbeausgaben nach Kategorie

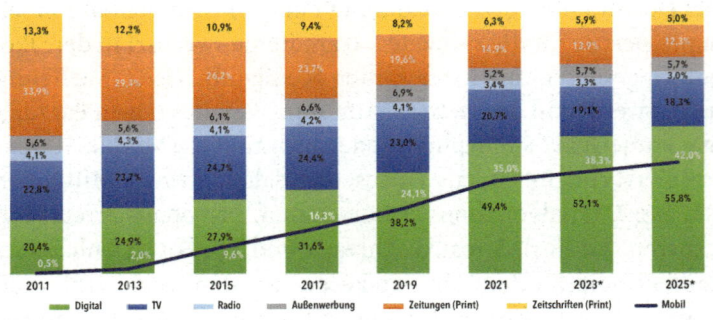

Insider Intelligence 2023, eigene Darstellung. *Prognose

Dabei gehen von jedem Euro, der 2023 für digitale Werbung ausgegeben wurde, 68 Cent an Google (40 Cent) und Meta (28 Cent). In naher Zukunft prognostiziert Insider Intelligence geringe Einbußen der beiden Platzhirsche. Nach Schätzungen der Springer-Tochter vereinnahmen sie 2025 nur noch knapp zwei Drittel des (wachsenden) digitalen Werbekuchens (65 % Anteil für 2025).[11]

Und wie entwickelt sich der Werbemarkt insgesamt? Abbildung 2 gibt eine Antwort. Dort zu erkennen ist ein Balkenpärchen, das weitestgehend im Gleichschritt die Jahre durchläuft. Der linke Balken stellt die von Insider Intelligence[12] berechneten

Gesamtwerbeausgaben im jeweiligen Jahr dar, der rechte nimmt den 2011er Wert und multipliziert ihn mit den Inflationsraten[13] der Jahre 2012 bis einschließlich 2022. Bezieht man die Inflation in die Berechnung mit ein, zeigt sich, dass das Gesamtwerbevolumen im angegebenen Zeitraum in etwa gleichgeblieben ist.

Abbildung 2
Werbeausgaben 2011 bis 2022 nominal und inflationsbereinigt
in Milliarden Euro

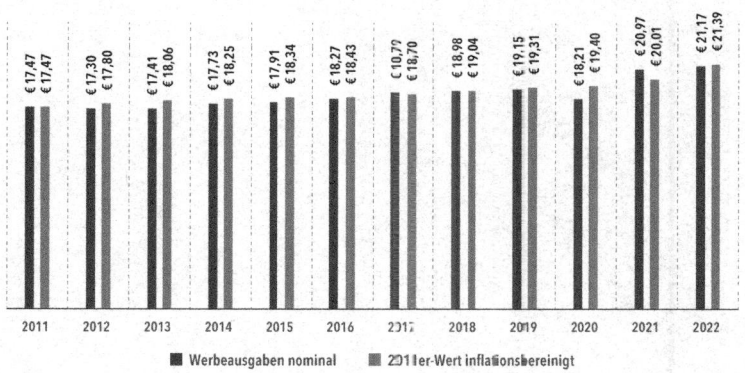

Insider Intelligence 2023; Bundesbank; eigene Berechnung und Darstellung.

Mit konkreten Zahlen zur Entwicklung der Werbeeinnahmen der Presse kann der Medienwissenschaftler Horst Röper dienen.[14] Er hat die Publikationen des Zentralverbandes der deutschen Werbewirtschaft gesichtet und die Einnahmenentwicklung zusammengetragen. Die Werbeeinnahmen der Presse sind im Vergleich zu 2001 um zwei Drittel auf jetzt auf etwa 1,8 Milliarden Euro eingebrochen. Die entsprechenden Einkünfte der Wochen- und Sonntagszeitungen sind im selben Zeitraum um drei Fünftel auf jetzt 115 Millionen Euro geschrumpft. Die Einnahmen der Anzeigenblätter, mit denen die Verlage bei geringem redaktionellen Aufwand ein gutes Zubrot erwirtschaften, sind im untersuchten Zeitraum lediglich um ein knappes Drittel zurückgegangen. Diese erwirtschafteten 2021 immerhin noch etwa 1,2 Milliarden Euro.

Abbildung 3
Top 10 Angebote der digitalen Mediennutzung (Aggregierte Nutzungsdauer in Prozent)

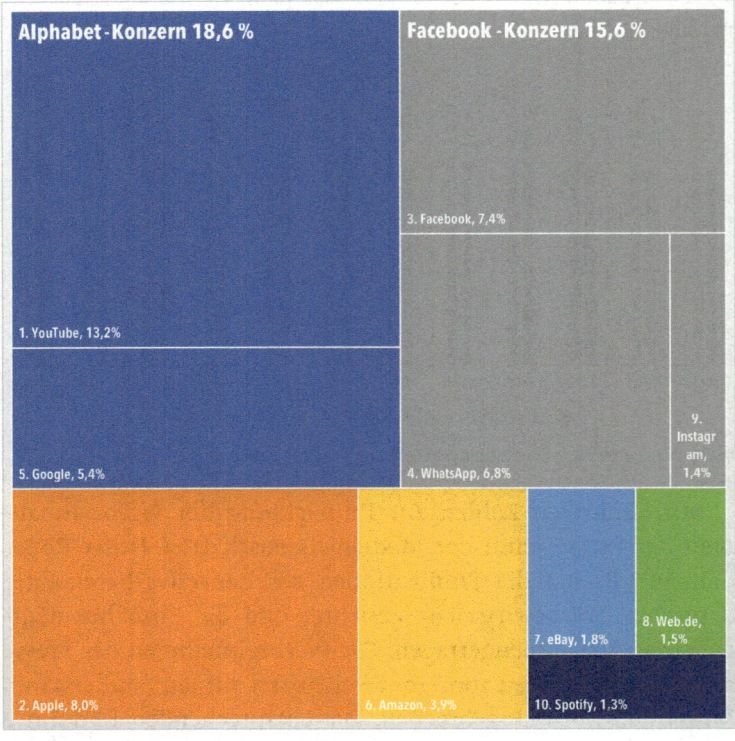

Darstellung nach Thomsen/Andree, Atlas der digitalen Welt, S. 28.

Wie sehr die GAFA-Konzerne (Google/Alphabet, Apple, Facebook/Meta, Amazon) inzwischen die digitale Sphäre kontrollieren, illustriert Abbildung 3. Martin Andree und Timo Thomsen haben für ihren *Atlas der digitalen Welt* auf Grundlage von Realnutzungsvermessungen über alle Geräte (Desktop, Smartphone, Tablet) in einem repräsentativen Panel von 16.000 Personen die gesamte Mediennutzung der deutschen Bevölkerung erforscht. Die Daten wurden im dritten Quartal 2019 erhoben.[15] Die Ökosysteme von Alphabet (Google) und Facebook vereinen dabei bereits über ein Drittel der aggregierten Nutzungsdauer auf sich. Die GAFA-Konzerne insgesamt kamen zum Zeitpunkt der Messung auf etwas über 45 Prozent der aggregierten Nutzungsdauer. In der jungen Zielgruppe seien es sogar knapp 57 Prozent, schreibt Martin Andree.[16]

Zusammengefasst: Für die Verlage schrumpft der Markt, auf dem sie mit gedruckten Anzeigen Werbeeinnahmen realisieren können, stetig und massiv. Im digitalen Raum sind Google und Facebook unangefochtene Platzhirsche. Kein Wunder, dass Lobigs die Aussichten für gesellschaftlich relevanten Online-Journalismus skeptisch sieht: Er werde sich auch künftig nicht aus den digitalen Werbe- oder Bezahlmärkten refinanzieren lassen.[17] Die Entwicklung auf den Bezahl- bzw. Lesermärkten gibt der folgende Abschnitt wieder.

b.   Lesermarkt

Die folgenden Graphen illustrieren die Entwicklung der Auflagen von Zeitungen und Zeitschriften, zeichnen die Umsatzentwicklung bei den Zeitungsverlagen nach, stellen die Kostenstrukturen der lokalen und regionalen Tageszeitungen dar und geben einen Überblick über die Abrufe digitaler Angebote.[18]

Abbildung 4 zeigt die Entwicklung der verkauften Auflage der Tages- und Sonntagszeitungen seit 2002. Die Auflage ist von knapp 28 Millionen im Jahr 2002 auf knapp 12 Millionen Exemplare im Jahr 2023 eingebrochen. Der Anstieg an E-Papern wiegt den Auflagenschwund nicht auf. 2023 waren ca. 18,9 Prozent der verkauften Auflage E-Paper. Dabei sind es vor allem die überregionalen Zeitungen, die viele davon verkaufen. E-Paper stellen laut BDZV 39 Prozent der Auflage der Überregionalen im zweiten Quartal 2022 dar. Bei den Regionalzeitungen liegt der Anteil laut BDZV bei rund 14 Prozent.[19]

Abbildung 4
Auflagenentwicklung Tages- und Sonntagszeitungen

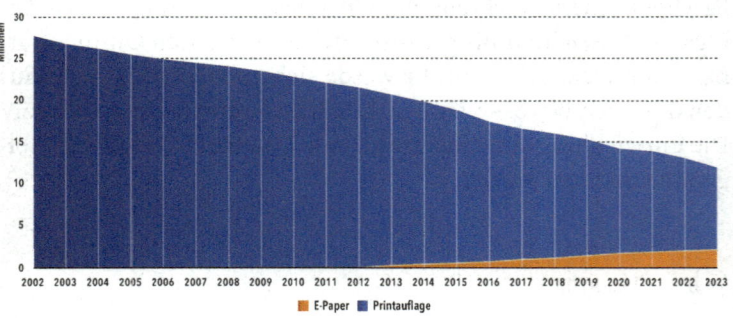

IVW Auflagenlisten; eigene Darstellung; Angaben jeweils zweites Quartal.

Der Auflagenschwund bei den Wochenzeitungen ist vergleichsweise moderat (Abb. 5). Ihre Auflage ist im Vergleich zu 2002 um etwa 12,7 Prozent zurückgegangen. Von den etwa 1,6 Millionen Exemplaren im zweiten Quartal 2023 handelte es sich bei mehr als einem Viertel um E-Paper.

In den Umsätzen der Jahre 2018 bis 2022 ausgedrückt fällt der Rückgang geringer aus (Abb. 6). Der Umsatz der Tages-, Sonntags- und Wochenzeitungen schrumpfte um lediglich 4,8 Prozent.

Abbildung 5
Auflagenentwicklung Wochenzeitungen

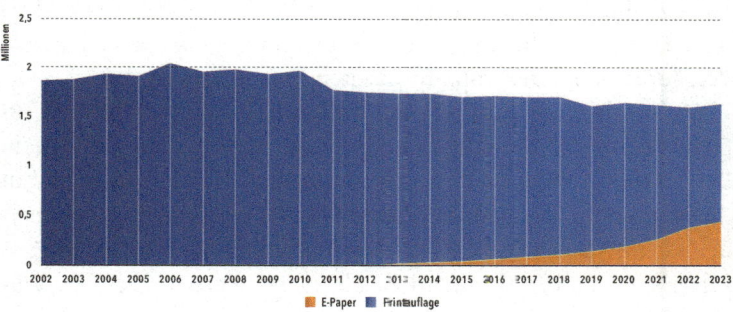

IVW Auflagenlisten; eigene Darstellung; Angaben jeweils zweites Quartal.

Abbildung 6
Entwicklung Anzeigen- und Vertriebsumsätze der Zeitungen 2018 bis 2022 in Mrd. Euro (Tages-, Wochen- und Sonntagszeitungen)

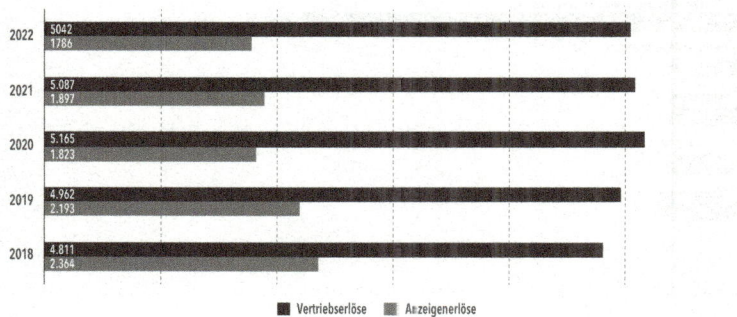

Darstellung nach Keller/Eggert, *Zur wirtschaftlichen Lage der deutschen Zeitungen* 2023, S. 4.

Der geringere Umsatzrückgang lässt sich mitunter mit den gestiegenen Abonnementpreisen erklären. Kostete eine sechsmal wöchentlich erscheinende Lokal-/Regionalzeitung in den alten Bundesländern 2018 noch 35,89 Euro (Ost 35,35 Euro) im Monat, lag der Durchschnittspreis im Jahr 2022 bei 43,92 Euro (Ost 43,15 Euro).[20]

Knapp vier Fünftel der Tageszeitungen wurden im zweiten Quartal 2022 durch Abonnements abgesetzt (Abb. 7). Hinzu kamen beinahe 12 Prozent, die im Einzelverkauf veräußert wurden. Sonstige Verkäufe und Bordexemplare machten etwa 10 Prozent aus.

Mehr als vier Fünftel der verkauften Tageszeitungen in Deutschland sind lokale oder regionale Abonnementzeitungen. Bei knapp 7 Prozent der Tageszeitungen handelt es sich um überregionale. Die Sonntags- und Wochenzeitungen unterscheiden sich insoweit, als dass die Sonntagszeitungen mehr im Einzelverkauf als im Abonnement abgesetzt werden. Bei den Wochenzeitungen fällt der Einzelverkauf kaum ins Gewicht.

Abbildung 7
Zeitungsverkauf in Deutschland 2. Quartal 2022 in Mio. Exemplaren

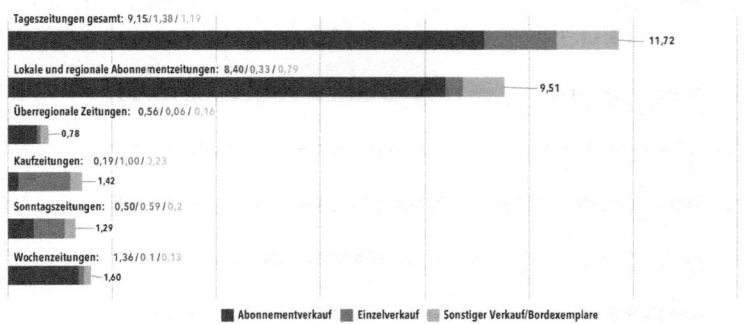

Tageszeitungen gesamt: 9,15 / 1,38 / 1,19   11,72
Lokale und regionale Abonnementzeitungen: 8,40 / 0,33 / 0,79   9,51
Überregionale Zeitungen: 0,56 / 0,06 / 0,16   0,78
Kaufzeitungen: 0,19 / 1,00 / 0,23   1,42
Sonntagszeitungen: 0,50 / 0,59 / 0,2   1,29
Wochenzeitungen: 1,36 / 0,1 / 0,13   1,60

■ Abonnementverkauf ■ Einzelverkauf ■ Sonstiger Verkauf/Bordexemplare

Darstellung nach Keller/Eggert, *Zur wirtschaftlichen Lage der deutschen Zeitungen 2023*, S. 6.

Der IVW waren im zweiten Quartal 2002 387 Tages- und 25 Wochenzeitungen angeschlossen,[21] im zweiten Quartal 2023 waren es 323 Tages- und 17 Wochenzeitungen.[22]

Publikumszeitschriften

Auch die verkaufte Auflage der Publikumszeitschriften ist zwischen 2002 und 2023 um mehr als 60 Prozent eingebrochen (Abb. 8). Setzten die Verlage im zweiten Quartal 2002 noch etwas über 122 Millionen Exemplare ab, waren es im zweiten Quartal 2023 nur noch knapp 48 Millionen. Der Anteil der Digitalausgaben beträgt aktuell etwa 6,1 Prozent. Im Jahr 2020 hat sich der Niedergang drastisch beschleunigt. Die IVW führt das auf die geschlossenen Kioske während der Corona-Pandemie sowie eine vertriebliche Neuausrichtung der ADAC-Mitgliederzeitschrift *Motorwelt* zurück.[23]

Abbildung 8
Auflagenentwicklung Publikumszeitschriften

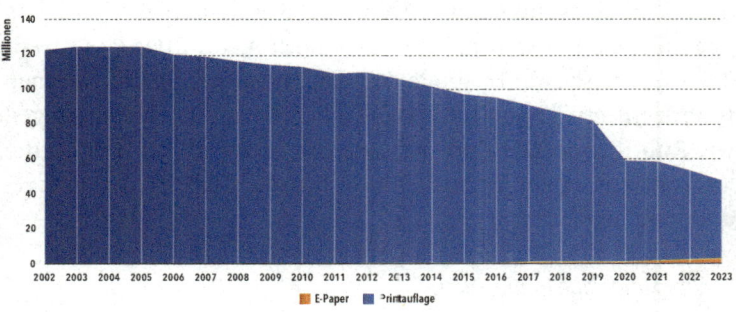

IVW Auflagenlisten; eigene Darstellung; Angaben jeweils zweites Quartal.

Im zweiten Quartal 2002 zählten 804 Publikumszeitschriften zur IVW[24], im 2. Quartal 2023 derer 534, also ein Drittel weniger.[25]

Paid Content

Die Datenlage bei den sogenannten ›Paid-Content-Angeboten‹ ist unbefriedigend. Bei den Paid-Content-Angeboten handelt es sich um Apps bzw. Web-Angebote hinter Bezahlschranken. Bekannte Beispiele sind *Welt Plus*, *FAZ Plus* oder *SZ Plus*. Die IVW erhebt auch hierzu Zahlen, bildet aktuell aber nur die Angebote weniger Anbieter ab. Im Sommer 2021 (Stand 27. Juli) waren es 19, im Sommer 2023 immerhin 29 (Stand 16. Juni). Mangels Repräsentativität verzichtet der Verfasser auf eine Darstellung der IVW-Daten.[26]

Einen Eindruck von der Bedeutung digitaler Bezahlangebote vermittelt der Bundesverband der Zeitungsverleger, von dem auch die Zahlen zu den Gesamtumsätzen der Zeitungen (Abb. 6) stammen. Die Angaben basieren auf einer Hochrechnung, die allerdings aufgrund geringer Repräsentanz mit Unsicherheiten verbunden sei. Laut BDZV kamen die Zeitungsverlage im Jahr 2022 auf Digital-Umsätze von etwa 1,17 Milliarden Euro, davon 414 Millionen Euro Vertriebsumsätze für E-Paper. Die E-Paper-Umsätze sind in den Vertriebsumsätzen in Abbildung 6 enthalten, die restlichen 759 Millionen Euro Digitalumsätze noch nicht. Etwa 85 Prozent davon erwirtschaften digitale Zeitungsangebote, die verbliebenen 15 Prozent erwirtschaften davon unabhängige Dienstleistungen wie Rubrikenportale und Web-Dienstleistungen. Bei den digitalen Zeitungsangeboten entfielen 40 Prozent des Umsatzes auf redaktionelle Inhalte.[27]

Visits und Page Impressions

Die Nachrichtennutzung im Digitalen hat sich in den letzten Jahren kontinuierlich intensiviert. Abbildung 9 illustriert die Entwicklung von Page Impressions und Visits in der Kategorie Nachrichten von 2014 bis einschließlich 2021. Die Zahlen stammen von der IVW und bilden jeweils den Monat Juni ab. Aufgrund neuer Datenschutzbestimmungen wurden die Zahlen für 2022 und 2023 anders erhoben, sodass auf ihre Darstellung verzichtet wird. Unter einer Page Impression versteht man den Aufruf einer Internetseite.[28] Unter einem Visit versteht man die Anzahl der Zugriffe auf eine Website innerhalb eines bestimmten Zeitraums.[29] Die IVW sieht einen Kategorien-Visit als beendet an, wenn der Nutzer innerhalb von 30 Minuten keine weitere Page Impression, die derselben Kategorie angehört, erzeugt.[30] Wer also www.spiegel.de aufruft, erzeugt dadurch einen Visit und eine Page Impression. Wer dann auf einen Artikel zur Bundestagswahl 2021 klickt, erzeugt eine weitere Page Impression.

Abbildung 9
Page Impressions und Visits für Nachrichten in Milliarden (jeweils Juni)

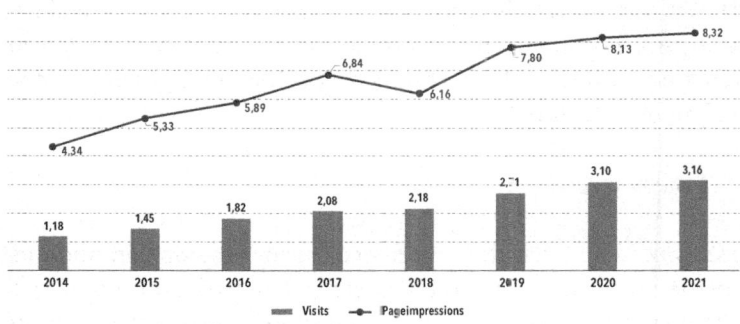

IVW; eigene Berechnung[31], eigene Darstellung.

Im Vergleich zum Juni 2014 haben sich die Visits im Juni 2021 beinahe verdreifacht und die Page Impressions beinahe verdoppelt. Die Gretchenfrage der Zeitungshäuser besteht darin, wie man diese Reichweiten in Einnahmen umwandelt. Schließlich erwirtschaften die Verlage nur einen geringen Anteil ihres Umsatzes im digitalen Raum, dessen Werbemarkt Google und Facebook dominieren.

Zugleich ist selbst bei diesen scheinbar aussagekräftigen Zahlen zur Reichweite Vorsicht angebracht. Die Nettoreichweite sagt schließlich nichts darüber aus, wie viel Zeit Menschen auf journalistischen Portalen verbringen bzw. ob die Artikel auch tatsächlich gelesen werden. Laut den Zahlen, die Martin Andree und Timo Thomsen für ihren *Atlas der digitalen Welt* erhoben haben, führen die hohen Netto-Reichweiten zu kaum relevanten Nutzungszeiten. Ein führendes Angebot wie *Spiegel.de* komme pro Nutzer auf lediglich 18 Minuten Nutzungsdauer im Monat.[32]

c.   Kostenstrukturen, Marktkonzentration und die
        Regionalzeitungen

Dieser Abschnitt beleuchtet die Kostenstrukturen der Lokalzeitungen, stellt den Konzentrationsgrad auf dem Zeitungsmarkt dar und widmet sich abschließend noch einmal gesondert den Lokal- und Regionalzeitungen.

Kostenstrukturen

Der BDZV schlüsselt die Kostenstruktur der regionalen Abonnementzeitung auf.[33] Der Vertrieb stellt den größten Kostenblock regionaler Abonnementzeitungen dar: Er beansprucht mehr als jeden dritten Euro für sich. Etwa ein Viertel der Kosten beansprucht die Redaktion, ein knappes Fünftel die Herstellung. Anzeigengeschäft und Unternehmensleitung/Verwaltung fordern zusammen noch einmal ein knappes Fünftel der Kosten ein.

Eingespielt werden diese Kosten hauptsächlich durch den Vertrieb. Er ist für beinahe drei Viertel (74 %) der Erlöse verantwortlich. Die Anzeigeerlöse machen kaum mehr ein Viertel (26 %) aus.[34]

Abbildung 10
Kostenstruktur der regionalen Abonnementzeitungen 2022

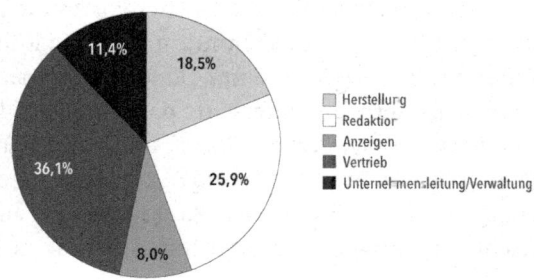

Darstellung nach Keller/Eggert, *Zur wirtschaftlichen Lage der deutschen Zeitungen 2023*, S. 12.

Marktkonzentration

»Schrumpfender Markt und sinkende Vielfalt.« So ist der von Horst Röper verfasste Beitrag zur Konzentration der Tagespresse im 1. Quartal 2020 überschrieben.

Redaktionsschließungen sind in den letzten Jahren Alltag im Zeitungsmarkt geworden. Sie betrafen früher aber insbesondere Zweit- oder gar Drittzeitungen. Inzwischen werden vielfach Lokalausgaben ohne deren frühere Lokalredaktion weitergeführt. Die Leistungen der aufgegebenen Redaktion werden ersetzt durch einen zugekauften Lokalteil der Konkurrenz.[35]

Abbildung 11 zeigt die Marktanteile der jeweils zehn größten Tageszeitungen in den Jahren 2012 bis 2020. Die Verlagsgruppe Frankfurter Allgemeine wurde 2016 von der Verlagsgruppe Neue Osnabrücker Zeitung aus der Zehnergruppe verdrängt. Auffällig ist der hohe Rückgang bei den Marktanteilen der Axel Springer SE. Röper führt das vor allem auf den Auflagenrückgang bei der *Bild*-Zeitung zurück. Zudem ist die Auflage der *Welt* zusammengebrochen, was – so vermutet Röper – mit der Einstellung der *Welt kompakt* zusammenhängt.

Abbildung 12 zeigt, dass die Konzentration auf dem Zeitungs-markt 2020 leicht zurückgegangen ist. Röper erklärt das damit, dass DuMont sich von einem Großteil seines Portfolios getrennt hat. Dem DuMont-Verlag verbleiben nur noch seine Kölner Zeitungen (*Kölner Stadt-Anzeiger, Kölnische Rundschau, Express*). Die Verkäufe waren insofern besonders, als dass mit dem Ehepaar Friedrich (*Berliner Zeitung, Berliner Kurier*) und Arist von Harpe (*Hamburger Morgenpost*) Branchenfremde zugriffen. Die *Mitteldeutsche Zeitung* in Halle ging an den Bauer-Konzern aus Hamburg, Deutschlands auflagenstärksten Zeitschriftenkonzern.[36]

Abbildung 11
Konzentrationsgrad des Tageszeitungsmarktes 2012 bis 2020

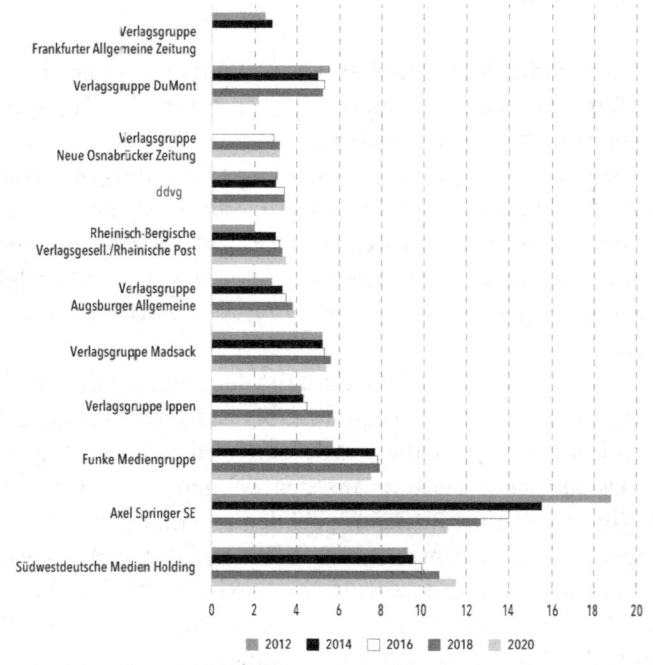

Röper, in: *Media Perspektiven* 2020, 331 (332); eigene Darstellung; anteilige Auflage, in Prozent.

Abbildung 12
Marktanteile der fünf und zehn größten Verlagsgruppen

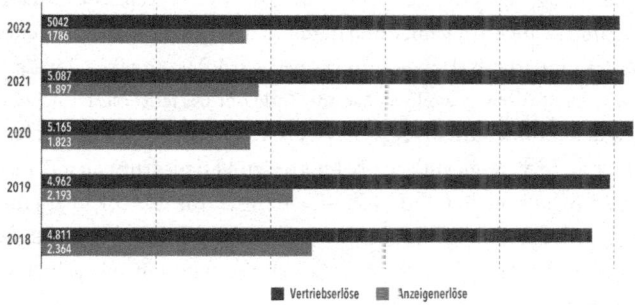

Röper, in: *Media Perspektiven* 2020, 331 (332); eigene Darstellung.

Der Bauer-Konzern verlegt bereits die *Magdeburger Volksstimme*, deren Verbreitungsgebiet nördlich an das der *Mitteldeutschen Zeitung* angrenzt. Kartellrechtlich sei das nicht bedenklich, sagt Kartellamtspräsident Andreas Mundt. Die Verbreitungsgebiete überschnitten sich nicht und die Zeitungen stünden praktisch in keinem Wettbewerbsverhältnis um dieselben Leser. Allerdings prüfe das Kartellamt nur, ob der Wettbewerb erheblich gestört werde, nicht, welche Auswirkungen dies auf die Meinungsvielfalt haben könne.[37] Anfang 2023 gab die *Mitteldeutsche Zeitung* bekannt, dass ihr Chefredakteur auch die *Volksstimme* leiten werde. Es solle aber auch weiterhin zwei unterschiedliche regionale Titel und keine Einheitszeitung geben.[38]

Röpers Fazit fällt pessimistisch aus:

In Zeiten schwindender Werbeeinnahmen und rückgängiger Verkaufsauflagen wird die Branche auch in den nächsten Jahren von Konsolidierung geprägt sein. Und es ist zu erwarten, dass dabei die großen Verlagshäuser in einem schrumpfenden Markt Zukäufe realisieren werden.[39]

Zwei Jahre später, im Sommer 2022, schreibt Röper:

Neben der nachlassenden Nachfrage stellen erhöhte Papier- und Zustellungskosten, ebenso wie Digitalisierungsprozesse neue Herausforderungen an die Verlage. Und der Konzentrationsgrad der Tagespresse schlägt sich zunehmend auch auf Papier und damit in den Inhalten nieder: Denn insbesondere innerhalb der Verlagsgruppen wird das Angebot der Zeitungen immer ähnlicher, weil wachsende Teile der Berichterstattung aus zentralen Redaktionen titelübergreifend erstellt werden. Zudem stützen sich immer mehr Verlage außerhalb der großen Verlagsgruppen auf Zulieferungen redaktioneller Teile von diesen. Auch für die Lokalberichterstattung gilt, dass die Vielfalt des Angebots schwindet, weil Zeitungsverlage durch die Aufgabe oder den Tausch von Verbreitungsgebieten Wettbewerbsstellungen aufgeben.[40]

Die Lage der Regional- und Lokalzeitungen

Eine Redaktion verursacht Fixkosten. Informationen sind keine Verbrauchsgüter, d. h. sie können von einer unbestimmten Vielzahl von Menschen konsumiert werden, ohne dass sie weniger werden. Das Produkt ›Information‹ ist umso lukrativer, an umso mehr Menschen es sich richtet. Geringere Auflagen bedeuten höhere Vertriebskosten pro Ausgabe. Werbeeinnahmen sinken – unabhängig von der Digitalisierung – mit der Reichweite. Betriebswirtschaftlich ist es reizvoll, bei der kommunalen Berichterstattung zu sparen, auch wenn damit die Eigenständigkeit und Qualität der Berichterstattung leidet. Ein Ende März 23 veröffentlichtes Gutachten im Auftrag der Beauftragten der Bundesregierung für Kultur und Medien untersucht die Situation der Lokalpresse im Detail und kommt zu dem Schluss, »dass sich die wirtschaftliche Situation der Lokalpresse zunehmend verschlechtert. Die Print-Auflagen und insbesondere die Werbeerlöse sinken und steigende Digitalerlöse können die sinkenden Erlöse im Print-Bereich nicht ausgleichen. Gleichzeitig steigen die Kosten in der Zustellung und der Herstellung.«[41] Der Bundesgerichtshof stellt zur Pressevielfalt

fest, dass auf dem Markt der Lokalpresse eine »Fülle‹
unabhängiger Zeitungen und Zeitschriften regelmäß
Wegen dieser schwierigen Gemengelage problematisier   ‚dr-
enwissenschaft und Öffentlichkeit bereits seit Jahrzehnten sogenannte »Einzeitungskreise«.[43]

Um zu verstehen, warum man Einzeitungskreise problema-
tisiert, lohnt es, sich die föderale Struktur der Bundesrepublik
zu vergegenwärtigen: Die Bundesrepublik Deutschland ist in 16
Bundesländer gegliedert. Unterhalb der Landesebene stehen in
den Flächenländern Baden-Württemberg, Bayern, Hessen und
Nordrhein-Westfalen die Regierungsbezirke. Ihnen untergeordnet sind die Landkreise bzw. kreisfreien Städte, die in allen anderen Flächenländern direkt unterhalb der Landesebene angesiedelt
sind. Es folgen die knapp 11.000 Gemeinden.[44] In den 13 deutschen
Flächenländern gibt es 397 Landkreise.[45] Der Stadtstaat Berlin ist
in 12 Bezirke unterteilt, die Freie und Hansestadt Hamburg in
sieben. Der kleinste Stadtstaat, die Freie Hansestadt Bremen, ist
strukturell zweigeteilt, nämlich in Bremen und Bremerhaven.
Die rund 83 Millionen Menschen in Deutschland teilen sich demnach auf 418 Kreise bzw. Bezirke auf. Im Schnitt leben in einem
Kreis/Bezirk etwa 200.000 Menschen. In den 10.799 Gemeinden in
Deutschland leben im Schnitt jeweils etwa 7.700 Menschen.[46]

Eine Publikation, die über die Geschehnisse in der gesamten Bundesrepublik berichtet, spricht potenziell 83 Millionen Menschen an.
Berichterstattung über die Landespolitik richtet sich in Nordrhein-
Westfalen an knapp 18 Millionen Menschen, das sind potenziell 18
Millionen zahlende Kunden. Eine Zeitung mit Fokus auf das Land
Sachsen-Anhalt nimmt rund 2,2 Millionen Personen ins Visier. Der
im Nordosten des Landes gelegene Landkreis Stendal[47] umfasst
etwa 110.000 Menschen, die im Süden des Landkreises liegende Einheitsgemeinde Stadt Tangerhütte nur noch etwa 10.700.[48]

Über den Landkreis und die Einheitsgemeinde Stadt Tangerhütte berichten die *Volksstimme* und die *Altmark Zeitung*. Die *Volks-*

stimme bietet im Landkreis zwei Ausgaben an: eine für Osterburg/ Havelberg, den nördlichen Teil des Landkreises, und die *Stendaler Volksstimme*, die den südlichen Teil des Landkreises abdeckt. Bei diesen Zeitungen handelt es sich um die Lokalausgaben der in Magdeburg ansässigen und von der Mitteldeutschen Verlags- und Druckhaus GmbH, einer Tochter der Bauer Media Group KG, herausgegebenen *Magdeburger Volksstimme*.[49] Die *Altmark Zeitung* besteht im Verbund mit der *Allgemeine Zeitung* und dem *Isenhagener Kreisblatt* und wird von der C. Beckers Buchdruckerei GmbH & Co. KG in Uelzen herausgegeben. Sie bezieht Beiträge von der Zentralredaktion der Ippen-Verlagsgruppe.[50] Die *Altmark Zeitung* ist aufgeteilt in die *Altmark Zeitung West* und die *Altmark Zeitung Ost*. Letztere und die im Landkreis erscheinenden Ausgaben der *Volksstimme* kommen im 2. Quartal 2023 zusammen auf eine verkaufte Auflage von etwas über 20.000 Stück. Im Vergleich zum zweiten Quartal 2013 haben *Volksstimme* und *Altmark-Zeitung* im Landkreis ein knappes Drittel ihrer Auflage eingebüßt, wobei sich die *Volksstimme* erheblich besser geschlagen hat.[51]

Nicht nachzuzeichnen ist die Entwicklung der lokal tätigen Journalisten. Zwar gibt der BDZV in seiner Publikation zur Lage der Deutschen Zeitungen für das Jahr 2020 (aber nicht für die Folgejahre) die Zahl der angestellten Journalisten und Volontäre an, diese differenzieren jedoch nur nach Geschlecht und Status. Danach beschäftigten die Mitgliedsverlage 2020 11.288 Redakteure, von denen 63 Prozent männlich und 37 Prozent weiblich sind. Bei den 895 Volontären sind die Frauen mit 54 zu 46 Prozent in der Überzahl.[52] Ältere Zahlen gibt es genauso wenig wie nach Tätigkeitsfeld aufgeschlüsselte Angaben. Wie viele dieser Journalisten also im Lokaljournalismus tätig sind, lässt sich zurzeit nicht beantworten.

2. Nachrichtennutzung

Sinn und Zweck der folgenden Graphen ist es, ein Gefühl für die Nachrichtennutzung in Deutschland im Hinblick auf die Funktionsfähigkeit des Journalismus zu vermitteln. Zugleich ist die Vergleichbarkeit der Studien aufgrund unterschiedlicher Designs und Erhebungszeiträume eingeschränkt. Das gilt es bei der Interpretation der Daten zu beachten.[53]

a. Allgemein

95 Prozent der deutschsprachigen Bevölkerung ab 14 Jahren nutzen 2022 zumindest ab und zu das Internet, fand die ARD/ZDF Onlinestudie heraus.[54] Täglich nutzen 57 Millionen Menschen in Deutschland das Internet. Das entspricht 80 Prozent der Bevölkerung. Bei den 14- bis 29-Jährigen sind es sogar 99 Prozent, die täglich das Internet nutzen, besagt die Studie.

Konkrete Zahlen zur Nachrichtennutzung erstellt das Hans-Bredow-Institut, welches den deutschen Teil des jährlich erscheinenden Reuters Institute Digital News Report liefert (Abb. 13). Immerhin 89 Prozent der erwachsenen Internet-Nutzer in Deutschland gaben 2023 an, mindestens mehrmals in der Woche Nachrichten zu sehen, hören oder lesen. 52 Prozent der Onliner sind »überaus und sehr an Nachrichten interessiert«. Nachrichteninteresse und Nutzungshäufigkeit steigen mit zunehmendem Alter.

Im Vergleich zu 2013 ist das Nachrichteninteresse deutlich, um 28 Prozentpunkte, gesunken (Abb. 14). Mit 52 Prozent liegt der 2023er-Wert 5 Prozentpunkte unter dem Vorjahreswert. Der Anteil derjenigen, die angaben, mindestens mehrmals die Woche die Nachrichten zu nutzen, ist 2023 auf den niedrigsten Wert im untersuchten Zeitraum gefallen, verbleibt aber nach wie vor auf hohem Niveau.

Abbildung 13
Nachrichteninteresse und Nutzungshäufigkeit 2023 (nach Alter)

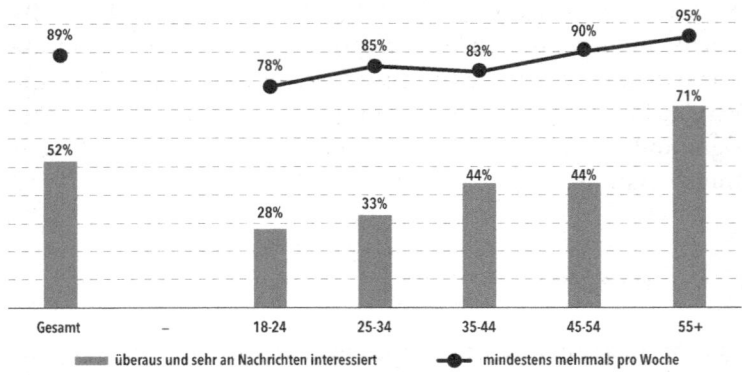

Darstellung nach Behre/Hölig/Möller, *Reuters DNR 2023. Ergebnisse für Deutschland*, S. 11.

Abbildung 14
Nachrichteninteresse und Nutzungshäufigkeit seit 2013

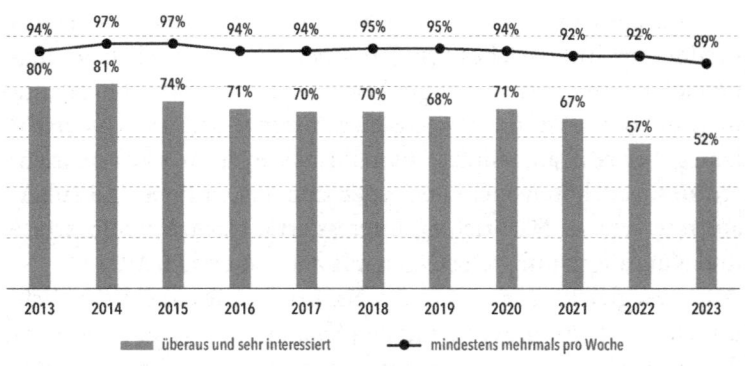

Darstellung nach Behre/Hölig/Möller, *Reuters DNR 2023. Ergebnisse für Deutschland*, S. 12.

Bei den Hauptnachrichtenquellen verliert insbesondere Print gegenüber dem Internet an Gewicht (Abb. 15). War das Internet 2013 bei einem Viertel der Befragten noch die Hauptnachrichtenquelle, sind es 2023 knapp zwei Fünftel. Das Radio schrumpfte im Vergleich zu 2013 um 2 Prozentpunkte auf jetzt 11 Prozent. Ebenso wie 2013 und 2022 kommt das Fernsehen auf einen Anteil von 43 Prozent und ist damit das Hauptnachrichtenmedium der Deutschen. Im Verlauf der Jahre erreichte dessen Anteil aber auch schon deutlich mehr als die Hälfte aller Nachrichtenquellen. Mit nunmehr 6 Prozent ist Print im Vergleich zu 2013 um zwei Drittel geschrumpft. Der Anteil von Social Media an den Hauptnachrichtenquellen hat sich im Neunjahresvergleich versiebenfacht.

Abbildung 15
Hauptnachrichtenquellen seit 2013

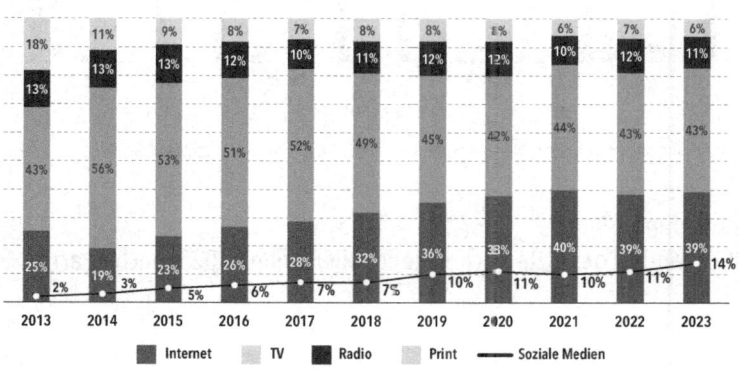

Darstellung nach Behre/Hölig/Möller, *Reuters DNR 2023. Ergebnisse für Deutschland*, S. 25; Rundungsbedingt kommt es bei der Addition zu leichten Abweichungen vom Zielwert 100 %.

Bei den Nachrichtenquellen, die in der Vorwoche genutzt wurden, liegt das Internet inzwischen vor dem Fernsehen (Abb. 16). Die Altersverteilungen von Fernsehen und Internet verhalten sich in der Tendenz spiegelverkehrt zueinander. Während die Fernsehnutzung mit zunehmendem Alter steigt, sinkt sie mit zunehmendem Alter beim Internet. Auch Radio und Print sind beliebter bei den Älteren. Während in der Woche vor Erhebung etwa ein Drittel der Befragten Radio gehört hat, las nur etwas mehr als ein Fünftel Printpublikationen.

Abbildung 16
Wöchentlich genutzte Nachrichtenquellen 2023 (nach Alter)

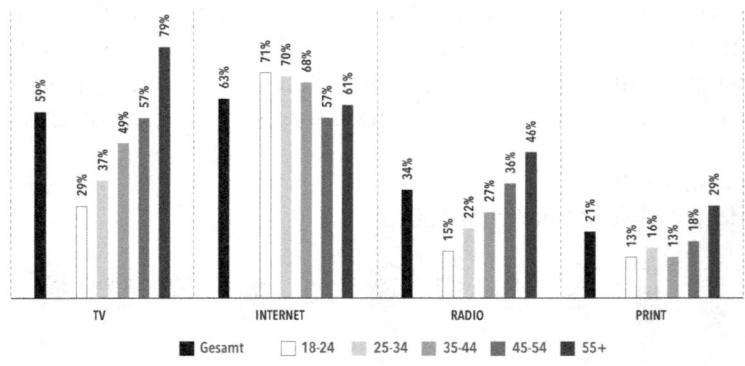

Darstellung nach Behre/Hölig/Möller, *Reuters DNR 2023. Ergebnisse für Deutschland*, S. 20.

Abbildung 17
Wöchentlich genutzte Nachrichtenquellen online 2023 (nach Alter)

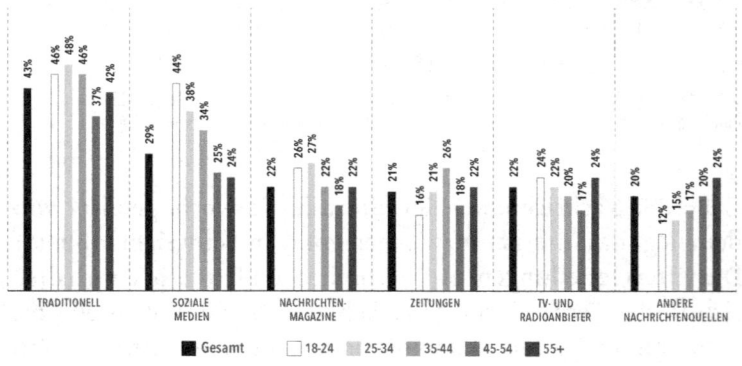

Darstellung nach Behre/Hölig/Möller, *Reuters DNR 2023. Ergebnisse für Deutschland*, S. 20.

Der Reuters News Report führt zudem detailliert einzelne Quellen auf. Ein Blick auf Abbildung 17 offenbart, dass die traditionellen Medien (TV, Radio, Print) mit Ausnahme der jüngsten online in allen Altersgruppen führend sind. Dort sind die sogenannten ›Sozialen Medien‹ an den traditionellen Anbietern vorbeigezogen.

Abbildung 18
Tagesreichweite von Bewegtbild-/Videoangeboten, Audioangeboten und Textangeboten bei Personen ab 14 Jahren, Mediennutzung gestern, 5.00-24.00 Uhr

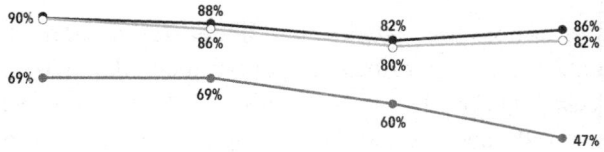

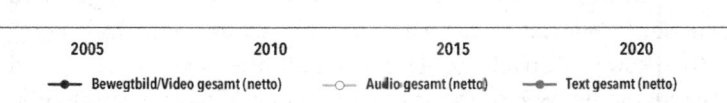

Breunig/Handel/Kessler, in: *Media Perspektiven 2020*, 410 (418f.); eigene Darstellung.

Die ARD/ZDF-Onlinestudie untersucht den Medienkonsum allgemein. Dabei zeigt sich, dass Textangebote deutlich weniger konsumiert werden als früher. Abbildung 18 zeigt die Entwicklung der Tagesreichweite von Bewegtbild-/Videoangeboten, Audioangeboten und Textangeboten in Fünf-Jahres-Abständen seit 2005. Der Bereich ›Bewegtbild-/Videoangebote‹ beinhaltet das Fernsehen (linear oder auf Abruf im Internet), Streaming-Dienste, Videos auf digitalen Netzwerkplattformen, generell Videos bei weiteren Anbietern im Internet sowie auf DVD/Blu-ray. ›Audio‹ bezeichnet die Inhalte

›Radio‹ (linear oder auf Abruf im Internet), ›Podcasts‹, ›Musik über Streamingdienste/Datenträger‹ sowie ›Hörbücher und Hörspiele als Download oder von Datenträgern‹. Die Gattung ›Text‹ umfasst neben Zeitungen und Zeitschriften auch gedruckte Bücher, Ebooks sowie digitale Textangebote im Internet. Während die Wahrnehmung von Bewegtbild- und Audioangeboten nur gering zurück gegangen und zuletzt sogar wieder gestiegen ist, ist die Textnutzung weiterhin im Sinkflug begriffen. 2020 antworteten nur noch 47 Prozent der Befragten, am Vortag gelesen zu haben.

b. Medienvertrauen

Wie ist es um das Medienvertrauen in der Gesellschaft bestellt? Die Mainzer Langzeitstudie Medienvertrauen bilanziert:

> Mit dem Abklingen der Corona-Pandemie ist das Vertrauen der deutschen Bevölkerung in die Medien leicht gesunken, liegt nun aber insgesamt auf einem etwas höheren Niveau als vor Beginn der weltweiten Gesundheitskrise.[55]

Abbildung 19 stellt das Medienvertrauen bei wichtigen Dingen dar (»Wie ist das, wenn es um wirklich wichtige Dinge geht – etwa Umweltprobleme, Gesundheitsgefahren, politische Skandale. Wie sehr kann man da den Medien vertrauen?«). Befragt wurden 1200 Deutsche ab 18 Jahren im Dezember 2022. Etwa die Hälfte der Befragten meinte, man könne den Medien vertrauen. Ein knappes Drittel der Befragten gab sich unentschlossen. Etwa jeder Fünfte misstraute den Medien.[56]

Im Jahresverlauf ergibt sich ein ambivalentes Bild. Nachdem bis zur Corona-Pandemie die vielfach angenommene gesellschaftliche Polarisierung durch die Studienergebnisse erhärtet wurde,[57] brachten die Menschen zum Ende des ersten Corona-Jahres den Medien wieder deutlich mehr Vertrauen entgegen.[58] Dieses Vertrauen ist jetzt wieder zurückgegangen, wenn auch nicht eingebrochen. Der Reuters-Report, der ebenfalls Daten

Abbildung 19
Medienvertrauen in Deutschland (Angaben in Prozent)

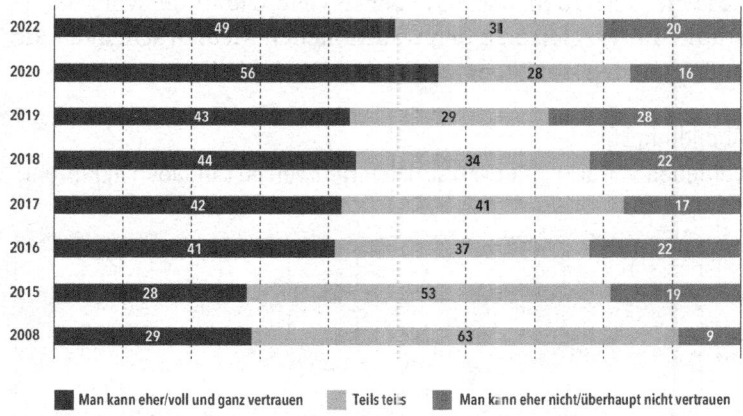

	Man kann eher/voll und ganz vertrauen	Teils teils	Man kann eher nicht/überhaupt nicht vertrauen

Darstellung nach Schultz u. a., in: *Media Perspektiven* 8/2023, 1 (2). Rundungsbedingt kommt es bei der Addition zu leichten Abweichungen vom Zielwert 100 %.

zum allgemeinen Medienvertrauen erhebt, misst für 2023 jedoch einen neuen Tiefststand: Nur 43 Prozent der Befragten vertraute den Medien im Allgemeinen.[59]

Ein entsprechend ambivalentes Bild zeichnen die Daten zur Kategorie ›Medienzynismus‹. Der Anteil derjenigen, die auf Aussagen wie »Die Bevölkerung in Deutschland wird von den Medien systematisch belogen«, und »Die Medien und die Politik arbeiten Hand in Hand, um die Meinung der Bevölkerung zu manipulieren« zustimmten, stieg wieder. So vertraten z. B. 14 Prozent der Befragten 2022 (2020: 11 %) die Ansicht, die Medien belögen die Bevölkerung, während 62 Prozent (2020: 66 %) der Meinung waren, dies treffe nicht zu. 23 Prozent (2020: 22 %) der Befragten äußerten sich unentschieden.[60]

Und wie steht es um das Vertrauen in die ›sozialen Medien‹? Abbildung 20 legt nahe, dass die Bevölkerung Nachrichten in den ›sozialen Medien‹ nur bedingt vertraut. Nur jeder 20. Deutsche ab 18 Jahren hielt Nachrichten auf Netzwerkplattformen 2022 für vertrauenswürdig, ebenso viele wie in der Vorgängerstudie. Im Vergleich zu den traditionellen Medien schenken die Befragten den ›sozialen‹ Medien demnach kaum Vertrauen.

Abbildung 20
Vertrauen in Nachrichten auf sozialen Netzwerken (Angaben in Prozent)

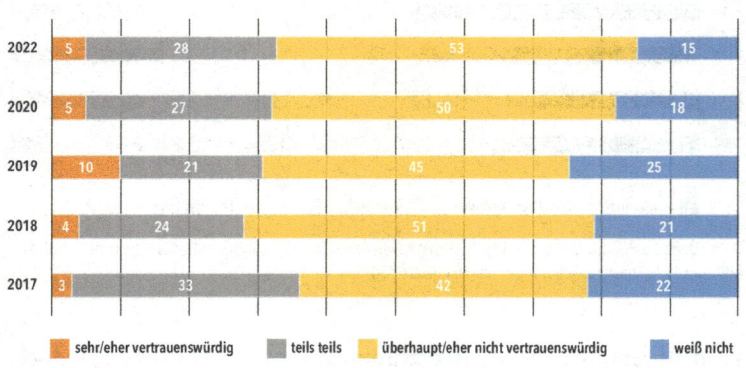

Darstellung nach Schultz u.a., in: *Media Perspektiven* 8/2023, 1 (7). Rundungsbedingt kommt es bei der Addition zu leichten Abweichungen vom Zielwert 100 %..

c.   Social Media und Nachrichten

Der Reuters Report (Abb. 15) hat gezeigt, dass 14 Prozent der erwachsenen Onliner in 2023 Social Media als ihre Hauptnachrichtenquelle bezeichneten; Abbildung 17, dass etwa drei von zehn Befragten Social Media als Nachrichtenquelle nutzen.

Abbildung 21 stellt die grundsätzliche Nutzung bzw. Nutzungsintensität von Social-Media-Angeboten und Messengern in der deutschsprachigen Bevölkerung ab 16 Jahren dar. Die Daten wurden von August bis September 2022 erhoben.[61] Zwei von drei

Befragten gaben an, YouTube bzw. Facebook mindestens einmal in der Woche aufzurufen, Instagram steuerte immerhin jeder zweite an. TikTok nutzte etwa jeder vierte, X (ehemals Twitter) etwa jeder sechste mindestens einmal wöchentlich.

Abbildung 21
Allgemeine Nutzung von Social-Media-Plattformen und Messengern (in Prozent)

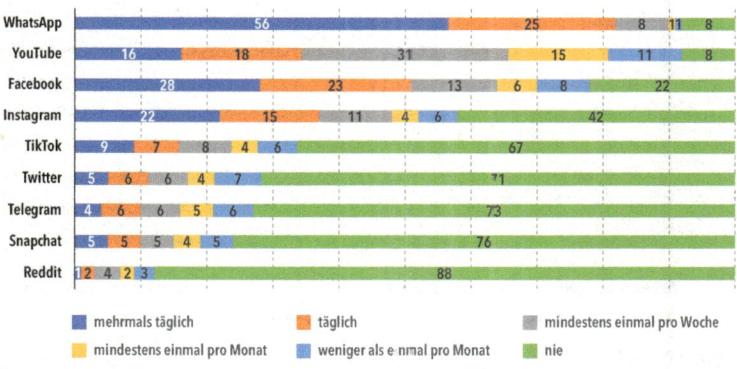

Darstellung nach Kelm u. a., in: *Media Perspektiven* 10/2023, 1 (5).

Nicht abgebildet, aber von Interesse, ist die Geschlechterverteilung bei der Twitter-Nutzung. Es sind beinahe doppelt so viele Männer wie Frauen, die wöchentlich das Zwitscher-Netzwerk in Anspruch nehmen.[62]

Fragt man nach dem Kontakt mit politischen Informationen, kommt heraus, dass Facebook – dicht gefolgt von Twitter – am meisten Berührungspunkte mit politischen Informationen bietet. Weit über die Hälfte der befragten Plattformnutzer gab an, dort in der Woche auf entsprechende Inhalte zu treffen. Aber auch das ›jugendliche‹ TikTok hat überraschend viel Politik im Angebot. Knapp die Hälfte der befragten TikTok-Nutzer kommt dort mindestens einmal in der Woche mit Nachrichten zur Politik in Kontakt. Bei den Messengerdiensten fällt auf, dass Telegram deutlich ›politischer‹ ist als der Platzhirsch unter den Kurzmitteilungsdiensten, WhatsApp.

Abbildung 22
Kontakt von Nutzern mit politischen Informationen auf
Social-Media-Plattformen und Messengern (in Prozent)

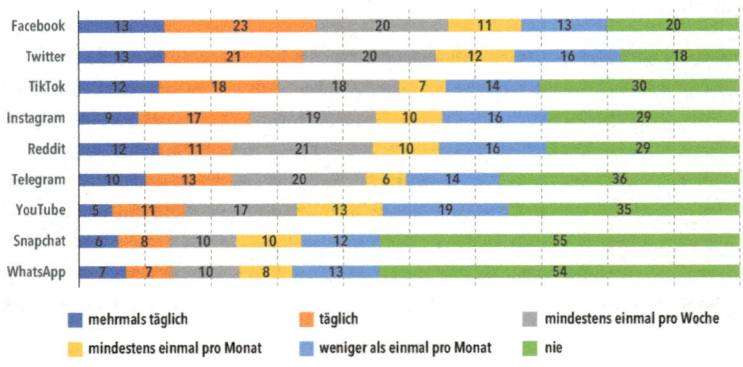

Darstellung nach Kelm u. a., in: *Media Perspektiven* 10/2023, 1 (7).

Die folgenden Graphen gehen der Frage nach, inwieweit die Bevölkerung sich an der Online-Berichterstattung beteiligt. So markieren etwa 14 Prozent der im Rahmen der Reuters-Studie befragten Onliner in einer durchschnittlichen Woche Nachrichtenbeiträge mit ›Gefällt mir‹ (Abb. 23). 13 Prozent der Onliner teilen regelmäßig Beiträge auf Social Media. Der Anteil derjenigen, die Artikel auf den Netzwerkplattformen kommentieren, liegt 2022 bei 8 Prozent. Jüngere lesen häufiger Kommentare auf sozialen Medien und unterhalten sich öfter online über Artikel, während die ältere Kohorte eher dazu neigt, Artikel zu bewerten bzw. mit ›Gefällt mir‹ zu markieren und Kommentare auf Nachrichtenseiten zu lesen. Es handelt sich aber nach wie vor nur um eine Minderheit, die aktiv Anteil an der Nachrichtenberichterstattung im Internet nimmt.

Abbildung 23
Aktive Beteiligung an der Nachrichtenberichterstattung 2023
(nach Alter, in Prozent)

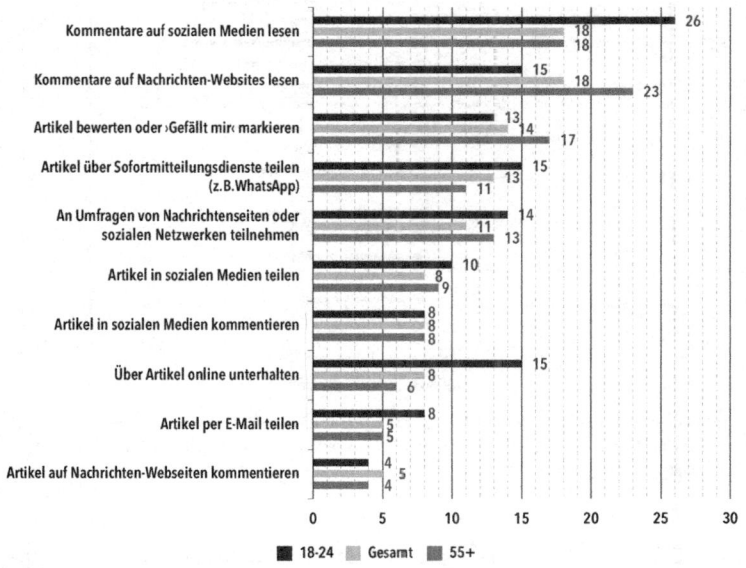

Darstellung nach Behre/Hölig/Möller, *Reuters DNR 2023. Ergebnisse für Deutschland*, S. 58; Dem Verfasser standen bei der Abbildung keine Rohdaten zur Verfügung, rundungsbedingt weicht die Darstellung leicht von der Quelle ab.

Abbildung 24 zeigt, dass Onliner, die sich selbst als rechts oder links einordnen, tendenziell häufiger Artikel lesen, liken, kommentieren oder teilen.

Abbildung 24
Aktive Beteiligung an der Nachrichtenberichterstattung 2023
(nach politischer Orientierung, in Prozent)

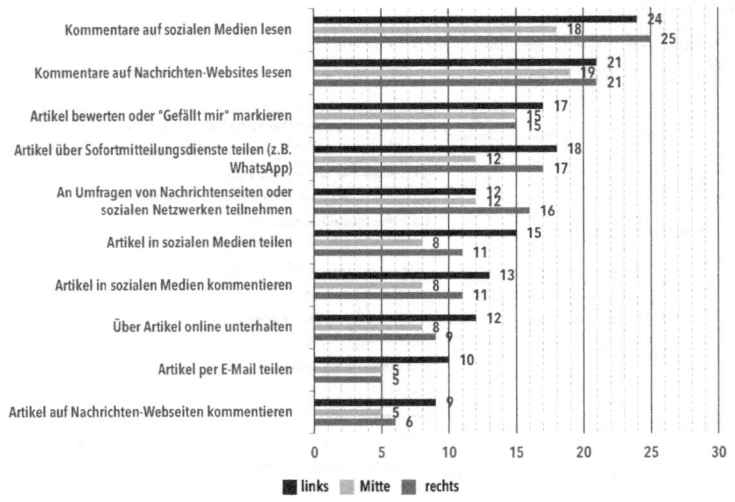

Darstellung nach Behre/Hölig/Möller, *Reuters DNR 2023. Ergebnisse für Deutschland*, S. 59; Dem Verfasser standen bei der Abbildung keine Rohdaten zur Verfügung, rundungsbedingt weicht die Darstellung leicht von der Quelle ab.

Die Zahlen legen nahe, Debatten auf Social Media mit Skepsis zu betrachten. Zumindest, wenn es um ihre Repräsentativität für die Bevölkerung geht. Nichtsdestotrotz wird Twitter im Meinungsbildungsprozess eine besondere Bedeutung zugemessen. So schreibt der Satiriker Jan Böhmermann, der seine gesammelten Tweets als Buch herausgegeben hat:

Innerhalb eines Jahrzehnts entwickelt sich Twitter zur wichtigsten politischen und gesellschaftlichen Online-Diskursplattform der Gegenwart. Und Twitter wird dabei zugleich zu einem mächtigen Werkzeug, um die öffentliche Debatte entscheidend zu verändern, zu beeinflussen oder zu bestimmen. [...] Twitter ist das Plenum für die, die das Sagen haben oder es gerne hätten. Die Plattform vernetzt alle relevanten politischen, kulturellen und gesellschaftlichen Wortführer*innen und Gruppen, macht sie sichtbar und sorgt dafür, dass sie miteinander in Kontakt treten können.[63]

Auch für den Politikberater Martin Fuchs ist Twitter das wichtigste Instrument der politischen Kommunikation in Deutschland:

> Es gibt keinen anderen Kanal, auf dem Politikerinnen und Politiker so schnell agieren und Themen setzen können. Natürlich wird man dort nur von einer kleinen Diskurs-Elite wahrgenommen, von Journalisten zum Beispiel, aber das sind die Leute, die den Diskurs treiben.[64]

Johannes Boie, damals Chefredakteur der *Welt am Sonntag*, nennt Twitter einen »Multiplikator für Multiplikatoren«.[65] Die ehemalige Staatsministerin für Digitales, Dorothee Bär, formuliert salopp: »Auf Twitter sind ohnehin nur Politiker, Journalisten und Psychopathen unterwegs.«[66]

Der Medienwissenschaftler Sascha Hölig, einer der Autoren des Reuters Reports für Deutschland, hat 2018 die soziodemografische Zusammensetzung und die Persönlichkeitsmerkmale aktiver (also regelmäßig ›tweetender‹) Twitterer untersucht und mit einer repräsentativen Stichprobe aktiver Onliner verglichen. Die aktuelle Forschung zeige, dass knapp drei Viertel aller Journalisten und Kommunikationsexperten täglich soziale Medien für ihre Arbeit nutzten. Facebook und Twitter würden als informelles Stimmungsbarometer der öffentlichen Meinung verwandt.[67] Aus seiner Untersuchung zieht Hölig folgende Schlüsse:

> Die Ergebnisse zeigen, dass die Meinungsbilder auf Twitter von Menschen gestaltet werden, die sich auf vielen Ebenen von der durchschnittlichen internetnutzenden Bevölkerung in Deutschland unterscheiden. Das gilt für die strukturelle Zusammensetzung, aber insbesondere für die Persönlichkeitsmerkmale. Das Stimmungsbild auf Twitter wird von – im Vergleich zu Onlinern insgesamt – eher stärkeren Persönlichkeiten geprägt, die höhere Werte in der Tendenz zum Narzissmus aufweisen, die extrovertierter und weniger ängstlich sind.[68]

Die Ergebnisse wiesen darauf hin,

dass die Gruppe aktiver Twitterer tendenziell meinungsstärker und von sich überzeugter ist als die durchschnittliche Bevölkerung, was aus psychologischer Hinsicht mit weniger Sinn für Empathie, Konsens und Gemeinschaftsgefühl einhergeht.[69]

Der Generalsekretär der SPD, Kevin Kühnert, hat Twitter verlassen und begründet seinen Abschied wie folgt:

Ich finde einfach, dass die Diskussionskultur, wie sie auf Twitter stattfindet, und auch die Art und Weise, wie dort die Gesellschaft repräsentiert oder absolut gar nicht repräsentiert wird, dass das zu Fehlschlüssen und Irrtürmern in politischen Entscheidungen führt.[70]

Zur Erinnerung: Männer nutzen Twitter deutlich häufiger als Frauen. 11 Prozent der Deutschen ab 16 Jahre greifen im Jahr 2022 täglich darauf zu. Nur ein Drittel dieser Gruppe kommt auf dem Microblogging-Dienst täglich mit politischen Informationen in Kontakt. Insofern überrascht, dass Politik und Medienbranche Twitter eine derartige Bedeutung zuweisen.

d. Zahlungsbereitschaft

Haben Sie im vergangenen Jahr für ONLINE-Nachrichten bezahlt oder haben Sie einen gebührenpflichtigen ONLINE-Nachrichtendienst genutzt? (Dies könnte zum Beispiel ein digitales Abonnement, ein Abonnement für digitale/gedruckte Nachrichten oder eine Einmalzahlung für einen Artikel, eine App oder E-Ausgabe sein)

Dergestalt lautet die Frage, mit der der Reuters Digital News Report das Zahlverhalten für Online-Nachrichten ergründen will. Abbildung 24 zeigt, wieviel Prozent der Befragten dies mit ›Ja‹ beantwortet haben. 11 Prozent der Befragten gaben an im vergangenen Jahr für Online-Nachrichten gezahlt zu haben; das sind 3 Prozentpunkte weniger als im ›Rekordjahr‹ 2022. 2013, als die

Zahlen zum ersten Mal erhoben wurden, bejahten 8 Prozent die Frage. Eine nachhaltige Entwicklung hin zu einer deutlich höheren, breite Gesellschaftsschichten umfassenden Zahlungsbereitschaft für digitalen Journalismus legen die jährlichen Befragungen nicht nahe.[71]

Abbildung 25
Zahlverhalten für Online-Nachrichten

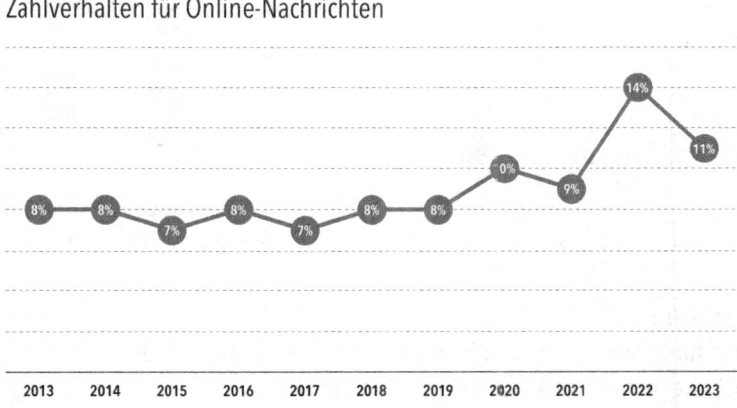

Darstellung nach Behre/Hölig/Möller, *Reuters DNR 2023. Ergebnisse für Deutschland*, S. 63.

Abbildung 25 ist einem Graphen aus dem *Whitepaper Money for Nothing and Content for free?* der Medienwissenschaftler Christopher Buschow und Christian Wellbrock für die Landesanstalt für Medien NRW nachgebildet. Die Daten basieren auf einer quantitativen Repräsentativbefragung von knapp 6000 Nutzern. Knapp 77 Prozent der Befragten signalisierten Zustimmung zu der These, kostenlose Inhalte zu verbreiten sei Teil des ursprünglichen Zwecks des Internets, Informationen zu verbreiten. 14 Prozent gaben sich neutral und 9 Prozent äußerten sich ablehnend.

Abbildung 26
Kostenlose Inhalte anzubieten, ist Teil des ursprünglichen Zwecks des Internets, Informationen zu verbreiten

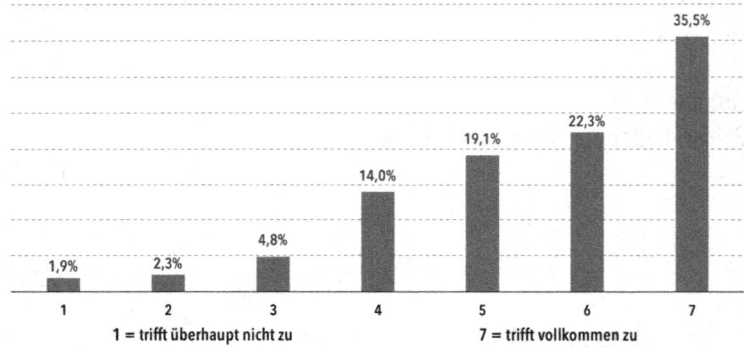

Darstellung nach Buschow/Wellbrock, Whitepaper: *Money for nothing and content for free?*, S. 22.

Abbildung 27
Ich zahle bereits für die öffentlich-rechtlichen Medien, deshalb würde ich nie für digitale journalistische Inhalte zahlen

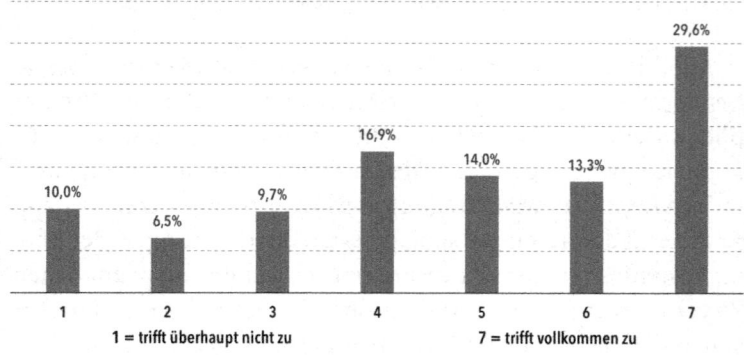

Darstellung nach Buschow/Wellbrock, Whitepaper: *Money for nothing and content for free?*, S. 22.

Abbildung 26 geht der Frage nach, inwieweit sich der Rundfunkbeitrag auf die Zahlungsbereitschaft für digitale journalistische Inhalte auswirke. Knapp 57 Prozent der Befragten stimm-
ten der These ›Ich zahle bereits für die öffentlich-rechtlichen Medien, deshalb würde ich nie für digitale journalistische Inhalte
zahlen‹ zu. Etwas mehr als 26 Prozent der Befragten lehnte sie
ab. Ca. 17 Prozent wollten sich weder der einen noch der anderen
Tendenz anschließen.

Buschow und Wellbrock (und O'Brien) untersuchten ferner,
ob eine Kausalität zwischen der ›Gratis-Mentalität‹ und der Zahlungsbereitschaft für digitale journalistische Inhalte besteht:

Die Daten legen nahe, dass Gratis-Mentalität einen signifikant negativen
Einfluss auf Bezahlabsicht, Kaufabsicht und vergangene Käufe nimmt.
Dieser Effekt wird eher über die grundlegende Auffassung, dass es Zweck
des Internets ist, kostenlos Informationen zu verbreiten, sowie die Wahrnehmung, dass bereits ausreichend für öffentlich-rechtliche Medien
bezahlt wird, erklärt. Die Auffassung, dass Werbungtreibende journalistische Inhalte finanzieren sollten, spielt hingegen nur eine untergeord-
nete Rolle. Diese Erkenntnisse können beispielsweise Einsatz finden, um
Nicht-Zahlende gezielter anzusprechen: In der Kommunikation sollte
das duale Rundfunk- und Mediensystem sowie die Notwendigkeit einer
privaten Finanzierung neben dem Rundfunkbeitrag in den Vordergrund
gerückt werden, um so zur Medien- und Meinungsvielfalt beizutragen.[72]

3. Ergebnis

Der Auflagenrückgang der Lokalzeitungen fordert seinen Tri-
but. Mit sinkenden Print-Abonnements steigen die Vertriebskosten pro Ausgabe. Das zeitigt Konsequenzen. So vermeldete
Anfang März 2023 die Funke-Mediengruppe, in einigen Gemeinden des ostthüringischen Landkreises Greiz keine Zeitungen mehr zuzustellen.[73] Die Madsack-Gruppe zog nach und

kündigte an, im Landkreis Prignitz ab Oktober ihre Blätter nicht mehr auszuliefern.[74] Bekenntnisse zum Digitalen flankieren diese Hiobsbotschaften. Von den 300 betroffenen Abonnenten der *Ostthüringer Zeitung* seien 30 Prozent auf das E-Paper umgestiegen, vermeldet der Branchendienst Kress. Andere hätten die (spätere) Zustellung über die Post akzeptiert. Um wie viele es sich dabei handelt, schreibt Kress nicht.[75] Auch die Panzerhaubitze des Boulevards, die *Bild*, musste jüngst Stellenstreichungen in dreistelliger Höhe ankündigen. Das wirkt sich insbesondere auf die Lokalausgaben aus. *Bild Leipzig*, *Dresden* und *Chemnitz* gingen in einer Sachsen-Ausgabe auf, während die Standorte Köln und Düsseldorf zu einer Rheinland-Ausgabe fusionierten, berichtet die *FAZ*. Vom ersten Januar 2024 an gelte die Strategie: »erst digital, dann Print«.[76] Einige Medienhäuser mögen den Niedergang des Printgeschäfts durch ein wachsendes Digitalgeschäft kompensieren, für die Branche insgesamt sieht es nicht danach aus. Gerade im digitalen Werbegeschäft sind die Aussichten – Stand jetzt – düster. Auch wenn bei der Vormachtstellung von Alphabet und Meta zuletzt kleinere Risse auftraten, sammeln anstelle der Verlage wohl eher Digitalkonzerne wie das hinter TikTok stehende Bytedance die freigewordenen Marktanteile ein.

Die Nachrichtennutzung in der Gesellschaft ist hoch, das Interesse an Nachrichten ist es nicht. Um stolze 38 Prozentpunkte schrumpfte es nach den Erhebungen von Reuters in der letzten Dekade. Auch beim Medienvertrauen geht die Tendenz nach dem Corona-Zwischenhoch wieder ins Tal, selbst wenn die Werte die Sohle der Prä-Covid-Zeit nicht beschreiten; zumindest diejenigen der Mainzer Langzeitstudie Medienvertrauen. Reuters misst einen Tiefstwert. Dass die Netzwerkplattformen im Nachrichtenkontext eine große Rolle für die Gesellschaft insgesamt spielen, scheint im Hinblick auf die Ergebnisse der zitierten Erhebungen zweifelhaft. Nur eine kleine Minderheit beteiligt sich auf ›Social‹ am Nachrichtendiskurs. Der Verdacht liegt nahe, dass Journalisten die Bedeutung der Netzwerkkonzerne für die Nachrichtennutzung in der Bevölkerung systematisch überschätzen. Gerade Twitter ist ein zweischneidiges Schwert. Es mag den Arbeitsalltag Medienschaffender erleichtern, birgt jedoch die Gefahr, Zerrbilder der Gesellschaft zu erzeugen, die Journalisten über die traditionellen Medien an die breite Öffentlichkeit tragen.

Apropos Twitter: Es gibt einen Grund, warum Elon Musk bisher nicht erwähnt wurde. Der Tesla-Gründer verfügt über eine schillernde Persönlichkeit, die ausladende Leitartikel geradezu provoziert. So kam es: Kaum hatte er den Microbloggingdienst übernommen, hagelte es Seite-1-Kommentare. Leider ähneln die Tiraden gegen Musk denen, die im Zuge des Cambridge-Analytica-Skandals auf Mark Zuckerberg niedergingen. Und in naher Zukunft wird aller Voraussicht nach ein führender Kopf von TikTok die schädlichen Auswirkungen des Kurzvideodienstes auf die Jugend schönreden. Dabei sind nicht Elon Musk und Konsorten das Problem, sondern die Tatsache, dass sie Einfluss auf die Funktionsweise ihrer Plattformen nehmen können. Das zu verhindern sollte im Zentrum der Regulierungsbemühungen der Medienpolitik stehen. Wie das gelingt, wird an späterer Stelle Thema sein.[77]

Ist nun alles marode in Medienhausen? Nicht ganz. Nehmen wir z. B. die künstliche Intelligenz. Die Sorge ist groß, dass sie Menschen in den Redaktionen wegrationalisiert. Schlecht ist das nur dann, wenn die Verlage die betreffenden Redakteure vor die Tür setzen. An dieser Stelle eine persönliche Anekdote: Der Verfasser hat vor über zehn Jahren ein Praktikum in der Wirtschaftsredaktion einer rheinischen Lokalzeitung gemacht. Sein erster war zugleich der letzte reguläre Arbeitstag einer gestandenen Wirtschaftsredakteurin, die ihn zum Außentermin bei einer Logistikfirma mitnahm. Im Zuge des allgemeinen Auflagenschwunds und der einhergehenden Sparmaßnahmen wurde die Redakteurin in die Produktion beordert. Dort sollte sie Agenturmeldungen in den sogenannten ›Mantel‹ einarbeiten; eine anspruchslose Tätigkeit unter ihrem Niveau. Nahm jetzt jemand anderes ihre Außentermine wahr? Nein. Und genau da liegt eine große Chance der KI. Arbeiten, die nicht notwendigerweise von Menschen erbracht werden müssen, können Kapazitäten für klassische journalistische Aufgaben freischaufeln. Zumindest in der Theorie. In der Praxis muss sich zeigen, ob die Stellen nicht doch ersatzlos gestrichen werden.

Noch ein Silberstreif schimmert am Horizont: Der in einem Vorgängerband behandelte *Deep Journalism*. Er verheißt, mit vertiefender Information gegen den allgemeinen Branchentrend schwarze Zahlen zu schreiben. Der zentrale Begriff dieser Spielart des Journalismus ist die sogenannte ›Domänenkompetenz‹. Essenziell dafür sei die tiefe, gründliche Kenntnis von Zusammenhängen und Entwicklungen in Fachgebieten, die über Jahre gepflegt werde und auch dann bereitstehe, wenn sich ein Thema zeitweise nicht oben auf der Tagesordnung befinde. Aus Nutzersicht gehe es um »Ahnung, die man spürt«, schreibt Stephan Russ-Mohl.[78] Für diese ›Domänenkompetenz‹ können Verlage hohe Preise bei ihren Zielgruppen verlangen und bieten entsprechenden Mehrwert.[79] Das klingt vielversprechend, hat aber auch eine Kehrseite, die Christopher Buschow beleuchtet. Es drohe eine allmähliche Verschiebung hin zum »knowledge broker« für eng umrissene, zahlungskräftige Geschäftskunden. Wie eine Atomisierung von Öffentlichkeit verhindert werden kann, Nischeninhalte also auch eine breitere Öffentlichkeit erreichen können, sei wenig erprobt.[80] Domänenkompetenz sei kein Patentrezept zur Lösung aller Probleme des Journalismus, räumen mithin die Herausgeber des *Deep-Journalism*-Bandes Sebastian Turner und Stephan Russ-Mohl ein.[81] Dennoch, dass man mit Angeboten wie Turners *China Table* oder der Springer-Akquisition *Politico* auf ein zahlungskräftiges und zahlungsbereites Publikum stößt, erfreut.

TEIL II
FUNKTIONEN VON MEDIEN UND JOURNALISMUS

Der Journalismus ist ein Zahnrad im Getriebe der Gesellschaft. Knarzt und quietscht es, hat das Folgen für die Gesellschaft insgesamt. Da ist es wichtig, dass das Zahnrad gut läuft. Nur um beurteilen zu können, ob das kleine Rädchen seine Arbeit tut, sollte man zunächst wissen, wofür es konkret da ist. Technisch ausgedrückt: Es kommt auf seine ›Funktion‹ an. Entsprechend orientieren sich Rechts- wie Medienwissenschaft an der Funktion des Journalismus, die im Folgenden erläutert wird.

Dieser Teil beschreibt zunächst die verfassungsrechtliche Sicht auf den Journalismus (Abschnitt 1.), widmet sich dann dessen einfachgesetzlicher Konkretisierung (Abschnitt 2.), ergänzt die rechtliche Perspektive im Weiteren um eine medienwissenschaftliche Betrachtung (Abschnitt 3.) und zeigt im Anschluss, warum Social-Media-Plattformen in ihrer jetzigen Form die Funktion des Journalismus nicht erfüllen können (Abschnitt 4.). Den Schlusspunkt setzt eine kurze Betrachtung des Vorangegangenen (Abschnitt 5.).

1. Die verfassungsrechtliche Perspektive

In der innerdeutschen Normenhierarchie steht das Grundgesetz über allem. Dabei sind die Artikel des Grundgesetzes offener formuliert als einfachgesetzliche Normen und werden durch den Gesetzgeber oder durch Auslegung konkretisiert.

a. Zielvorgabe: Die freie individuelle und öffentliche Meinungsbildung

Die *Pressefreiheit*, Art. 5 Abs. 1 S. 2 Alt. 1 GG, *dient.* Die *Rundfunkfreiheit*, Art. 5 Abs. 1 S. 2 Alt. 2 GG, *dient.* Die *Meinungsfreiheit*, Art. 5 Abs. 1 S. 1 Alt. 1 GG, *dient.* Die *Informationsfreiheit*, Art. 5 Abs. 1 S. 1 Alt. 2, *dient.* Die *Meinungsbildungsfreiheit*, Art. 5 Abs. 1 S. 1 GG, *dient.* Alle Garantien in Art. 5 Abs. 1 GG dienen. Wem dienen sie? Das Bundesverfassungsgericht (BVerfG) sagt:

> Der freien individuellen und öffentlichen Meinungsbildung.[82]

Warum dienen sie? Das höchste deutsche Gericht urteilt:

> Die in der »öffentlichen Meinung« zum Ausdruck kommenden Tendenzen und Stellungnahmen zu politischen Fragen mag man als »Vorformung der politischen Willensbildung des Volkes« bezeichnen.[83]

Wie äußert sich der politische Wille des Volkes? In Wahlen. Bildet sich die öffentliche Meinung nicht mehr frei, so kann sich auch der politische Wille nicht frei bilden. Dann ist die Wahl nicht mehr frei. Ohne freie Wahlen keine Demokratie. Deshalb sind die in Art. 5 Abs. 1 GG genannten Grundrechte für »eine freiheitliche demokratische Staatsordnung schlechthin konstituierend«.[84]

Aber wie funktioniert freie Meinungsbildung? Auch diese Frage hat das Bundesverfassungsgericht bereits beantwortet:

> Freie Meinungsbildung als Voraussetzung sowohl der Persönlichkeitsentfaltung als auch der demokratischen Ordnung *vollzieht sich in einem Prozeß der Kommunikation* [Hervorhebung d. Verf.], der ohne Medien, die

Informationen und Meinungen verbreiten und selbst Meinungen äußern, nicht aufrechterhalten werden könnte.[85]

b.   Funktion von Presse und Rundfunk

Im Meinungsbildungsprozess kommt den publizistischen Medien eine zentrale Rolle zu. Damit einher gehen Funktionserwartungen. Das BVerfG sagt zur Funktion der Presse:

> Ihre Aufgabe ist es, umfassende Information zu ermöglichen, die Vielfalt der bestehenden Meinungen wiederzugeben und selbst Meinungen zu bilden und zu vertreten.[86]

Ausführlicher hat sich das Gericht in der wegweisenden *Spiegel*-Entscheidung geäußert. Zunächst stellt es die grundlegende Bedeutung der freien Presse für die Demokratie klar:

> Eine freie, nicht von der öffentlichen Gewalt gelenkte, keiner Zensur unterworfene Presse ist ein Wesenselement des freiheitlichen Staates; insbesondere ist eine freie, regelmäßig erscheinende politische Presse für die moderne Demokratie unentbehrlich. Soll der Bürger politische Entscheidungen treffen, muß er umfassend informiert sein, aber auch die Meinungen kennen und gegeneinander abwägen können, die andere sich gebildet haben.

Die Presse schafft Orientierung und zugleich ein Forum, in dem sich die öffentliche Meinung bildet:

> Die Presse hält diese ständige Diskussion in Gang; sie beschafft die Informationen, nimmt selbst dazu Stellung und wirkt damit als orientierende Kraft in der öffentlichen Auseinandersetzung. In ihr artikuliert sich die öffentliche Meinung; die Argumente klären sich in Rede und Gegenrede, gewinnen deutliche Konturen und erleichtern so dem Bürger Urteil und Entscheidung.

Ausführungen zur Kontrollfunktion und (Ver-)Mittlungsfunktion der Presse schließen sich an:

In der repräsentativen Demokratie steht die Presse zugleich als ständiges Verbindungs- und Kontrollorgan zwischen dem Volk und seinen gewählten Vertretern in Parlament und Regierung. Sie faßt die in der Gesellschaft und ihren Gruppen unaufhörlich sich neu bildenden Meinungen und Forderungen kritisch zusammen, stellt sie zur Erörterung und trägt sie an die politisch handelnden Staatsorgane heran, die auf diese Weise ihre Entscheidungen auch in Einzelfragen der Tagespolitik ständig am Maßstab der im Volk tatsächlich vertretenen Auffassungen messen können.[87]

Das gilt auch für den Rundfunk, wie das BVerfG in einer späteren Entscheidung ausführt:

Rundfunk und Presse unterscheiden sich in ihrer Funktion nicht. Unter den Bedingungen der modernen Massenkommunikation sind beide für die freie individuelle und öffentliche Meinungsbildung, für Kritik und Kontrolle der öffentlichen Gewalt und für die Wahlentscheidung als demokratischen Grundakt des Volkes unerläßlich. Unterschiede bestehen allerdings im Mittel der Funktionserfüllung.[88]

c.   Mittel der Funktionserfüllung

Wenn Unterschiede im Mittel der Funktionserfüllung bestehen, stellt sich die Frage, wie diese Mittel aussehen. Die Antwort hängt davon ab, was man im verfassungsrechtlichen Sinne unter Presse und was unter Rundfunk versteht.

Vor der Digitalisierung orientierte man sich gemeinhin an den technischen Gegebenheiten. So handelt es sich nach ›klassischem‹ Verständnis um Rundfunk bei einer »für die Allgemeinheit bestimmte[n] und geeignete[n] Übertragung von Informationsinhalten über physikalische, vor allem elektromagnetische Wellen.«[89] Das BVerfG ging jedoch schon vor der Digitalisierung von einem ›offenen‹ Rundfunkbegriff aus, der auch neuere technische Möglichkeiten, derer sich der Rundfunk zur Erfüllung seiner Funktion bedient, in die Gewährleistung mit einbezieht.[90] Demnach können auch digitale Bild- und Tonangebote wie z.B. Podcasts grundsätzlich Rundfunk sein.

Der klassische Pressebegriff bedingt ein körperliches Trägermedium für Wort und Bild sowie, dass die Presse in einem Verfahren mit Vervielfältigungseffekt erstellt und einer unbestimmten Anzahl von Personen zur Verfügung gestellt wird. Es bestehe eine »Konnexität zwischen Herstellungsmethode und Vervielfältigung in der Weise, dass gerade das Trägermedium vervielfältigt werden muss.«[91]

Gemeinhin erschien und erscheint die Presse als ›Druckschrift‹. Das Trägermedium der Presse ist in der Regel Papier. Grundsätzlich kann jedoch auch eine Schallplatte oder eine CD Presse im ›klassischen‹ Sinne sein. Schließlich handelt es sich bei Schallplatte und CD um körperliche Trägermedien. Das Problem an dieser ›klassischen‹ Sichtweise ist, dass damit das komplette Internet dem Rundfunk zuzuordnen wäre, schließlich fehlt es hier an einem körperlichem Trägermedium.[92] Daher sollte zur Abgrenzung von Presse und Rundfunk auf die Konsumentenperspektive abgestellt werden.[93] Diese technikoffene Sichtweise, die zwischen Massenkommunikation mittels Bewegtbild und/oder Ton und Massenkommunikation mit textlichen Schwerpunkt unterscheidet, findet Zustimmung in der Literatur.[94] Das Bundesverfassungsgericht misst in seiner jüngeren Rechtsprechung[95] die ›elektronische‹ Presse am Maßstab der Pressefreiheit, scheint hier also auch von einer Technikoffenheit des Pressebegriffs auszugehen. Folgerichtig ist der Rezeptionsvorgang maßgeblich: Massenkommunikation, die aus Bewegtbildern besteht, ist dem Rundfunk zuzuordnen; weisen Angebote einen textlichen Schwerpunkt sowie vorrangig Standbilder auf, handelt es sich um Presse. Im Falle der Presse ist das Mittel der Funktionserfüllung demnach ein textliches, im Falle des Rundfunks ein audiovisuelles Angebot. Gemein ist Presse und Rundfunk, dass es sich um Massenkommunikation handelt.

Aber warum unterscheidet man überhaupt zwischen Text- und Bewegtbildangeboten? Weil, so das BVerfG, unter den Medien »dem Rundfunk wegen seiner Breitenwirkung, Aktualität und Suggestivkraft besondere Bedeutung zu[kommt].«[96] Die Breitenwirkung des Rundfunks zeige sich in der Reichweite und der Möglichkeit der Beeinflussung großer Teile der Bevölkerung. Die Aktualität des Hör- und Fernsehfunks folge daraus, dass Inhalte schnell, sogar zeitgleich, an die Rezipienten übertragen werden können. Die besondere Suggestivkraft des Mediums ergebe sich insbesondere aus der Möglichkeit, die Kommunikationsformen ›Text‹ und ›Ton‹ sowie beim Fernsehfunk zusätzlich bewegte Bilder miteinander zu kombinieren und der programmlichen Information dadurch insbesondere den Anschein hoher Authentizität zu verleihen.[97]

Wer die höhere Suggestivkraft audiovisueller Medien anzweifelt, der erinnere sich an die Kontroverse zwischen dem Videoblogger Rezo und der CDU. Rezo veröffentlichte auf YouTube ein ca. 55-minütiges Video, in dem er insbesondere die CDU angreift.[98] Der Beitrag bedient sich häufiger und schneller Schnitte. Rezo selbst gestikuliert viel, verwendet Kraftausdrücke (»Fuck, ist das heftig«) und spricht das Publikum persönlich an. Das Video arbeitet zudem mit Einblendungen. Musik untermalt Teile seiner Aussagen. Bis Februar 2021 wurde es über 18 Millionen Mal abgerufen, wobei sich aus dieser Zahl nicht ergibt, wie viele verschiedene Menschen es aufgerufen und auch bis zum Ende gesehen haben.

Eine angedachte Videoantwort des CDU-Bundestagsabgeordneten Philipp Amthor wurde nicht veröffentlicht. Die CDU reagierte mit einem 11-seitigen Antwortbrief.[99] Die Partei wurde für ihren Umgang mit dem Video kritisiert.[100] »[N]icht gerade zielgruppengerecht für die YouTube-Generation«, bemerkte der *Spiegel*.[101] Das stimmt, belegt aber auch die Überlegenheit audiovisueller Medien bei der eingängigen Vermittlung von Inhalten. Diese Überlegenheit aufgrund höherer Suggestivkraft ist einer der wesentlichen Gründe für die Regulierung des Rundfunkwesens.

d. Vielfaltsbegriff von Presse und Rundfunk

Für den Rundfunk gilt ein anderes Vielfaltsverständnis als für die Presse:

> Unter Berücksichtigung der gegebenen Möglichkeiten ist im Rundfunk grundsätzlich eine gleichgewichtige Vielfalt der Meinungen im Gesamtangebot des Sendegebietes zu gewährleisten. In einer dualen Rundfunkordnung, in der öffentlichrechtliche und privatwirtschaftliche Veranstalter nebeneinander stehen, muss der Gesetzgeber dafür sorgen, dass die verfassungsrechtlichen Anforderungen an die Vielfalt in der Berichterstattung im Ergebnis durch das Gesamtangebot aller Veranstalter erfüllt werden.[102]

In Bezug auf die Rahmenbedingungen differenziert man bei Rundfunk und Presse zwischen der sogenannten ›Binnenpluralität‹ beim öffentlich-rechtlichen Rundfunk und der ›Außenpluralität‹ bei der Presse.[103] Aufgrund hoher Kosten und weniger Frequenzen musste die Vielfalt innerhalb eines Rundfunksenders gewährleistet werden, da ein Wettbewerb zwischen vielen verschiedenen Sendern zunächst nicht möglich war. Bei der Presse vertraute und vertraut man auf den Markt. Hier bedeutet Vielfalt, dass »innerhalb des deutschen Pressewesens eine relativ große Zahl von selbständigen und nach ihrer Tendenz, politischen Färbung oder weltanschaulichen Grundhaltung miteinander konkurrierenden Presseerzeugnissen existiert«.[104]

Darin liegt die Herausforderung der Medienregulierung im digitalen Zeitalter. Der Mangel an Frequenzen und die hohen Produktionskosten des Rundfunks ließen von vornherein nur wenige Anbieter zu. Wenn es nur drei Sender gibt, kann ich auch nur drei Sender schauen. Konsumenten werden also zu deren Angeboten kanalisiert. Das führt zwangsläufig zu einer Breitenwirkung. Im digitalen Raum gibt es jedoch eine unüberschaubare Vielzahl von Angeboten. Wann ist bei einem Angebot von Aktualität, Suggestivkraft und Breitenwirkung auszugehen? Was für Konsequenzen schließen sich an, wenn diese Tatbestandsmerkmale zutreffen?

Artverwandt mit dem Vielfaltsgebot ist der Grundsatz der Staatsferne von Presse und Rundfunk. Zum Rundfunk urteilt das Bundesverfassungsgericht, es bestehe »die Gefahr, die Rundfunkfreiheit auch politischen Interessen unterzuordnen.«[105] Das oberste deutsche Gericht führt aus:

> Der Grundsatz der Staatsfreiheit des Rundfunks bezieht sich nicht nur auf die manifesten Gefahren unmittelbarer Lenkung oder Maßregelung des Rundfunks; es sollen auch, weitergehend, alle mittelbaren und subtilen Einflussnahmen des Staates verhindert werden. Damit wird kein absolutes Trennungsgebot zwischen Staat und Rundfunk aufgestellt; [...] vielmehr ist eine weitgehende Staatsferne zur Verwirklichung der freien Meinungsbildung anzustreben.[106]

Für die »freie, nicht von der öffentlichen Gewalt gelenkte, keiner Zensur unterworfene Presse«[107] führt das oberste ordentliche Gericht, der Bundesgerichtshof, aus:

> Die Bestimmung des Art. 5 Abs. 1 Satz 2 GG fordert zur Sicherung der Meinungsvielfalt die Staatsferne der Presse. Dieser Grundsatz schließt es aus, dass der Staat unmittelbar oder mittelbar Presseunternehmen beherrscht, die nicht lediglich Informationspflichten öffentlicher Stellen erfüllen. Der Staat darf sich nur in engen Grenzen auf dem Gebiet der Presse betätigen. Das verfassungsrechtliche Gebot, die Presse von staatlichen Einflüssen freizuhalten, bezieht sich nicht nur auf manifeste Gefahren unmittelbarer Lenkung oder Maßregelung der im Bereich der Presse tätigen Unternehmen, sondern weitergehend auch auf die Verhinderung aller mittelbaren und subtilen Einflussnahmen des Staates.[108]

2. Einfachgesetzliche Vorgaben

Einfachgesetzliche Regelungen für Presse und Rundfunk finden sich insbesondere in den Landespressegesetzen und im Medienstaatsvertrag. Neben dem Rundfunk reguliert der Medienstaatsvertrag die sogenannten ›Telemedien‹. Begrifflich arbeiten die Gesetze überwiegend mit den Verbreitungsmedien des Journalismus. Der Begriff ›Journalismus‹ spielte bisher eine nachrangige Rolle. Der Medienstaatsvertrag (MStV), der zum 7. November 2020 den Rundfunkstaatsvertrag abgelöst hat, wertet ihn auf. Das ist auch gut so, denn die starren, einfachgesetzlichen Definitionen von Presse und Rundfunk hinken der digitalen Wirklichkeit erheblich hinterher und wecken Zweifel an ihrer Praxistauglichkeit.

a. Landespressegesetze

Die Landespressegesetze sprechen von einer öffentlichen Aufgabe der Presse, räumen Rechte ein und regeln Pflichten. Eine Legaldefinition der ›Presse‹ enthalten sie nicht. Dafür definieren sie das »Druckwerk«, vgl. § 7 Hamburgisches Pressegesetz (PresseG HA) oder § 7 Pressegesetz für das Land Nordrhein-Westfalen (LPG NRW). Die Landespressegesetze orientieren sich also am ›klassischen‹, technisch verstandenen Pressebegriff. Schließlich ist das Druckwerk ein Trägermedium, das »mittels der Buchdruckerpresse oder eines sonstigen zur Massenherstellung geeigneten Vervielfältigungsverfahrens« hergestellt wird, § 7 Abs. 1 LPG NRW.

Zielvorgabe: öffentliche Aufgabe der Presse

Die Presse soll der freiheitlichen demokratischen Grundordnung dienen, befindet das Hamburger Pressegesetz (vgl. § 1 Abs. 1 S. 2).

Zudem kommt ihr eine öffentliche Aufgabe zu. §3 des Gesetzes umschreibt sie wie folgt:

> Die Presse erfüllt eine öffentliche Aufgabe insbesondere dadurch, dass sie Nachrichten beschafft und verbreitet, Stellung nimmt, Kritik übt, in anderer Weise an der Meinungsbildung mitwirkt oder der Bildung dient.

Einfachgesetzliche Vorgaben für die Presse

Die Pressegesetze der Länder legen zugleich Rechte und Pflichten der Presse fest. Nach §2 PresseG HA ist Pressetätigkeit zulassungsfrei. Der vierte Paragraph dieses Gesetzes räumt Angehörigen der Presse (aber auch des Rundfunks) ein Auskunftsrecht gegenüber den Landesbehörden ein. Der sechste schreibt eine Sorgfaltspflicht, der achte eine Impressumspflicht vor und der neunte Paragraph regelt »Persönliche Anforderungen an den verantwortlichen Redakteur«. Dem nachfolgenden Paragraphen ist eine Pflicht zur Kennzeichnung von Anzeigen zu entnehmen, der elfte regelt die sogenannte ›Gegendarstellung‹. Nach §19 Abs. 2 Nr. 1 trifft den verantwortlichen Redakteur sogar eine strafrechtliche Verantwortung, »wenn er vorsätzlich oder fahrlässig seine Verpflichtung verletzt hat, Druckwerke von strafbarem Inhalt freizuhalten«. Den Journalismus erwähnt das Hamburgische Pressegesetz lediglich in §11 a in Bezug auf die »Datenverarbeitung zu journalistischen Zwecken, Medienprivileg«.

b.   Medienstaatsvertrag

Aufgrund seines Missbrauchspotenzials ist der Rundfunk im Vergleich zur Presse stärker reguliert. So ist im Medienstaatsvertrag (MStV) nicht von einer Aufgabe, sondern – etwas verbindlicher – von einem Auftrag die Rede. Da der verfassungsrechtliche

Rundfunkbegriff offen ist, enthält der Medienstaatsvertrag eine einfachgesetzliche Konkretisierung des Rundfunkbegriffs.

Zielvorgabe: Auftrag

Den Auftrag des öffentlich-rechtlichen Rundfunks umschreibt der Medienstaatsvertrag (MStV) in § 26 Abs. 1 S. 1:

> Auftrag der öffentlich-rechtlichen Rundfunkanstalten ist, durch die Herstellung und Verbreitung ihrer Angebote als Medium und Faktor des Prozesses freier individueller und öffentlicher Meinungsbildung zu wirken und dadurch die demokratischen, sozialen und kulturellen Bedürfnisse der Gesellschaft zu erfüllen.

Der Auftrag stellt einen direkten Bezug zur verfassungsrechtlichen Ebene her, indem hier auf den *Prozess der freien individuellen und öffentlichen Meinungsbildung* verwiesen wird. Der Auftrag ist etwas konkreter gefasst als die öffentliche Aufgabe der Presse. Hieran zeigt sich die unterschiedliche Konstruktion von Presse und Rundfunk, auch wenn Aufgabe wie Auftrag die Funktion der publizistischen Medien in der Meinungsbildung bezeichnen.

Einfachgesetzliche Vorgaben für den Rundfunk

> Rundfunk ist ein linearer Informations- und Kommunikationsdienst; er ist die für die Allgemeinheit und zum zeitgleichen Empfang bestimmte Veranstaltung und Verbreitung von journalistisch-redaktionell gestalteten Angeboten in Bewegtbild oder Ton entlang eines Sendeplans mittels Telekommunikation.

Das ist der einfachgesetzliche Rundfunkbegriff, wie der MStV ihn in § 2 Abs. 1 S. 1 legaldefiniert. Er umschreibt das herkömmliche Fernseh- und Radioprogramm, wie wir es aus den der Digitalisierung vorangegangenen Jahrzehnten kennen und auch heute noch gewohnt sind. Ein entscheidendes Merkmal des Rundfunks ist die Linearität. Das Publikum hat keinen Einfluss auf die Ausstrahlung der Inhalte. Audiovisuelle Angebote auf Abruf (z. B. Netflix, YouTube) sind hingegen nicht linear im Sinne des § 2 Abs. 1 MStV und können – zumindest aktuell – kein Rundfunk im einfachgesetzlichen Sinn sein.

Allgemeine Rechte und Pflichten des Rundfunks regelt der Medienstaatsvertrag in den Paragraphen 3 bis 16. Dabei handelt es sich z. B. um Auskunftsrechte (§ 5) oder die Sorgfaltspflicht (§ 6). Ebenfalls reguliert der Staatsvertrag die Werbung im Rundfunk (§ 8). Im Wesentlichen handelt es sich um dieselben Rechte und Pflichten, denen auch die Presse unterliegt. Der Medienstaatsvertrag fasst sie jedoch deutlich konkreter – also verbindlicher – als die Landespressegesetze. Die §§ 26 ff. enthalten besondere Bestimmungen für den öffentlich-rechtlichen Rundfunk.

Augenfällig ist, dass der Medienstaatsvertrag im Vergleich zum Rundfunkstaatsvertrag das Begriffspaar des ›journalistisch-redaktionellen‹ in die Rundfunkdefinition mit aufgenommen hat. Inhaltlich ändert sich nichts: Dass die journalistisch-redaktionelle Gestaltung Wesensmerkmal des Rundfunks ist, ergab sich bereits an anderer Stelle[109] aus dem Rundfunkstaatsvertrag.[110] Zugleich ist die prominente Hervorhebung des Begriffspaares konsequent, schließlich verbietet der Medienstaatsvertrag erstmals Medienintermediären wie z. B. Google, journalistisch-redaktionelle Angebote zu diskriminieren, vgl. § 94.

Einfachgesetzliche Vorgaben für Telemedien mit journalistisch-redaktionell gestalteten Angeboten

Die Landespressegesetze enthalten Regelungen zur Presse und orientieren sich am klassischen, an Druckmittel anknüpfenden Pressebegriff. Für den Medienstaatsvertrag ist der Rundfunk ein *linearer* Informations- und Kommunikationsdienst, der auf Bild und Ton setzt. Was sind dann Online-Portale wie *Spiegel-Online, faz.net, sueddeutsche.de* oder das auf Text und Ton setzende Portal *thepioneer.de?*

Telemedien! Das sind – vereinfacht ausgedrückt – elektronische Informations- und Kommunikationsdienste, die kein Rundfunk sind (vgl. § 2 Abs. 1 S. 3 MStV). Presse im einfachgesetzlichen Sinne können Telemedien nach aktueller Rechtslage schon nicht sein, weil es sich nicht um Druckmittel handelt.

Um einen Gleichlauf zwischen Presse, Rundfunk und solchen Telemedien, die Journalismus anbieten, zu gewährleisten, enthält der Medienstaatsvertrag den Begriff der journalistisch-redaktionell gestalteten Angebote. Diese haben »den anerkannten journalistischen Grundsätzen zu entsprechen«, § 19 Abs. 1 MStV. Eine gesetzliche Definition journalistisch-redaktionell gestalteter Angebote fehlt. Die Begründung zum Medienstaatsvertrag enthält vage Hinweise: Zur redaktionellen Gestaltung gehöre die »Ausübung einer wirksamen Kontrolle«[111] und ein Mindestmaß an inhaltlicher Auswahl und Bearbeitung durch den Veranstalter. Die journalistische Gestaltung beziehe sich auf eine journalistische Arbeitsweise, die Pflichten wie Rechte begründet. Der Begriff ›journalistisch‹ umfasse auch Unterhaltungsangebote.[112]

Die Konkretisierung obliegt damit Literatur und Rechtsprechung. Diese[113] verlangen

- eine gewisse *Selektivität* und *Strukturierung*,
- das Treffen einer *Auswahl nach ihrer angenommenen gesellschaftlichen Relevanz* mit dem Ziel des Anbieters, zur öffentlichen Kommunikation beizutragen,
- die Ausrichtung an Tatsachen (*Faktizität*),
- ein hohes Maß an *Aktualität*, nicht notwendig Periodizität,
- ein hoher Grad der *Professionalisierung der Arbeitsweise,*
- und ein gewisser Grad an *organisierter Verfestigung*, der eine gewisse Kontinuität gewährleistet.

Die Definition kommt ohne direkten Verweis auf den Prozess der freien individuellen und öffentlichen Meinungsbildung aus, obwohl die genannten Merkmale allesamt mit dieser Zielvorstellung kompatibel sind.

Die §§ 18 ff. MStV normieren weitere Pflichten für »Anbieter von Telemedien mit journalistisch-redaktionell gestalteten Angeboten, in denen insbesondere vollständig oder teilweise Inhalte periodischer Druckerzeugnisse in Text oder Bild wiedergegeben werden«. Konkret handelt es sich um die Informationspflicht (§ 18 Abs. 2 MStV), Sorgfaltspflichten (§ 19 Abs. 1 MStV) und Gegendarstellungspflichten (§ 20 Abs. 1 MStV). Zugleich räumt der Medienstaatsvertrag auch Auskunftsrechte ein (§ 18 Abs. 4 iVm § 5 MStV).

(Medien-)Intermediäre

Erhebliche Änderungen im Vergleich zum Rundfunkstaatsvertrag enthalten die §§ 91 ff. MStV, die die sogenannten ›Medienintermediäre‹ betreffen. Was sind nun aber diese Medienintermediäre, die jetzt einen eigenen Abschnitt im Medienstaatsvertrag erhalten haben? Im Sinne des Medienstaatsvertrags (§ 2 Abs. 2 Nr. 16) ist ein

> Medienintermediär jedes Telemedium, das auch journalistisch-redaktionelle Angebote Dritter aggregiert, selektiert und allgemein zugänglich präsentiert, ohne diese zu einem Gesamtangebot zusammenzufassen[.]

Medienintermediäre zeichnen sich dadurch aus, dass sie keine eigenen Inhalte produzieren und diese auch nicht redaktionell steuern, sondern dass sie Inhalte Dritten gegenüber verfügbar machen. Das kann in Gestalt einer Suchmaschine wie Google, einer Netzwerkplattform wie Facebook oder eines Microbloggingdienstes wie Twitter geschehen. Ihre Besonderheit besteht darin, auf automatisierte Mechanismen, insbesondere Algorithmen, zu setzen.[114] Entsprechend haben die Funktionsweisen der Medienintermediäre erhebliche Auswirkungen auf die Wahrnehmbarkeit von Informationen im Netz. Medienintermediäre dürfen deshalb journalistisch-redaktionell gestaltete Angebote, auf deren Wahrnehmbarkeit sie besonders hohen Einfluss haben, nicht diskriminieren (§ 94 Abs. 1 MStV). Damit Anbieter journalistisch-redaktioneller Angebote beurteilen können, ob eine Diskriminierung vorliegt, verpflichtet § 93 MStV die Medienintermediäre zur Transparenz.[115] Die Zukunft wird zeigen, inwieweit diese Anforderungen ausreichen, um Meinungsvielfalt bei den Intermediären zu gewährleisten. Skepsis ist insofern angebracht, als das neue Gesetz über digitale Dienste (Digital Services Act/DSA) der Europäischen Union die Geltung dieser Regelungen infrage stellt.

c. Aufsicht: Presserat, Landesmedienanstalten und Einrichtungen der freiwilligen Selbstkontrolle

Presse, Rundfunk und Telemedien unterliegen unterschiedlichen Aufsichtsregimen. Die Aufsicht über die Presse, wenn man es denn so nennen will, führt der Presserat:

> Der *Deutsche Presserat* ist die *Freiwillige Selbstkontrolle* der Print- und Onlinemedien in Deutschland. Er tritt für die *Einhaltung ethischer Standards* und Verantwortung im Journalismus ein sowie für die Wahrung des *Ansehens der Presse*. Als Selbstkontrolle verteidigt der Presserat die *Pressefreiheit* gegen Eingriffe von außen.[116]

Träger des Presserats sind der Bundesverband Digitalpublisher und Zeitungsverleger (BDZV), der Medienverband der freien Presse (MVFP/vormals VDZ) sowie der Deutsche Journalisten-Verband (DJV) und die Deutsche Journalistinnen- und Journalistenunion (dju).[117] Die Verfassung des Presserats ist der sogenannte ›Pressekodex‹. Die Präambel des Pressekodex[118] lautet (auszugsweise):

> Verleger, Herausgeber und Journalisten müssen sich bei ihrer Arbeit der Verantwortung gegenüber der Öffentlichkeit und ihrer Verpflichtung für das Ansehen der Presse bewusst sein. Sie nehmen ihre publizistische Aufgabe fair, nach bestem Wissen und Gewissen, unbeeinflusst von persönlichen Interessen und sachfremden Beweggründen wahr.

Der Pressekodex spricht zwar nur allgemein von einer Verantwortung gegenüber der Öffentlichkeit, konkretisiert in seinen 16 Ziffern jedoch Berufsstandards für die Arbeit der Presse. So folgt eine Wahrheitspflicht aus Ziffer 1 des Pressekodex. Ziffer 2 fordert die nach »den Umständen gebotene Sorgfalt« ein. Ziffer 7 verlangt, »dass redaktionelle Veröffentlichungen nicht durch private oder geschäftliche Interessen Dritter oder durch persönliche wirtschaftliche Interessen der Journalistinnen und Journalisten beeinflusst werden.«

Gesetze arbeiten viel mit Verweisen und Ausnahmen; das macht es für Nichtjuristen (und zuweilen auch Juristen) oft schwierig, Regelungen im Einzelnen nachzuvollziehen. Im Rundfunkwesen gibt es eine Vielzahl an Staatsverträgen, von denen der Medienstaatsvertrag nur der bekannteste ist. In der Folge ist die Aufsicht über den Rundfunk zersplittert. Wer ist also konkret für die Aufsicht zuständig? »Soweit nichts anderes bestimmt ist, überprüft die zuständige Landesmedienanstalt die Einhaltung der Bestimmungen nach diesem Staatsvertrag«, § 104 Abs. 1 S. 1 MStV. Etwas anderes bestimmt ist schon einmal für ARD, ZDF und den DEUTSCHLANDFUNK: Der dritte Satz des vorgenannten Paragraphen spart den öffentlich-rechtlichen Rundfunk von den Bestimmungen des Medienstaatsvertrags aus. Die Aufsicht über das ZDF führt zum Beispiel der Fernsehrat, wie § 20 des ZDF-Staatsvertrags festlegt. Das heißt nicht, dass der Medienstaatsvertrag nicht für das ZDF gilt. Bezüglich der Berichterstattung verweist der ZDF-Staatsvertrag auf den Medienstaatsvertrag (§ 6 ZDF-Staatsvertrag). Das entsprechende Aufsichtsgremium der ARD heißt Rundfunkrat, das des DEUTSCHLANDFUNKS Hörfunkrat. Den Landesmedienanstalten bleibt die Aufsicht über den privaten Rundfunk, Telemedien und neuerdings auch die Intermediäre.

Selbstredend gelten auch für Telemedien Besonderheiten. Die Landesmedienanstalten führen nämlich nur dann Aufsicht, wenn das Telemedium nicht dem Pressekodex und der Beschwerdeordnung des Deutschen Presserats unterliegt, bzw. sich nicht einer sogenannten ›Einrichtung der freiwilligen Selbstkontrolle‹ angeschlossen hat, vgl. § 19 Abs. 3 MStV. Der Medienstaatsvertrag schließt hier eine Regulierungslücke. Im Rundfunkstaatsvertrag war die Aufsicht über Telemedien nicht eindeutig geregelt. Das medienjournalistische Online-Portal *Übermedien* hat das dazu bewogen, sich dem Presserat zu unterwerfen. Die Alternative wäre gewesen, der automatischen Aufsicht durch die Landesmedienanstalten zu unterliegen. Deren Vorgehen sei bisher »einigermaßen undurchsichtig«. Auch den Presserat, insbesondere dessen »Zahnlosigkeit«, kritisiert *Übermedien*. Er orientiere sich aber »in einem halbwegs transparenten Verfahren an klar definierten Grundsätzen: am Pressekodex.«[119]

Alternativ können Anbieter von Telemedien mit journalistisch-redaktionell gestalteten Angeboten sich einer »anerkannten Einrichtung der Freiwilligen Selbstkontrolle« anschließen, um der Aufsicht durch die Landesmedienanstalten zu entgehen, vgl. § 19 Abs. 3 MStV.[120] Im Folgenden setzt der MStV die Voraussetzungen fest, die Einrichtungen der freiwilligen Selbstkontrolle erfüllen müssen, um von den Landesmedienanstalten anerkannt zu werden, § 19 Abs. 3 bis 8 MStV. Zum Beispiel muss bei der Einrichtung die Unabhängigkeit und Sachkunde ihrer benannten Prüfer gewährleistet sein, § 19 Abs. 4 Nr. 1 MStV, sowie eine Beschwerdestelle eingerichtet sein, vgl. 19 Abs. 4 Nr. 6 MStV.

3. Medienwissenschaftliche Vorgaben

Was ist nun Journalismus im medienwissenschaftlichen Sinne? Medienwissenschaftler Christoph Neuberger definiert ihn anhand seiner gesellschaftlichen Funktion:

Der ›Journalismus‹ erfüllt die Funktion der Selbstbeobachtung und Synchronisation der Gesellschaft, indem er (zeitlich und sozial) aktuell und (sachlich) universell Nachrichten produziert und periodisch verbreitet. Er soll valide und allgemein akzeptierte Beschreibungen der Wirklichkeit bereitstellen. Über die Berichterstattung hinaus interpretiert und kommentiert er das aktuelle Geschehen.[121]

Ausführlicher zur funktionsgeprägten Sicht auf den Journalismus äußern sich die Medienwissenschaftler Vinzenz Wyss und Guido Keel, auf deren Expertise für die eidgenössische Medienkommission sich die nun folgenden Erläuterungen zum Journalismus stützen.

Doch zunächst ein kurzer Exkurs: Warum wird hier ausgerechnet auf Expertisen der EMEK zurückgegriffen? Nun, die Schweiz als Land der direkten Demokratie ist von der Finanzierungskrise der (Lokal-)Presse direkter betroffen als die Bundesrepublik Deutschland. Als deutlich kleineres Land können Verlage ihre Angebote nicht im gleichen Ausmaß skalieren wie z. B. Verlage im nördlichen Nachbarstaat. Zudem gibt es in Deutschland keine der EMEK vergleichbare Institution. In Teilen erfüllen deren Aufgabe zwar die Landesmedienanstalten, die aber in erster Linie Aufsichtsbehörden sind und sich nicht auf ein der EMEK vergleichbares Mandat, »die Existenz der Schweizer Medien auch in einem sich stark wandelndem Umfeld langfristig zu sichern«,[122] stützen können. Wer also die Finanzierungskrise der deutschen Medien untersuchen will, tut gut daran, auf die Vorarbeit aus der Alpenrepublik, mit der wir eine Sprache teilen, zurückzugreifen. Die Experten der Eidgenössischen Medienkommission behandeln den Journalismus im Kontext der Digitalisierung und insbesondere dessen Finanzierung im veränderten Medienmarktumfeld. Das sind Themen, die auch nördlich des Bodensees von Bedeutung sind.

Zurück zu Wyss und Keel, die in ihrer Ausarbeitung Trends, Innovationen und Organisation der journalistischen Produktion untersuchen.

a. Definition Journalismus und Qualitätsanforderungen

Für die Herleitung des »Journalistischen« stellen Wyss und Keel ebenso wie Neuberger auf dessen Funktion ab: In der Forschung habe sich »eine *funktionale Betrachtungsweise* durchgesetzt, die Journalismus sinnhaft von anderen gesellschaftlichen Funktionssystemen abgrenzt.« Funktionssysteme seien demnach Politik, Wirtschaft, Wissenschaft, Kunst, Religion, Erziehung etc., die für die Gesellschaft exklusive Funktionen erfüllten und wechselseitige Leistungen erbrächten.[123] Ausgehend von dieser Definition bestimmt das Forscherduo zentrale Qualitätsanforderungen an den Journalismus:

Autonomie bzw. *Unabhängigkeit* seien zentrale Qualitätsanforderung des Journalismus. Man erwarte von ihm, dass er sich nicht der Logik eines anderen Systems unterwerfe, sondern »dass die journalistische Thematisierungs- und Bewertungsleistung gemäss *systemeigenen Regeln* erfolgt.« Dabei handele es sich um eine idealtypische Auffassung von Journalismus, da »dieser auch von systemfremden Faktoren beeinflusst bzw. irritiert werden kann.«

Zweite zentrale Qualitätsanforderung ist laut Expertise die *Mehrsystemrelevanz*. Der Journalismus solle mit seinen Wirklichkeitsbeschreibungen die Aufmerksamkeit des Einzelnen auf das kollektiv Relevante lenken. *Selektion* reduziere die überbordende gesellschaftliche Komplexität auf das Mehrsystemrelevante. Bei der Auswahl orientiere sich der Journalismus idealtypisch an den Erwartungen des Publikums: »Das Publikum erwartet vom Journalismus, dass dieser unbekannte Informationen liefert und das thematisiert, was zugleich verschiedene Systemlogiken irritiert, von der gewohnten Ordnung bzw. vom Normalen abweicht – das, was zu Anschlusskommunikation Anlass gibt.«[124]

Mehrsystemrelevanz setze *Perspektivenvielfalt* voraus. Diese könne sich auf Themen, Quellen, Akteure, Argumente und Positionen beziehen. Dabei zeige Journalismus mehrere, im angesprochenen Zusammenhang relevante Perspektiven auf. Gesellschaftliche *Synchronisation* erreiche der Journalismus, indem er gleichzeitig Themen diskutiere und miteinander in Konflikt stehende Systemperspektiven aufzeige. Dadurch könne das Publikum in der Jetzt-Zeit (Aktualität) die Absichten, Ziele, Deutungen und Entscheidungen anderer beobachten. Publikum sowie Kommunikatoren von Organisationen richteten sich auf diese vom Journalismus getaktete Aktualität ein.

Weiterhin erwarteten Publika wahrhaftige Wirklichkeitsbeschreibungen, womit ein Journalismus gemeint sei, der sich auf Fakten und tatsächlich geäußerte Meinungen beziehe (*Faktizität, Wahrhaftigkeit*). *Transparenz* zeige Motive und Interessen auf, diskutiere Ursachen und Folgen und lege die eigenen Produktionsbedingungen offen.

Zuletzt identifizieren Wyss und Keel *Narration*[125] als Qualitätsanforderung. Narration helfe dem Publikum, journalistische Kommunikationsangebote mit ihrer Lebenswelt zu verknüpfen. Dabei führe Narration die verschiedenen Diskurse der gesellschaftlichen Funktionssysteme über einen narrativen Kommunikationsmodus zu sinnvollen Erzählungen zusammen.

Zusammengefasst: »Die bisherigen Ausführungen sollten verdeutlichen, dass sich das Journalistische nur im Hinblick auf seine Funktion für die Gesellschaft konzipieren lässt.«[126]

b.   Journalismustheorien

Wyss und Keel wählen für ihre Ausführungen zum Journalismus eine systemtheoretische Perspektive. Inwieweit sich diese ›systemtheoretische‹ Sicht durchgesetzt hat, vermag der Verfasser nicht zu beurteilen. Wie in jeder Wissenschaft herrscht auch in der Journalistik ein lebendiger Streit über die ›richtige‹ Theorie.[127] Die Systemtheorie »kommt vor allem in solchen Fällen zum Einsatz, in denen Funktionen und Sinnstrukturen von Kommunikation zur Debatte stehen«, wie Matthias Plumpe im *Handbuch Medienwissenschaft* schreibt.[128] Darin liegt ihr Wert für dieses Buch. Nicht verschweigen will der Verfasser die Kritik des Leipziger Medienwissenschaftlers Michael Haller. Haller hält die in der Systemtheorie entwickelten Begriffe für »empirieleer« und für die Beschreibung gesellschaftlicher Prozesse ungeeignet. Es bestehe eine Lücke zwischen Theorie und Praxis. Normative Funktionszuschreibungen müssten mit empirisch belegbaren Funktionsleistungen abgeglichen werden. Dafür bräuchte es allerdings ein Theorie und Praxis einendes Paradigma.[129] Der Verfasser hat im Vorangegangenen die verfassungsrechtliche Sicht auf die Kommunikationsfreiheiten dargelegt. Die Gewährleistung der Meinungsbildung durch die Kommunikationsfreiheiten ist seines Erachtens ein Paradigma, das Journalistik und Journalismus eint. Der Verfasser legt die systemtheoretischen Funktionszuschreibungen daher normativ aus und denkt sie wie auch die verfassungsrechtlichen Funktionszuschreibungen im Hinblick auf die Gewährleistungen des Art. 5 Grundgesetz. Die Probe aufs Exempel folgt im nächsten Abschnitt: Dieser gleicht die verfassungsrechtlichen wie systemtheoretischen Funktionszuschreibungen mit den tatsächlichen Funktionsleistungen der Social-Media-Angebote ab.

4.   Vergleich mit Medienintermediären

Social Media haben sich zum wichtigsten Mittel zur politischen Willensbildung in Demokratien entwickelt. Plattformen wie Facebook, Twitter und Instagram haben dabei die *Rolle des Gatekeepers von den klassischen Medien übernommen*. Das bedeutet, die geheimen Algorithmen sozialer Netzwerke entscheiden, welche Botschaften die Menschen heutzutage erreichen.[130] Die zitierte Passage stammt aus einer Evaluation der Social-Media-Kommunikation des Bundespresseamts, die von der das Presseamt beratenden Agentur Rico Jones erstellt wurde. Man mag darüber streiten, ob Social Media das wichtigste Mittel zur politischen Willensbildung in Demokratien geworden sind. Unbestritten ist, dass sie inzwischen sehr wichtig sind. Haben Intermediäre wie Facebook oder Twitter rein faktisch die Rolle des Gatekeepers bzw. Schleusenwärters für Informationen übernommen, stellt sich die Frage, inwieweit sie auch die Funktion von Presse und Rundfunk bzw. des Journalismus in der Demokratie ersetzen. Diese dienen bekanntlich der freien individuellen und öffentlichen Meinungsbildung. Dienen Social-Media-Plattformen ebenfalls der Meinungsbildung? Was ist mit den medienwissenschaftlichen Funktionszuschreibungen? So viel vorweg: Die digitalen Netzwerkplattformen erfüllen in ihrer jetzigen Form weder die Funktion von klassischen Medien, noch können sie diese erfüllen.

a.   Unabhängigkeit und Autonomie

In einer jüngeren Entscheidung zu einer Beschwerde des Autovermieters Sixt gegen den Rundfunkbeitrag hat das Bundesverfassungsgericht die werbliche Ausrichtung digitaler Netzwerkplattformen in den Blick genommen und diese gegenüber journalistischen Angeboten abgegrenzt:

> Die Digitalisierung der Medien und insbesondere die Netz- und Plattformökonomie des Internet einschließlich der sozialen Netzwerke begünstigen [...] Konzentrations- und Monopolisierungstendenzen bei Anbietern, Verbreitern und Vermittlern von Inhalten. Sind Angebote zum größten Teil werbefinanziert, fördern sie den publizistischen Wettbewerb nicht unbedingt; auch im Internet können die für die Werbewirtschaft interessanten größeren Reichweiten nur mit den massenattraktiven Programmen erreicht werden. Hinzu kommt die Gefahr, dass – auch mit Hilfe von Algorithmen – Inhalte gezielt auf Interessen und Neigungen der Nutzerinnen und Nutzer zugeschnitten werden, was wiederum

zur Verstärkung gleichgerichteter Meinungen führt. *Solche Angebote sind nicht auf Meinungsvielfalt gerichtet, sondern werden durch einseitige Interessen oder die wirtschaftliche Rationalität eines Geschäftsmodells bestimmt, nämlich die Verweildauer der Nutzer auf den Seiten möglichst zu maximieren und dadurch den Werbewert der Plattform für die Kunden zu erhöhen* [Hervorhebung d. Verf.] Insoweit sind auch Ergebnisse in Suchmaschinen vorgefiltert und teils werbefinanziert, teils von »Klickzahlen« abhängig. Zudem treten verstärkt nicht-publizistische Anbieter ohne journalistische Zwischenaufbereitung auf.[131]

Diese Entwicklung zieht das BVerfG heran, um daran anschließend auf die *wachsende* Bedeutung der Aufgabe des beitragsfinanzierten öffentlich-rechtlichen Rundfunks hinzuweisen:

Dies alles führt zu schwieriger werdender Trennbarkeit zwischen Fakten und Meinung, Inhalt und Werbung sowie zu neuen Unsicherheiten hinsichtlich Glaubwürdigkeit von Quellen und Wertungen. Der einzelne Nutzer muss die Verarbeitung und die massenmediale Bewertung übernehmen, die herkömmlich durch den Filter professioneller Selektionen und durch verantwortliches journalistisches Handeln erfolgt. Angesichts dieser Entwicklung wächst die Bedeutung der dem beitragsfinanzierten öffentlich-rechtlichen Rundfunk obliegenden Aufgabe, *durch authentische, sorgfältig recherchierte Informationen, die Fakten und Meinungen auseinanderhalten, die Wirklichkeit nicht verzerrt darzustellen und das Sensationelle nicht in den Vordergrund zu rücken, vielmehr ein vielfaltssicherndes und Orientierungshilfe bietendes Gegengewicht zu bilden* [Hervorhebung d. Verf.].[132]

Intermediäre übernähmen »mehr und mehr Informationsfunktionen der Medien, ohne sich aber als solche zu verstehen und ohne sich daher auch der Ratio journalistischer Informationsauswahl und -vermittlung oder gar einem im Medienrecht doch immer vorausgesetzten, wenngleich rechtlich kaum garantierbaren Ethos journalistischer Verantwortung zu unterwerfen«, schreibt der Mainzer Medienrechtler Matthias Cornils.[133] Es sind also rein wirtschaftliche Interessen, die die Funktionslogik digitaler Intermediäre bestimmen. Der Kommunikationswissenschaftler und kürzlich ausgeschiedene Präsident der eidgenössischen Medienkommission, Otfried Jarren, schreibt in einem Gutachten für die deutsche Bundesregierung:

> Aufgrund ihrer algorithmischen Steuerung wirken sie [die Plattformen] für Nutzer:innen »passend«. Sie stellen das scheinbar Erwartete bereit. Sie streben Reichweite an – unabhängig von der Relevanz wie Qualität des Materials. Es kommt hinzu, dass die bei publizistischen Medien etablierte Trennung von Redaktion und Werbung bzw. PR auch optisch oder akustisch auf den Plattformen nicht vorhanden ist. Damit werden wichtige Normen aufgeweicht.[134]

Der dargestellte medienwissenschaftliche Ansatz bestimmt, dass die journalistische Thematisierungs- und Bewertungsleistung gemäß systemeigenen Regeln erfolgt. Social-Media-Angebote folgen den Regeln der (Werbe-)Wirtschaft. Ziffer 7 des Pressekodex gebietet die Trennung von Werbung und Redaktion: Die Verantwortung der Presse gegenüber der Öffentlichkeit gebiete, »dass redaktionelle Veröffentlichungen nicht durch private oder geschäftliche Interessen Dritter oder durch persönliche wirtschaftliche Interessen der Journalistinnen und Journalisten beeinflusst werden.«

Diese (idealtypische) Abgrenzung zu werblichen Tätigkeiten ergänzen einfachgesetzliche Funktionszuschreibungen, namentlich die »Öffentliche Aufgabe der Presse« (§ 3 Pressegesetz NRW, § 3 Hamburgisches Pressegesetz etc.). Die entsprechenden Formulierungen nehmen Bezug auf die Rechtsprechung des BVerfG. An dieser »öffentlichen Aufgabe« orientiert sich die Auswahl der redaktionellen Inhalte.

b.   Mehrsystemrelevanz und Selektion

Wie erwähnt reduziert *Selektion* die überbordende gesellschaftliche Komplexität auf das *Mehrsystemrelevante*. Das im vorangegangenen Abschnitt zitierte Urteil spricht ausdrücklich vom »Filter professioneller Selektionen«. Der Begriff der Mehrsystemrelevanz findet sich bisher nicht in der Rechtsprechung, ist aber in der *Spiegel*-Entscheidung bereits angelegt. Die Presse fasst »die in der Gesellschaft und ihren Gruppen unaufhörlich sich neu bildenden Meinungen und Forderungen kritisch zusammen« und »stellt sie zur Erörterung«. Die ›Gruppen‹ ähneln dabei den verschiedenen Funktionssystemen. Im Internet und insbesondere auf den digitalen Netzwerkplattformen muss der einzelne Nutzer »die Verarbeitung und die massenmediale Bewertung übernehmen.« Im Gegensatz zu den publizistischen Medien bieten Intermediäre keine Orientierung.

c. Perspektivenvielfalt

Weiter besteht laut BVerfG die Gefahr, »dass – auch mit Hilfe von Algorithmen – Inhalte gezielt auf Interessen und Neigungen der Nutzerinnen und Nutzer zugeschnitten werden, was wiederum zur Verstärkung gleichgerichteter Meinungen führt.« Zur Erinnerung noch einmal die *Spiegel*-Entscheidung: In der Demokratie müssen die Bürger »auch die Meinungen kennen und gegeneinander abwägen können, die andere sich gebildet haben. Die Presse hält diese ständige Diskussion in Gang«. Digitale Netzwerkplattformen sind – wie dargestellt – Werbeunternehmen. Ihre innere Logik folgt den Regeln der Aufmerksamkeitsökonomie.

Der Publizist Konrad Lischka beschreibt im Archiv für Presserecht die Funktionsmechanismen digitaler Netzwerkplattformen:

> Kern des Strukturwandels ist die algorithmische Sortierung und Gewichtung von Inhalten. Algorithmen können fortwährend günstig personalisieren und Reaktionen auswerten. Günstig verfügbar sind für Intermedi-

äre allerdings nur *automatische, impulsive Reaktionen* von Menschen. Solche Signale nutzen Intermediäre zum Einschätzen der Relevanz einzelner Inhalte.[135] Die algorithmische Sortierung ist auf Personalisierung aus. Personalisierung führt indes zu Perspektivenverengung statt Perspektivenvielfalt.[136] Eine vermittelnde Öffentlichkeit kann so nicht entstehen.

d. Faktizität (Wahrhaftigkeit, Transparenz)

Verfassungsrechtlich wie medienwissenschaftlich richten sich der Journalismus und seine Trägermedien Presse und Rundfunk an Fakten aus. Fakten und Meinungen müssten auseinandergehalten, die Wirklichkeit dürfe nicht verzerrt dargestellt werden, gibt das BVerfG in der Sixt-Entscheidung vor.

Die Problematik der ›Fake News‹ bzw. Falschnachrichten[137] auf digitalen Netzwerkplattformen ist allseits bekannt. Digitale Netzwerkplattformen bemühen sich, gegen ›Fake News‹ vorzugehen. Gleichzeitig sehen sie sich dem Vorwurf ausgesetzt, dass ihre Algorithmen die Verbreitung von ›Fake News‹ begünstigen. Dabei haften sie, wenn überhaupt, im Nachhinein für Inhalte, die Nutzer auf den Plattformen verbreiten. Diese Plattformprivileg genannte Haftungsfreistellung ist europarechtlich in Art. 6 Abs. 1 des Gesetzes über digitale Dienste verankert. Im deutschen Recht findet sich eine entsprechende Regelung in § 8 Abs. 1 Telemediengesetz. § 7 Abs. 2 Telemediengesetz, der im Wesentlichen inhaltsgleich mit Art. 8 des EU-Gesetzes über digitale Dienste ist, entlässt die Betreiber aus der Verantwortung, »die von ihnen übermittelten und gespeicherten Informationen zu überwachen oder nach Umständen zu forschen, die auf eine rechtswidrige Tätigkeit hinweisen.« § 6 des Hamburgischen Pressegesetzes regelt die »Sorgfaltspflicht der Presse«, § 19 Abs. 2 Hamburgisches

Pressegesetz regelt die etwaige Strafbarkeit des verantwortlichen Redakteurs oder Verlegers. Eine etwaige Verantwortung für rechtswidrige Inhalte greift bei Intermediären immer erst im Nachhinein. Die Gerichte zählen Faktizität zu den Merkmalen journalistisch-redaktioneller Angebote.

Intermediären mangelt es zudem an Transparenz. Es sind die ›geheimen‹ Algorithmen sozialer Netzwerke, die entscheiden, welche Botschaften die Menschen heute erreichen.[138] Unklar ist ebenso, welche Daten die Netzwerke erheben. Exemplarisch zeigt sich das an der Kontroverse um die Frage, ob Behörden in Deutschland überhaupt datenschutzkonform einen Facebook-Auftritt betreiben können. Die Datenschutzgrundverordnung (DSGVO) schreibt in Art. 26 Abs. 1 S. 2 vor, dass »gemeinsam Verantwortliche« eine Vereinbarung darüber abschließen, wer welche Pflichten gem. der DSGVO erfüllt. Nach einem vom BVerwG bestätigten Urteil des EuGHs sind nicht nur die Intermediäre selbst, sondern auch die Betreiber sogenannter ›Fanpages‹ verantwortlich im Sinne des Art. 26 Abs. 1 S. 2 DSGVO.[139] Allerdings weigern die Plattformen sich regelmäßig, solche Vereinbarungen in transparenter Form abzuschließen. Entsprechend können die mit den Intermediären gemeinsam Verantwortlichen nicht wissen, welche Daten erhoben werden.

e. Narration

Narration führt die verschiedenen Diskurse der gesellschaftlichen Funktionssysteme über einen narrativen Kommunikationsmodus zu sinnvollen Erzählungen zusammen. Ein übergeordnetes Narrativ existiert auf Social Media nicht.

f. Betrachtung

Wer um 1830 in New York lebte und die *New York Sun* las, wusste einiges über das Leben auf dem Mond zu berichten. Die *Sun* gab vor, per redaktionseigenem Teleskop geflügelte Bestien zu beobachten, die auf dem Mond ihr Unwesen trieben. An Druckerpressen mangelte es im 19. Jahrhundert nicht. An zahlungskräftigen Anzeigenkunden ebenso wenig. Und da die Werbeeinnahmen sprudelten und es keine durchsetzbaren journalistischen Standards gab, verdiente ihr Verleger Benjamin Day sich eine goldene Nase mit Geschichten, bei denen selbst Lügenbaron Münchhausen rot angelaufen wäre. Im Gegensatz zur seriösen Konkurrenz kostete seine *Sun* nämlich nur einen Penny, was schon damals ein Kampfpreis war. Diese Anekdote stammt aus *The Attention Merchants*[140] des amerikanischen Juraprofessors Tim Wu, der darin die historische Entwicklung der Aufmerksamkeitsökonomie behandelt.

Dass man mit Lügen gutes (Werbe-)Geld verdienen kann, ist eine historische Konstante. In jüngster Zeit erlangte eine kleine Stadt in Nordmazedonien ungeahnten Reichtum, wie der amerikanische Wissenschaftler Sinan Aral[141] zu berichten weiß: Teenager aus Veles setzten hunderte Nachrichtenseiten auf und bestückten sie mit erfundenen Artikeln. Unternehmen wie Google zeigen Werbung auf diesen Websites und zahlen den Inhabern Geld dafür. Je mehr Nutzer die Artikel lasen und teilten, umso mehr Geld verdienten die nordmazedonischen Jungunternehmer. Für die massenhafte Verbreitung nutzten sie die Funktionsmechanismen von Social Media aus. Sie richteten unechte Konten ein und teilten Artikel und Websites so häufig, bis sie trendeten. Trending Articles werden auf Social Media automatisch häufiger angezeigt. Das führte während des amerikanischen Präsidentschaftswahlkampfes 2016 zu einer Flut an Falschnachrichten, die nicht den Propagandainteressen einzelner Gruppierungen oder fremder Staaten diente, sondern dem Gewinnstreben geschäftstüchtiger Jugendlicher aus der nordmazedonischen Provinz. Aral fand heraus, dass Fake News mit einer 70 Prozent höheren Wahrscheinlichkeit geteilt werden als wahre Nachrichten. In 2019 generierten »fake news websites« ein Werbeinkommen von über 200 Millionen Dollar.[142]

Auch journalistische Medien geraten zunehmend unter Druck, ihre Standards den Funktionsmechanismen der Netzwerkplattformen anzupassen. Eine aktuelle Studie der Otto Brenner Stiftung zu den Auswirkungen der Plattform-Algorithmen auf die Auswahl und Gestaltung von Inhalten öffentlich-rechtlicher Nachrichtenangebote legt eine Orientierung an den Funktionsweisen der Plattformen nahe. Redaktionsentscheidungen und journalistische Arbeit würden von den Erfolgsmodellen der jeweils bespielten Plattformen bestimmt. Das betreffe sowohl Form und Darstellung als auch die Auswahl von Themen und damit die Inhalte, fasst Studienautor Henning Eichler die Ergebnisse zusammen.[143]

Der Vergleich zeigt: Soweit Social Media zu einem Wandel der Medien und ihrer Nutzung führen, ist das mitnichten eine natürliche Entwicklung. Sie wird getrieben von den Geschäftsinteressen der Konzerne hinter den Intermediären, die gutes Geld mit Werbung verdienen. Darin liegt auch der wesentliche Unterschied zwischen journalistischen Angeboten und denen der Medienintermediäre. Journalistische Angebote sind – idealtypisch – ihrer publizistischen Aufgabe verpflichtet, Medienintermediäre den finanziellen Interessen (Werbeeinnahmen) ihrer Mutterkonzerne. Social-Media-Angebote mögen eine gewichtige Rolle im gesellschaftlichen Meinungsbildungsprozess spielen, sie erfüllen aber im Gegensatz zu journalistischen Angeboten keine Funktion für den Meinungsbildungsprozess.

5. Ergebnis

Presse- und Rundfunkfreiheit, alle Freiheiten aus Artikel 5 Grundgesetz dienen der freien individuellen und öffentlichen Meinungsbildung. Die Trägermedien des Journalismus, Presse und Rundfunk, erfüllen eine Funktion im Meinungsbildungsprozess. Dabei unterscheiden sie sich nicht in ihrer Funktion, wohl aber im Mittel der Funktionserfüllung. Der Rundfunk arbeitet audiovisuell, während die Presse – ob digital oder gedruckt – auf Text und Standbild setzt. Das mag in Hinblick auf die Konvergenz der Medien aus der Zeit gefallen wirken, das Beispiel *Die Zerstörung der CDU* zeigt aber, dass es aufgrund der höheren Suggestivkraft von Ton- und Bewegtbildmedien durchaus Sinn ergibt, hier genau zu differenzieren. Medienstaatsvertrag und Pressegesetze konkretisieren den verfassungsrechtlichen Auftrag bzw. die Aufgabe der Medien. Auch die Medienwissenschaft geht von einer Funktion des Journalismus für die Gesellschaft aus und leitet dessen Definition davon ab. Ein Vergleich der Funktionszuschreibungen des Journalismus mit den Funktionsleistungen der Intermediäre zeigt, dass Intermediäre eine Funktion für die Meinungsbildung aktuell weder übernehmen sollen noch übernehmen können. Journalistische Medien hingegen sind der Meinungsbildung verpflichtet, die Intermediäre den finanziellen Interessen ihrer Mutterkonzerne, die ihr Geld mit Werbung verdienen.[144] Entsprechend groß sind die Anreize, Nutzerbeiträge auf den Plattformen so anzuordnen, dass sie die Werbeeinnahmen maximieren. Dabei ist zu beachten, dass polarisierende Beiträge bzw. Falschnachrichten mehr Aufmerksamkeit auf sich ziehen als ausgewogene, vermittelnde und an Tatsachen orientierte Beiträge.

Hinzu kommt die Gefahr, dass die Funktionslogik der Plattformen langsam aber sicher journalistische Standards überformt. Schließlich nutzen Journalisten die Plattformen intensiv.

Wenn das Bundesverfassungsgericht die Befürchtung äußert, »dass – auch mit Hilfe von Algorithmen – Inhalte gezielt auf Interessen und Neigungen der Nutzerinnen und Nutzer zugeschnitten werden, was wiederum zur Verstärkung gleichgerichteter Meinungen führt«, hat es wohl eher die Bevölkerung als Ganzes im Blick. Aber warum sollen die publizistischen Medien, die Medium und Faktor der Meinungsbildung sind, von dieser Gefahr ausgenommen sein? Was, wenn die »Verstärkung gleichgerichteter Meinung« zunächst unter Journalisten auftritt,[145] und nicht nur direkt, sondern auch mittelbar durch die publizistischen Medien auf die Journalismus rezipierende Bevölkerung einwirkt? Und wie verträgt sich dieser Befund mit einer freien individuellen und öffentlichen Meinungsbildung?

TEIL III
DER STAAT UND SEINE DIGITALEN MEDIEN

Denn wenn auch nur der Verdacht genährt wird, Journalisten und Politikverkäufer spielten letztlich als gemeinsames Ensemble in lediglich verteilten Rollen dasselbe Theaterstück, dann bekommen die Konsequenzen erst einmal nicht Sprecherinnen und Intendanten zu spüren – Reporterinnen und Reporter schon eher. Im Vergleich zu deren Arbeitgebern ist viele Polit-PR paradiesisch sicher fremdfinanziert. Auch langfristig kann man nur hoffen, dass sich [sic] diese Sicherheit eine eventuell bereits vorhandene Hybris nicht wuchern lässt. Dass sich daraus also nicht die Falschannahme entwickelt, man könne als Regierung Journalismus letztlich ersetzen und die Leute einfach mit noch mehr PR bewerfen. Wohin das führen würde? In die Dunkelheit.

Das Zitat stammt aus der *Süddeutschen*. Anlass war der Wechsel einer ehemaligen RBB-Journalistin und Regierungssprecherin zurück zum RBB – und zwar in den Intendantensessel. Der Autor, Cornelius Pollmer, kritisiert die häufigen Wechsel zwischen Journalismus und PR-Abteilungen und weist auf den größeren Kontext dieser Berufungen hin: zum einen die grassierende Skepsis in der Bevölkerung, zum anderen die Tatsache, dass der Journalismus sich aus wirtschaftlichen Gründen vielerorts aus der Fläche zurückziehe. In der Folge wüchsen nicht nur private Falschinformationskanäle, sondern auch Budgets für staatliche Kommunikationsabteilungen – oft garniert mit dem etwas frechen und jedenfalls fadenscheinigen Legitimationsversuch, man tue das ja sozusagen aus Notwehr, irgendjemand müsse ja in einer funktionierenden Demokratie Öffentlichkeit für politische Prozesse herstellen.[146]

Eine überschießende staatliche Kommunikation ist mehr als ein Ärgernis, sie untergräbt die Grundpfeiler unserer Demokratie. Nach dem Demokratieprinzip, Art. 20 Abs. 2 GG, hat sich die Meinungsbildung vom Volk hin zu den Staatsorganen zu vollziehen und nicht umgekehrt.[147] Denn ohne freie Meinungsbildung keine freien Wahlen. Trotzdem betätigt die öffentliche Hand sich zunehmend als Wettbewerber der Presse, wie Abschnitt 1 darstellt, oder nimmt durch weitreichende Kommunikationsmaßnahmen unmittelbaren Einfluss auf den gesellschaftlichen Meinungsbildungsprozess, siehe Abschnitt 2. Abschnitt 3 schneidet die datenschutzrechtliche Problematik behördlicher Social-Media-Auftritte an und Abschnitt 4 zieht die notwendigen Konsequenzen. In ihrer jetzigen Form ist die digitale Öffentlichkeitsarbeit der Regierung verfassungswidrig und bedarf in jedem Fall eines Gesetzes.

1. Konkurrenz im Wettbewerb

Konkurrenz belebt das Geschäft. Es sei denn, es handelt sich um aus Steuergeldern finanzierte Gratispresse. Die ist verboten, schließlich darf der Staat keinen Journalismus spielen. Das schließt nicht aus, dass er es ab und an trotzdem tut. Zum Beispiel, indem er kommunale Amtsblätter um einen umfangreichen redaktionellen Teil ergänzt. Das ruft die Verlage auf den Plan, die sinkende Auflagen fürchten. Sie sehen darin eine Wettbewerbsverzerrung und berufen sich auf den Grundsatz der Staatsferne der Medien. So bestätigte der Bundesgerichtshof

Ende 2018 ein vorinstanzliches Urteil, das der Stadt Crailsheim die »pressemäßige Berichterstattung« in ihrem Amtsblatt untersagte.[148] Redaktionelle Beiträge, die über Bürgerinitiativen zur Förderung des Radverkehrs berichten, betreffen nicht die Gemeindeverwaltung und haben in einem Amtsblatt nichts zu suchen.[149]

Beim *Crailsheimer Stadtblatt* ging es noch um ein althergebrachtes Printprodukt. Neuerdings richten sich die Klagen der Zeitungshäuser gegen Stadtportale. So war der Lensing-Wolff Verlag in erster Instanz gegen die Stadt Dortmund erfolgreich. Beim Stadtportal *www.dortmund.de* liegt nach Ansicht des Landgerichts der westfälischen Metropole insgesamt eine pressemäßige Aufmachung vor,[150] was das OLG Hamm[151] sowie der BGH im konkreten Fall allerdings verneinten. Der BGH stellte jedoch klar, dass die Grenzen der kommunalen Öffentlichkeitsarbeit es verbieten,

bei einer vermeintlich unzureichenden Versorgung mit Informationen über das örtliche Geschehen durch die private Presse, eine solche angeblich vorhandene Informationslücke durch eine eigene, von amtlichen Bezügen losgelöste Informationstätigkeit zu schließen.[152]

Das Dortmunder Stadtportal ist nicht das einzige, das den Argwohn der Verleger weckte. Auch gegen den Münchner Internetauftritt klagte ein Verlag. Nach der Auffassung des dortigen Landgerichts verstößt er gegen das Gebot der Staatsferne der Presse.[153] Dem Urteil lässt sich entnehmen, dass es sich um ein verbandspolitisch abgestimmtes Vorgehen handelt: Der Prozess wird als Pilotverfahren geführt. Das Oberlandesgericht München bestätigte das erstinstanzliche Urteil im Wesentlichen.[154] Der Bundesgerichtshof hob das Urteil jedoch wieder auf und verwies zur erneuten Verhandlung an das OLG München zurück.[155] Damit ist der Verfahrensausgang immer noch offen.

Aber nicht nur die Zeitungshäuser stören sich an staatlicher Kommunikation im digitalen Raum. In der bayerischen Landeshauptstadt klagte ein sogenannter ›Blaulichtfotograf‹ gegen die

Feuerwehr. Blaulichtfotografen machen Fotos von Polizei- und Feuerwehreinsätzen und verkaufen diese an die Presse. In der bayerischen Landeshauptstadt erledigen die Löschtrupps das inzwischen selbst und bieten die Bilder für eine Aufwandsentschädigung i. H. v. 25 Euro auf ihrem Presseportal an. Die klammen Verlage greifen zu – mit der Folge, dass Bildjournalisten auf ihren Schnappschüssen sitzenbleiben. Im konkreten Fall verneinte das Landgericht München jedoch einen Verstoß gegen das Gebot der Staatsferne der Presse. Das Einstellen der Bilder bewege sich noch im Rahmen der zulässigen Öffentlichkeitsarbeit einer Berufsfeuerwehr.[156]

Eine besondere Verbindung machten im Herbst 2020 Bundesgesundheitsminister Jens Spahn und Google-Manager Philipp Justus öffentlich.[157] Google werde in Zukunft bei Suchen zu Gesundheitsthemen Beiträge des nationalen Gesundheitsportals *gesund.bund.de* »in einem prominent hervorgehobenen Info-Kasten« anzeigen. Das Portal enthält eine Suchfunktion zu Krankheiten, die es in redaktionellen Textbeiträgen sowie Grafiken und Videos erläutert. Weitere Rubriken lauten ›Gesund leben‹, ›Pflege‹ und ›Gesundheit Digital‹. Allerdings gibt es auch journalistische Gesundheitsportale wie *netdoktor.de* oder *apotheken-umschau.de*. Entsprechend ließ der Aufschrei der Verlegerverbände nicht lange auf sich warten: »Eine solche Verdrängung der privaten Presse durch ein staatliches Medienangebot auf einer digitalen Megaplattform ist ein einmaliger und neuartiger Angriff auf die Pressefreiheit«, verlautbarte der Präsident des VDZ (jetzt MVFP), Dr. Rudolf Thiemann.[158] Der BDZV pflichtete bei.[159]

Mit Urteil vom 10. Februar 2021 bereitete das Landgericht München der Kooperation ein Ende.[160] Das zum Burda-Verlag gehörende Gesundheitsportal *Netdoktor* hatte Eilklage auf Unterlassung der Zusammenarbeit gegen das Gesundheitsministerium eingereicht. Die Klage stützte sich auf das Wettbewerbsrecht. Vereinbarungen zwischen Unternehmen, die den Wettbewerb einschränken, sind nach dem Gesetz gegen Wettbewerbsbeschränkungen verboten (vgl. §1 GWB). Nach Ansicht des Gerichts handelte das Gesundheitsministerium hier als Unternehmer und schränkte in Zusammenarbeit mit Google den Wettbewerb ein. In einem Parallelverfahren untersagte das Landgericht auch Google die Zusammenarbeit mit dem Ministerium.[161] Die Landesmedienanstalten zogen nach und verboten die Partnerschaft ebenfalls.[162] Schließlich untersagt § 94 des frisch in Kraft getretenen Medienstaatsvertrages Anbietern von Medienintermediären, journalistisch-redaktionelle Beiträge zu diskriminieren. Die Gerichtsurteile sind rechtskräftig,[163] dennoch war das letzte Wort damit nicht gesprochen. Der Herausgeber der *Apotheken-Umschau*, der Wort & Bild Verlag, meinte, das Portal an sich stelle einen unzulässigen Eingriff in die Pressefreiheit dar. Er klagte und erreichte vor dem Landgericht Bonn ein weitgehendes Verbot.[164]

2. Disintermediation

Im medienwissenschaftlichen Kontext bezeichnet Disintermediation das Phänomen, dass Organisationen sowie Quellen des Journalismus professionell-journalistische Redaktionen als Vermittler umgehen und in direkten Kontakt mit ihren Bezugsgruppen treten.[165] Sprich: Der Journalismus ist nicht mehr Schleusenwärter. Prominente erreichen über ihren Instagram-Account unmittelbar zig Millionen von Menschen.[166] Auf die Reichweite der publizistischen Medien sind sie nicht mehr angewiesen. Das schwächt deren Mittlerrolle im demokratischen Diskurs. Ausrichten können publizistische Medien dagegen wenig. Schließlich können Prominente sich auf das Grundrecht der Meinungsfreiheit berufen.

Für staatliche Stellen ist die Situation etwas komplizierter. Grundrechte schützen vor staatlichen Eingriffen. Daraus ergibt sich, dass staatliche Stellen keine Träger von Grundrechten sein können. Wenn sie kommunizieren, tun sie das, weil die Kommunikation des Regierungshandelns Teil des Regierungshandelns ist. Die Kommunikation der Bundesregierung stützt sich dabei auf ihre Kompetenz zur Staatsleitung aus den Art. 65ff. GG.[167] Aber darf die Bundesregierung deshalb mittels Social Media am Journalismus vorbei kommunizieren? Der Verfassungsrechtler Karl-Heinz Ladeur schreibt, regierungsamtliche Öffentlichkeitsarbeit sei stets subjektiv gefärbt. Aber

> nicht die ›parteiische‹ Darstellung einer bestimmten Regierungspolitik ist problematisch, sondern daß dies an Medien vorbei [...] gegenüber den Bürgern geschieht. Die Erwartung, daß die Öffentlichkeitsarbeit nicht zugleich Werbung für die hinter der Regierung stehenden Parteien werden dürfe, wird den Entwicklungsbedingungen des parlamentarischen Systems kaum gerecht.[168]

Selbst bei größter Zurückhaltung und Neutralität wählt eine Regierung immer noch die Informationen aus, die sie nach außen gibt. Ihre Politik stellt sie tendenziell eher besser als schlechter dar. Auf Facebook berichtet das Bundespresseamt z. B. anlassbezogen zu Erfolgen und Terminen und spart kontroverse Themen aus, wie sich aus einem Regierungsdokument ergibt.[169] Das liege an der aggressiven Grundstimmung auf Facebook. Dennoch: Eine Aufgabe der journalistischen Medien ist es, durch kritisches Nachfragen und Berichterstattung dieses subjektive Element auszugleichen. Gerade deshalb darf die Regierung die Medien nicht umgehen. Tut sie es doch, schränkt sie die publizistischen Medien in ihrer Kontrollfunktion ein und hat einen direkten Zugriff auf den Meinungsbildungsprozess in der Demokratie.

Das Bundesverwaltungsgericht urteilt:

> Art 5 GG garantiert die freie Bildung der öffentlichen Meinung und will den Kommunikationsprozess im Interesse der freien individuellen und öffentlichen Meinungsbildung sichern.[170]

In die gleiche Kerbe schlägt der Bundesgerichtshof in seinem zweiten Urteil zum *Crailsheimer Stadtblatt*:

> Das Gebot der Staatsferne der Presse setzt der am Markt tätigen öffentlichen Hand zugunsten der anderen Marktteilnehmer – insbesondere der institutionell geschützten Presse, aber auch im Interesse der Bürgerinnen und Bürger an einer unabhängigen Information und Meinungsbildung – enge Grenzen.[171]

An diesen Urteilen zeigt sich erneut die funktional geprägte Sichtweise auf die Gewährleistungen des Art. 5 GG. Es geht um den Schutz einer unabhängigen und freien Meinungsbildung der Gesellschaft und ihrer Mitglieder. Eine ausschweifende staatliche Kommunikation, die die publizistischen Medien umgeht, gefährdet Unabhängigkeit und Freiheit dieses Meinungsbildungsprozesses. Potenziell beeinträchtigt eine ausschweifende Regierungskommunikation die Rundfunk- bzw. Pressefreiheit, deren Träger in ihren Möglichkeiten zur Kontrolle der Regierung eingeschränkt werden.[172] Zugleich ist die Meinungsbildung nicht nur Gewährleistungsziel des Art. 5 Abs. 1 GG, dieser gewährleistet auch die individuelle wie öffentliche Meinungsbildung: »Zur Meinungsfreiheit gehört als unabdingbare Voraussetzung der Meinungsäußerungs- und Meinungsverbreitungsfreiheit die Möglichkeit, sich eine eigene Meinung frei bilden zu können«, urteilt der bayerische Verfassungsgerichtshof.[173] In der Literatur hieß es schon vor einem halben Jahrhundert, frei eine Meinung äußern könne nur, wer sie sich vorher frei gebildet habe.[174] Das Bundesverfassungsgericht urteilte Ende der 1950er-Jahre, der Bildung der öffentlichen Meinung komme in der Demokratie eine so große Bedeutung zu, »daß sie mit Fug durch Art. 5 GG mitgarantiert angesehen wird«.[175] Allerdings hat es sich seither nicht mehr in ähnlicher Deutlichkeit zur Meinungsbildung als eigenständiges Grundrecht geäußert.

Dieser Abschnitt geht der Frage nach, inwieweit der Staat durch seine digitale Kommunikation die journalistischen Medien in ihrer Funktion, insbesondere ihrer Kontrollfunktion beeinflusst. Unterabschnitt a) stellt dabei die Entwicklung der Presse- und Rundfunkinterviews sowie der Auftritte bei der Bundespressekonferenz von Altkanzlerin Merkel zwischen 2013 und 2021 dar. Gliederungspunkt b) betrachtet die jüngeren Interviews ihrer ausgehenden Kanzlerschaft genauer. Unterabschnitt c) stellt die Kommunikationsaktivitäten der Bundesregierung dar, der Bereich d) legt den Fokus auf die Informationspolitik Angela Merkels, während e) den Blick auf die Ampel richtet und f) mit einer Betrachtung abschließt.

a. Bundeskanzlerin Merkel: Auftritte Bundespressekonferenz und Interviews 2013-2021

Abbildung 28 illustriert die mengenmäßige Entwicklung der Interviews der Bundeskanzlerin mit Inlandsmedien und ihrer Auftritte bei der Bundespressekonferenz seit 2013. 2013 und 2017 sind Wahljahre. Die Interview-Zahlen der Jahre 2013 bis einschließlich 2018 entstammen einer Aufstellung, die das Bundespresseamt dem Verfasser herausgab, nachdem dieser Klage nach dem Informationsfreiheitsgesetz erhoben hatte.[176] Das Bundespresseamt verfügt über eine interne Presse- und Rundfunkdatenbank, in der es im Rahmen seines Medienmonitorings inländische Medienbeiträge mit Regierungsbezug archiviert.[177] Eine Vollständigkeit der Auflistung könne das BPA nicht garantieren.[178]

Der Verfasser hat die Auflistung[179] mit seinen eigenen Recherchen abgeglichen und hält sie für umfassend.[180] Das Problem der Auflistung besteht darin, dass sie auch Dopplungen und fälschlich[181] zugeordnete Treffer enthält. Grund dafür ist, dass die Datenbank des BPA keine zielgenaue Suche nach Interviews der Bundeskanzlerin ermöglicht.[182] Abbildung 28 bildet zusätzlich die Auftritte der Kanzlerin in der Bundespressekonferenz ab. Die Bundespressekonferenz ist ein Verein von Hauptstadt-korrespondenten, der die Regierungspressekonferenzen abhält: »Dabei sind jeweils montags, mittwochs und freitags der Regie-rungssprecher sowie die Sprecherinnen und Sprecher der Minis-terien zu Gast, um auf alle Fragen zum politischen Geschehen zu antworten.«[183] Die Bundespressekonferenz führt eine Statistik über die Besuche der Bundeskanzlerin und der Minister. Aus die-ser Statistik stammen die Zahlen bis 2018. Ab 2019 hat der Verfas-ser selbst eine Statistik geführt.

Abbildung 28
Interviews Inland und Auftritte Bundespressekonferenz BK'in Merkel
2013-2021

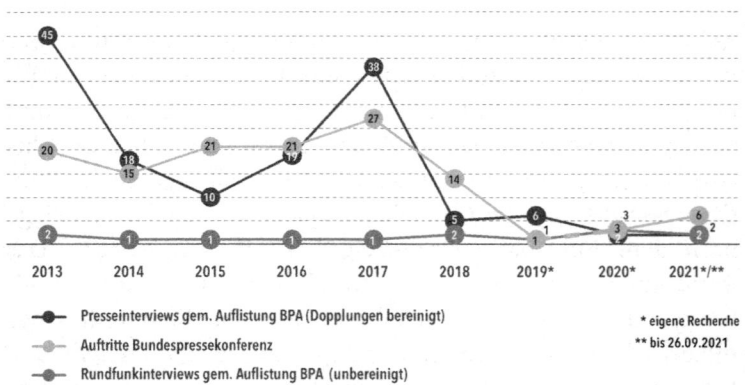

Presseinterviews gem. Auflistung BPA (Dopplungen bereinigt)
Auftritte Bundespressekonferenz
Rundfunkinterviews gem. Auflistung BPA (unbereinigt)

* eigene Recherche
** bis 26.09.2021

Bundespresseamt, Bundespressekonferenz e.V., eigene Recherche, eigene Darstellung.

Auffallend, aber aufgrund der Bundestagswahlen nicht weiter überraschend, ist die hohe Anzahl an Interviews in 2013 und 2017 (jeweils 65). Zusätzlich zu der ohnehin gesteigerten Anzahl kam es in diesen beiden Jahren gehäuft zu Gesprächen mit »bunten Blättern« (z. B. *Bunte, Super Illu*) und konfessionellen Publikatio-

nen (z. B. *credo, Paulinus*). 2014 stellte sich die Spitzenpolitikerin
33, 2015, im Jahr der sogenannten ›Flüchtlingskrise‹, 31 und 2016
40 Gesprächen. 2019 gab sie sieben, im ersten Corona-Jahr 2020
fünf Interviews. Bis zur Bundestagswahl 2021 führte sie acht Gespräche. Regelmäßig erschien die Kanzlerin zur ›traditionellen‹
Sommerpressekonferenz bei der Bundespressekonferenz. Darüber hinaus nahm sie jedoch kaum Einladungen an. 2020 erschien
sie immerhin dreimal, 2021 zweimal.

b.   Die jüngeren Interviews in der Nahansicht

Die Behörde darf nicht zwischen ›guter‹ und ›schlechter‹ Presse unterscheiden oder etwa nur solche Journalisten informieren, die in ihrer bisherigen journalistischen Tätigkeit einseitig und unkritisch ein nur posi-
tives Bild ihrer Einrichtungen und Dienstleistungen der Öffentlichkeit
vermittelt haben. Die öffentliche Hand muß eine neutrale Informations-
stelle sein.[184]

So urteilte das Bundesverwaltungsgericht bereits Mitte der
1970er-Jahre. »Warum vermeiden Sie es, wann immer es geht,
sich von Journalisten interviewen zu lassen, von denen unbequeme Fragen zu erwarten sind?«, fragt Harald Martenstein die
Kanzlerin in seiner Kolumne für den *Tagesspiegel*.[185] Tut sie das?
Eine Nahuntersuchung der Interviews zwischen dem 1. Januar
2019 und der Bundestagswahl 2021 gibt Aufschluss.

Den Auftakt für das Jahr 2019 bildet ein am 24. Januar in der *Zeit*
veröffentlichtes Interview.[186] Jana Hensel sprach mit der Kanzlerin
über Feminismus. Am 16. Mai, kurz vor der Europawahl, gab die
Kanzlerin einem Kooperationsprojekt sechs europäischer Zeitungen ein Interview.[187] Die Fragen stellten die Redakteure der *Süddeutschen Zeitung,* Nico Fried und Stefan Kornelius. Bei den fünf
anderen Zeitungen handelt es sich um *The Guardian, Le Monde, La
Vanguardia, La Stampa* und *Gazeta Wyborcza*.[188] Am 19. Juni besuchte

die Regierungschefin die Konferenz Morals & Machines und unterhielt sich mit der Herausgeberin der *Wirtschaftswoche*, Miriam Meckel, zu künstlicher Intelligenz. Das *Handelsblatt* veröffentlichte das Gespräch als Interview.[189] Am 10. September veröffentlichte die Illustrierte *Bunte* unter dem Titel »Was kommt da noch auf uns zu, Frau KLIMA-KANZLERIN [sic]?« ein Interview mit Angela Merkel.[190] Am 5. November erschien auf *Spiegel Online* ein Interview zum bevorstehenden 30. Jahrestag des Mauerfalls und die innerdeutschen Verhältnisse.[191] Am folgenden Samstag veröffentlichte die *Süddeutsche* im Gesellschaftsteil ein Gespräch mit der Bundeskanzlerin, das ebenfalls die innerdeutschen Verhältnisse thematisierte.[192] Am 19. November befragte das ARD Hauptstadtstudio die Bundeskanzlerin kurz zum Afrikagipfel in Berlin.[193] Erwähnenswert ist zudem ein 20-minütiges Fernsehinterview vom 27. Mai 2019 mit der CNN-Journalistin Christiane Amanpour.[194] Amanpour hielt Anfang 2019 bei der Verleihung des Fulbright-Preises für internationale Verständigung an Merkel die Laudatio.[195] Da es sich um ein ausländisches Medium handelt, ist dieses Interview nicht in der Statistik enthalten.

Aus demselben Grund ist auch das Interview mit der *Financial Times*,[196] welches die Bundeskanzlerin Mitte Januar 2020 führte, nicht in die Statistik aufgenommen. Inländische Medien mussten bis zum 4. Juni warten, um mit der Kanzlerin zu sprechen. In der ARD gab sie Tina Hassel und Rainald Becker ein etwa fünfzehnminütiges Interview zu Corona-Krise und Konjunkturpaket.[197] Am selben Tag sprach sie dazu rund 20 Minuten mit Bettina Schausten und Peter Frey.[198] Wie im Vorjahr gab die Kanzlerin dem Kooperationsprojekt sechs europäischer Zeitungen »Europa« ein Interview. Für das Projekt befragten sie am 27. Juni Daniel Brössler und Stefan Kornelius von der *Süddeutschen Zeitung*. Am Nationalfeiertag sprach das Redaktionsnetzwerk Deutschland mit der Kanzlerin zum 30. Jubiläum der Wiedervereinigung.[199] Den Abschluss bildeten knapp 20 Minuten, die die Bundeskanzlerin dem Radiosender METROPOL FM einräumte.[200] METROPOL FM richtet sich mit seinem Programm an ein deutsch-türkisches Publikum. Das Interview wurde auch als Video auf YouTube veröffentlicht. Dort zeigt eine Einblendung zu Beginn das offizielle Logo der Bundeskanzlerin (Bundesadler, schwarz-rot-goldener Balken, Schriftzug »Die Bundeskanzlerin«) und das Logo der deutschen EU-Ratspräsidentschaft. In dem Interview wurden auch Fragen von Hörern eingespielt. Ende des Jahres gab die Kanzlerin zudem DB-*Mobil*, dem Magazin der Deutschen Bahn, ein Interview.[201] Die Bahn ist ein Staatsunternehmen, weshalb das Interview nicht in Abbildung 28 erscheint.

Bis zur Bundestagswahl 2021 gab die Kanzlerin sechs Rundfunk- und zwei Presseinterviews. Den Auftakt bildete Anfang Februar das Format *Farbe bekennen* mit Tina Hassel und Rainald Becker, dem die Kanzlerin für eine Viertelstunde Rede und Antwort stand.[202] Ebenfalls eine Viertelstunde bekamen Frauke Ludowig und Nikolaus Blome für den Privatsender RTL.[203] Blome stellte dabei die Fragen zur Politik, während Ludowig sich zum persönlichen Umgang der Kanzlerin mit der Pandemie erkundigte. In der Folgewoche bekam Marietta Slomka 12 Minuten mit der Bundeskanzlerin.[204] Am 25. Februar sprachen der Hauptstadtkorrespondent der FAZ, Eckart Lohse und der Mitherausgeber der Zeitung, Berthold Kohler, mit der Regierungschefin.[205] Am 24. März kam es in einem ARD-*Brennpunkt* zu einem knapp neunminütigen Gespräch mit Oliver Köhr.[206] Am Vortag hatten Bund und Länder die sogenannte ›Osterruhe‹[207] beschlossen, bei der es um die weitgehende Schließung des öffentlichen Lebens während der Ostertage ging. Der Beschluss war juristisch nicht haltbar und wurde bereits am nächsten Tag zurückgenommen. Am 28. März sendete die ARD ein 60-minütiges Gespräch zwischen Anne Will und Angela Merkel.[208] Am 20. Mai gab die Bundeskanzlerin Tina Hassel und Andreas Cichowicz ein etwa 30-minütiges Interview für das *Europaforum* des WDR.[209] Am 9. September erschien

sie zu einem Podiumsgespräch mit der nigerianischen Schrift-
stellerin Chimamanda Ngozi Adichie, welches das *Handelsblatt*
als Interview veröffentlichte.[210] Nach der Bundestagswahl 2021
gab Kanzlerin Merkel noch drei weitere Presseinterviews und ein
Rundfunkinterview. Und zwar am 23. Oktober der *Süddeutschen
Zeitung*[211], am 31. Oktober der *Frankfurter Allgemeinen Sonntagszeitung*[212], am 7. November der DEUTSCHEN WELLE[213] sowie am 17.
November der Nachrichtenagentur Reuters[214].

Abbildung 29
Jüngere Auftritte Bundeskanzlerin Merkels bei der
Bundespressekonferenz

Datum:	Dauer:
19.07.2019	90 Minuten
11.03.2020*	75 Minuten
28.08.2020	90 Minuten
02.11.2020	75 Minuten
21.01.2021	75 Minuten
22.07.2021	90 Minuten

Quelle: Eigene Recherche; Bundespresseamt, Mitschriften der Bundespressekonferenzen.
* Mit Gesundheitsminister Spahn und RKI-Präsident Wieler.

Die Gesprächssituationen, in die die Bundeskanzlerin sich be-
gibt, weisen Gemeinsamkeiten auf. Zu kritischen Themen lässt
sich die Kanzlerin nur befragen, wenn die Gesprächssituationen
zeitlich begrenzt sind oder die Kanzlerin mit ›wohlwollenden‹
Fragen rechnen kann. In die Kategorie der zeitlichen Begrenzun-
gen fallen z.B. die Fernsehinterviews des Frühjahrs 2021. Das
ARD-Interview vom 2. Februar und das RTL-Interview vom 4. Februar waren jeweils nach 15 Minuten beendet. Marietta Slomka
standen in der Folgewoche nur 12 Minuten zur Verfügung. Slomka fragte vergleichsweise bissig und kritisch nach, kämpfte aber

auch damit, in möglichst kurzer Zeit viele Fragen unterzubringen. Die inhaltliche Klammer bildete die anhaltende öffentliche Kritik an der Impfstoffbestellung durch die europäische Union und dem – so der Vorwurf – daraus entstandenen Mangel an Vakzinen. Auffallend ist, dass die Regierungschefin in kurzer Abfolge gleich drei Interviews gab.

Eine ganze Stunde durfte Anne Will am 28. März 2021 die Kanzlerin befragen. Allerdings legte die Moderatorin gleich zu Beginn offen, dass sie keine Gegenposition zur Bundeskanzlerin beziehen wolle. Sie verbleibe im Kosmos der Kanzlerin: »Und ohnehin möchte ich gerne verbleiben in dem Grundsatz, den sie eben auch nochmal mit dem sehr guten Zitat von ›Es ist ernst, bitte nehmen sie es ernst‹ auch gesagt haben.«[215] Auch im Falle des Feminismus-Interviews in der *Zeit* konnte sich Angela Merkel einer wohlwollenden Fragestellerin sicher sein. Die Interviewerin hatte drei Monate davor unter dem Titel *Mein Angela-Merkel-Gefühl* eine persönliche und lobende Bilanz Merkels bisheriger Kanzlerschaft veröffentlicht.[216] Im Interview mit der FAZ vom 24. Februar traf die Kanzlerin auf bekannte Gesichter. Eckhart Lohse und Berthold Kohler hatten die Kanzlerin schon häufiger interviewt, wobei Kohler als Mitherausgeber der FAZ schon ›protokollarisch‹ als Teilnehmer feststeht. Lohse urteilte in der Lockdown-Debatte des Dezembers 2020, die Kanzlerin habe recht behalten.[217] Auch fand er nicht, dass die Kanzlerin sich vor Presseterminen drücke.[218] Am 25. Januar veröffentlichte er ein längeres Porträt Merkels.[219] Deutlich kritischer äußert sich innerhalb der Redaktion Politik-Chef Jasper von Altenbockum, der die Kanzlerin für ihren Umgang mit den Alten- und Pflegeheimen angriff.[220] Altenbockums letztes Interview mit der Bundeskanzlerin, bei dem er persönlich zugegen war, war am 17. Oktober 2015.[221] Das eigentliche Interview vom 25. Februar ist informativ gehalten, die Fragen sind tendenziell offen gestellt, ein Nachhaken findet nicht statt. Kritisch be- oder hinterfragt wurde Merkel in diesen drei Interviews nicht. In den vier Interviews nach der Bundestagswahl 2021 geht es um die persönliche Bilanz Merkels. In der *Frankfurter Sonntagszeitung* fragen die Interviewer zum Beispiel, was man einmal über die Kanzlerin Angela Merkel sagen solle. Als diese sagt, ihr fehle für eine Antwort die nötige Distanz, unterbreiten die Redakteure einen Vorschlag: »Angela Merkel, die Retterin der EU?«

Hinzu kommen Interviews zur Europapolitik oder eher unpolitischen Themen, wie z.B. den Feierlichkeiten zum Fall der Mauer und zur Wiedervereinigung. In der Europapolitik hat die Bundesrepublik keine ausschließlichen Kompetenzen, sodass die Kanzlerin regelmäßig antworten kann, ohne dass von ihr eine Festlegung verlangt werden könnte. In den Interviews zu den Jubiläen von Mauerfall und Wiedervereinigung kommen Fragen zur Tagespolitik nur ausnahmsweise vor.

Bei Presseinterviews kommt eine deutsche Besonderheit zum Tragen: der Autorisierungsprozess. Im Gegensatz zum angelsächsischen Raum werden in Deutschland keine Wortlautinterviews geführt. Redaktionen schreiben Interviews zur besseren Lesbarkeit um, was zur Folge hat, dass diese im Nachhinein noch von den Interviewten genehmigt werden müssen. Dabei kommt es regelmäßig zu einem ›Gefeilsche‹ um den genauen Wortlaut.[222] Günter Bannas, langjähriger Hauptstadtkorrespondent der FAZ, vermerkt zu den Interviews der Kanzlerin, es machten sich »Heerscharen von Merkel-Mitarbeitern an die Autorisierung des verschriftlichten Gesprächs. Hier eine Streichung, dort die Einfügung einer deeskalierenden Glättung.«[223]

Wie sieht es bei der Bundespressekonferenz aus? »Entschuldigung, wir haben gesagt: eine Frage«, unterbricht der Vorsitzende, Stephan Detjen, einen Fragesteller am 21. Januar 2021.[224] Die *Badische Zeitung* schreibt zu dieser Konferenz, die Kanzlerin habe sich eingeladen. Echtes Nachhaken sei in der Kürze der Zeit (75 Minuten) kaum möglich.[225] Diese Einschränkung mag aufgrund der Vielzahl der potenziellen Publikumsfragen sachdienlich sein, offenbart aber: Kritisches Nachhaken ist nicht vorgesehen. Hinzu kommen Pressekonferenzen im Kanzleramt. Dort seien allerdings keine Fragen zugelassen oder deren Zahl eng begrenzt, wie die *Lübecker Nachrichten* bekanntgeben.[226]

Ja, die Bundeskanzlerin meidet tatsächlich Interviews, in denen ihr unbequeme Fragen gestellt werden könnten. Das erklärt aber noch nicht, warum ihr das auch gelingt. Lädt sie sich selbst zu Interviews ein, wenn ihr gerade der Sinn danach steht? »Interviews kommen grundsätzlich auf Anfrage der betreffenden Medien zustande«, zitiert die *Mittelbayerische Zeitung* das Bundespresseamt.[227] Anne Will sagt, für das Bundeskanzleramt gebe es eine Daueranfrage.[228] Dem DEUTSCHLANDFUNK stehe die Bundeskanzlerin hingegen nicht für Interviews zur Verfügung, weiß Nicola Balkenhol, Leiterin der Multimedia-Abteilung des DEUTSCHLANDRADIOS, zu berichten.[229]

Zur journalistischen Sicht auf die Interviewaktivitäten der Bundeskanzlerin befragte der DEUTSCHLANDFUNK RTL-Mann Nikolaus Blome.[230] Das Interview fand am Tag nach Merkels Auftritt bei Anne Will im März 2021 statt. Im Wortlaut sagt Blome:

Die Fragen, die gestellt wurden, waren allesamt berechtigt, [...] aber es waren nicht alle Fragen, die man hätte stellen können bzw. alle Themen, [über] die man [...] hätte streiten müssen, insbesondere [...] wie kann man eigentlich bei gegebenem Mangel von Impfstoffnachschub es trotzdem besser machen. Das alles ist nicht ventiliert worden. Ich fand's 'ne innovationsarme Diskussion, die letztlich immer nur um das Wort ›Lockdown‹ kreiselte und die Frage, ob die Länder genug machen bzw. ob der Bund, Angela Merkel in Persona, sie zwingen kann.

Zur Anbahnung von Interviews sagt Blome:

Wir hatten natürlich mehrfach immer wieder angefragt und hatten das Gefühl auch mal als RTL/NTV dran zu sein, um vielleicht auch ein anderes Segment des Gesamtpublikums zu erreichen und ich glaube, ich würde es der Bundeskanzlerin nicht vorwerfen, also den Unterton, sie kommt immer nur wenn's eng wird, das mag faktisch stimmen, aber dann würde ich mir beinahe wünschen, dass es öfter eng wäre, damit sie sich öfter erklären muss. Mir scheint doch, dass die Verbindung zwischen Regierenden – und da meine ich die Bundesländer ganz genauso – und Bevölkerung gerade abreißt.

Sind mehr Pressekonferenzen[231] die Lösung?

Große Pressekonferenzen sind insofern schwierig, weil sie nie um ein Thema kreisen, wenn sie sich die Sommerpressekonferenzen der Bundeskanzlerin anschauen, werden da 38 verschiedene Themen verhandelt in einer bunten Reihenfolge. Ich finde diese Interview-Situation schon das am meisten Versprechende, auch für Zuschauer und Leser.

Das nächste Interview habe Blome selbstverständlich schon angefragt. Es ist nicht zustande gekommen. Dass die Öffentlichkeit von einer Interview-Anfrage erfährt, ist die Ausnahme, von abgelehnten Anfragen bekommt das Publikum in der Regel nichts mit. Die Frage, ob die Bundeskanzlerin sich selbst zu Interviews einlädt, geht dann am Ziel vorbei, wenn sie nur einen Bruchteil ihrer Gesprächsanfragen annimmt. Wenn ohnehin regelmäßig Interview-Anfragen im Kanzleramt eingehen oder es sogar – wie bei Anne Will – Daueranfragen gibt, ist eine Selbsteinladung schlicht nicht notwendig.

c.   Die Kommunikationsaktivitäten der Bundesregierung

Warum kann die Bundeskanzlerin es sich überhaupt leisten, nur dann Interviews zu geben, wenn es, wie Blome sagt, ›eng‹ wird? Eine mögliche Antwort liefert ausgerechnet Partei-Rivale Friedrich Merz:

Im Augenblick gibt es ja eine richtige Machtverschiebung zwischen denen, die Nachrichten verbreiten, und denen, die Nachrichten erzeugen. Und zwar zugunsten derer, die die Nachrichten erzeugen. Wir brauchen die [gemeint sind Presse und Rundfunk] nicht mehr. Und das ist das

Schöne. Sie können heute über Ihre eigenen Social-Media-Kanäle, über YouTube ein Publikum erreichen, das teilweise die Öffentlich-Rechtlichen, auch die privaten institutionalisierten Medien nicht mehr erreichen. Wenn man das richtig nutzt, wenn man das gut macht, dann haben Sie über diese Kanäle eine Möglichkeit, Ihre eigenen Interessen wahrzunehmen, Ihre eigene Deutungshoheit auch zu behalten über das, was Sie gesagt haben. In ganz anderer Form, als wir das früher gehabt haben. So, und das ist die gute Nachricht der Digitalisierung.

Der Chefredakteur der *Aachener Zeitung*, Amien Idries, brachte diese Aussage einem breiten Publikum näher.[232] Merz hatte sie Ende Januar 2020 vor dem Aachener Karnevalsverein getätigt, der sie im Rahmen eines Image-Videos auf YouTube veröffentlichte.[233] Idries bemerkt dazu: »Was Merz sagt, stimmt in Teilen und wird mutmaßlich von vielen Politikern, Firmenchefs und Funktionären genauso gedacht.« Der Journalist kritisiert Merz dann auch weniger für die Aussage an sich, sondern für dessen Freude über diese Veränderung:

Was wirklich irritiert, ist die von Merz zur Schau getragene Freude, ja fast schon Häme. [...] Denn man kann ja durchaus anderer Meinung sein und die Freude von Merz nicht teilen. Als Journalist sowieso. Aber vielleicht auch als Bürger und Politiker, der sich der freiheitlich demokratischen Grundordnung verpflichtet fühlt. Wie sieht es beispielsweise künftig mit unserer Vorstellung von mündigen Bürgern aus? Wie reifen in ihnen Meinungen zu relevanten politischen Themen? Werden Sie, liebe Leserinnen und Leser, in der von Merz erträumten Medienzukunft nur noch mitreden können, wenn Sie sich durch sämtliche PR-Ergüsse aller politischen Parteien mit deren je eigenen Interessen geklickt haben? Ist nicht das Abbilden des Für und Wider als journalistische Kernkompetenz und Dienstleistung ein essenzieller Beitrag zur Meinungsbildung der Menschen? Und wie sieht es mit dem Journalismus als Kontrollinstanz aus? Wer legt bei Politik und Unternehmen die Finger in die Wunden?

Die Bundesregierung ist auf Twitter, Facebook, Instagram, YouTube und weiteren Social-Media-Plattformen unterwegs.

Auf Twitter[234] folgen Regierungssprecher Seibert (@RegSprecher) am 16. September 2021 rund eine Million Menschen, ebenfalls rund eine Million Menschen hat den Facebook-Account[235] der Bundesregierung abonniert, knapp 900.000 haben den Auftritt mit ›Gefällt mir‹ markiert. Auf Instagram[236] hat die Bundeskanzlerin rund 1,8 Millionen Abonnenten. Im ersten Halbjahr 2020 erreichte der Regierungssprecher mit einem Tweet durchschnittlich 119.000, die Bundesregierung auf Facebook 411.000 und die Bundeskanzlerin auf Instagram 423.000 Menschen pro Beitrag. Die Zahlen zur Reichweite entstammen der Antwort auf eine kleine Anfrage der FDP-Fraktion.[237] Ebenfalls in der Antwort enthalten sind die Social-Media-Kanäle der Bundesministerien, deren Reichweiten im Vergleich zu den Auftritten des Bundespresseamts deutlich abfallen. Das Bundesverfassungsgericht ging in einem aktuellen Beschluss bereits bei 3800 Followern auf Twitter von einem nicht zu vernachlässigenden Einfluss auf die politische Willensbildung aus.[238] Zur Social-Media-Kommunikation erklärt das Bundespresseamt:

> Die Bundesregierung nutzt erfolgreich Social-Media-Angebote auf Facebook, YouTube, Flickr, Instagram und Twitter als zeitgemäße Erweiterung ihrer Öffentlichkeitsarbeit. Sie kommt so ihrem verfassungsmäßigen Auftrag zur Information der Bürgerinnen und Bürger über ihre Tätigkeit, Vorhaben und Ziele nach. Diese Angebote sind bürgernah und dialogorientiert. Sie ermöglichen einen unmittelbaren Einblick in das Regierungshandeln und sorgen damit für mehr Transparenz.[239]

Dieser ›Textbaustein‹ leitet die Antwort auf eine kleine Anfrage der Grünen-Fraktion zu den Social-Media-Aktivitäten der Regierung aus dem Jahr 2015 ein. Wortgleich oder in leicht abgewandelter Form antwortet sie regelmäßig, wenn sie mit Kritik an ihrer digitalen Kommunikation konfrontiert wird.[240] Rechtlich geprüft hat die Bundesregierung ihr Vorgehen nicht.[241] Es stimmt aber, dass sie einer Pflicht zur Öffentlichkeitsarbeit unterliegt:

Öffentlichkeitsarbeit von Regierung und gesetzgebenden Körperschaften ist in Grenzen nicht nur verfassungsrechtlich zulässig, sondern auch notwendig. Die Demokratie des Grundgesetzes bedarf – unbeschadet sachlicher Differenzen in Einzelfragen – eines weitgehenden Einverständnisses der Bürger mit der vom Grundgesetz geschaffenen Staatsordnung. Dieser Grundkonsens wird von dem Bewußtsein der Bürger getragen, daß der vom Grundgesetz verfaßte Staat dem einzelnen im Gegensatz zu totalitär verfaßten Staaten einen weiten Freiheitsraum zur Entfaltung im privaten wie im öffentlichen Bereich offenhält und gewährleistet. Diesen Grundkonsens lebendig zu erhalten, ist Aufgabe staatlicher Öffentlichkeitsarbeit.[242]

Die Passage stammt aus dem Grundsatzurteil des BVerfG zur Zulässigkeit regierungsamtlicher Öffentlichkeitsarbeit von 1977. Geklagt hatte die oppositionelle CDU, weil die sozial-liberale Koalition u. a. in Regierungsanzeigen für ihre ›Wiederwahl‹ warb. Hierdurch verletzte sie das Grundrecht der CDU auf Chancengleichheit im politischen Wettbewerb. Sie überschritt damit die Grenzen der Öffentlichkeitsarbeit. Dieser Rechtsprechung ist Karlsruhe im Laufe der Jahrzehnte treu geblieben. Im Sommer 2020 entschied das BVerfG über einen Antrag der AfD, die sich durch ein auf der Homepage des Bundesinnenministeriums veröffentlichtes Interview in ihren Rechten als Partei verletzt sah. Minister Seehofer hatte im Interview die AfD u. a. als »staatszersetzend« bezeichnet. Die Regierung meinte, »dass die veränderte, schärfere politische Auseinandersetzung eine schnellere Reaktion und eine dementsprechende einfache Handhabung des Gebots der Neutralität erfordere.«[243] Nach Ansicht des zweiten Senats lässt diese Auffassung »außer Betracht, dass zusätzliche digitale Möglichkeiten der kommunikativen Einwirkung auf die Wählerinnen und Wähler das Risiko erhöhen, dass die Nutzung dieser Möglichkeiten seitens staatlicher Organe zu Beeinträchtigungen der gleichberechtigten Teilnahme der Parteien am Prozess der politischen Willensbildung führt.«[244] Das kann man als »deutlichen

Warnschuss« an das Bundespresseamt interpretieren, wie Matthias Friehe es in seiner Entscheidungsanmerkung in der NJW tut. Vieles spreche dafür, dass eine verfassungsgerichtliche Prüfung zu dem Ergebnis führen würde, dass die auf den Facebook- und Instagram-Profilen der Bundesregierung herrschende »gelockerte Sachlichkeit« vielfach als Werbung zugunsten der Regierung und ihrer Mitglieder verstanden werden müsse.[245]

Der zweite Senat erteilte auch dem Argument der Bundesregierung, es sei zulässiger Gegenstand der Öffentlichkeitsarbeit, den Inhaber eines Ministeramtes als »Person« für die Wählerinnen und Wähler erfahrbar zu machen[246], eine Abfuhr. Die über die Wahrnehmung der Amtsgeschäfte hinausgehende Präsentation einzelner Regierungsmitglieder »als Person« sei grundsätzlich kein tauglicher Gegenstand der Öffentlichkeitsarbeit der Bundesregierung.[247] Dabei durfte Seehofer als Parteipolitiker die AfD durchaus als »staatszersetzend« bezeichnen,[248] er hätte das Interview nur nicht auf der Seite des Ministeriums veröffentlichen dürfen. Damit bediente er sich staatlicher Ressourcen und versah die Äußerung mit der Autorität seines Amtes.

Welchen Grenzen unterliegt der Staat also bei seiner Kommunikation? Zum einen der Grenze zur Wahlwerbung, die das BVerfG in den vorgenannten Urteilen absteckte, dann dem Grundsatz der Staatsferne der Medien sowie denjenigen, die Meinungsbildungsfreiheit und Demokratieprinzip ziehen. Aus dem Demokratieprinzip folgt, dass sich die politische Meinungs- und Willensbildung vom Volk hin zu den Staatsorganen zu entwickeln hat, und nicht umgekehrt. Im Verbund mit der Meinungsbildungsfreiheit schützt es diesen Prozess. Der Verfasser selbst führt ein Gerichtsverfahren gegen die Bundesregierung. Er verlangt weitgehende Unterlassung der Social-Media-Kommunikation des Bundespresseamts. Er vertritt die Rechtsauffassung[249], die Regierung verletze ihn mit ihren Aktivitäten im digitalen Raum in seiner Meinungsbildungsfreiheit.[250]

Vorrangig interessiert hier die Verletzung der Presse- und Rundfunkfreiheit. Bereits seit der Fußballweltmeisterschaft 2006 betreibt die Bundeskanzlerin einen eigenen wöchentlichen Video-Podcast.[251] Bis April 2018 stand sie Fragestellern aus der Gesellschaft gegenüber. Die Auswahl der Beiträge und Gesprächspartner traf das Bundespresseamt u. a. mit der Anweisung, die Kanzlerin bei der Beantwortung der Fragen nicht zu unterbrechen.[252] Seit April 2018 erscheint der Podcast in einem veränderten Format ohne Interviewpartner. Je nach Plattform oder Abspielgerät ist der Bildausschnitt hochkant[253] oder Breitbild, der Podcast blendet Fragen als Text ein, die Antworten der Kanzlerin gibt er auch im Untertitel wieder, wobei er einzelne Passagen farblich hervorhebt. Das Bundespresseamt zahlte 2020 und 2021 in der Summe etwa 430.000 Euro für die Bewerbung von Kanzlerin- und Regierungs-Podcast.[254] Der Bundeskanzlerin »zugeordnete« Inhalte sind über den Internetauftritt der Bundeskanzlerin abrufbar.[255] Das Bundespresseamt verbreitet sie über seine Social-Media-Kanäle. Dabei handelt es sich in der Regel um den wöchentlichen Podcast und Videostatements, Ausschnitte aus internationalen Konferenzen sowie klassische Pressekonferenzen.[256] Hinzu kommen Fotos der offiziellen Regierungsfotografen, die das BPA insbesondere über Instagram ausspielt, sowie Piktogramme zu einzelnen Themen.[257] Während der Corona-Pandemie hat das Bundespresseamt zudem das Format *Die Bundeskanzlerin im Gespräch* etabliert.[258] Dabei handelt es sich um einen sogenannten ›Bürgerdialog‹, den das Bundespresseamt ausrichtet. So sprach Merkel am 27. April anderthalb Stunden mit insgesamt 14 Kulturschaffenden zu ihrer Situation während der Pandemie. Die Auswahl der Teilnehmer trafen Kooperationspartner des Bundeskanzleramtes, z. B. der Bundesverband Schauspiel oder der deutsche Museumsbund, wie der Moderator zu Anfang des Videos mitteilte. Um konkrete Hilfe gehe es bei diesen Gesprächen nicht, meint Andreas Kilb, der am nächsten Tag in der FAZ kommentierte:

Es geht um Symbolpolitik, um die Inszenierung des Kümmerns. In dieser Rolle ist die Bundeskanzlerin grandios: Wie sie dasitzt und zuhört, achtsam, gefasst, geduldig auch unter Zeitdruck, gibt sie das Inbild der Mutter der Nation, der dritten Lichtgestalt nach Adenauer und Bismarck.[259]

Nun hat Angela Merkel nicht mehr für politische Ämter kandidiert. Dennoch lohnt es, sich noch einmal das Grundsatzurteil des Bundesverfassungsgerichts zur regierungsamtlichen Öffentlichkeitsarbeit zu vergegenwärtigen:

> Zu beanstanden als vom Verfassungsrecht untersagt ist allerdings, daß die Bundesregierung und ihre Mitglieder dieses Ansehen des Amtes ganz bewußt zur Wahlwerbung einsetzen. Gerade ›objektive‹, den Standpunkt sozusagen jenseits der ›Parteienstreitereien‹ wählende, mit der Autorität und dem Prestige des Amtes ausgestattete Äußerungen der Bundesregierung und ihrer Mitglieder in Anzeigen, Broschüren, Faltblättern und Leistungsberichten stellen besonders wirksame Wahlwerbung für die Parteien dar, von denen die Bundesregierung getragen wird. Parteiergreifend kann man im Wahlkampf nicht nur auftreten in offen ›parteiergreifenden‹ Aktivitäten, sondern auch in Aktivitäten, in denen man die Parteiwerbung unausgesprochen lassen kann im Vertrauen darauf, daß sie sich aus den Umständen und Zusammenhängen ergibt, oder noch besser im Vertrauen darauf, daß sie ganz unbemerkt und unreflektiert bei den Wählern als Werbung für eine bestimmte Partei ›ankommt‹.[260]

Die Macht der (Stand-)Bilder bei der Selbstinszenierung ist nicht zu überschätzen. Abbildung 30 zeigt Beispiele: Am 25. April 2017, fünf Monate vor der Bundestagswahl, zeigt der Instagram-Account der Kanzlerin ein Bild[261] vom Weltfrauengipfel in Berlin. Die Kanzlerin nimmt auf einer Bühne den mittleren Platz in einer Reihe von sieben Stühlen ein. Sie blickt (von ihr aus gesehen) nach rechts zu drei Frauen, darunter Ivanka Trump und Christine Lagarde, die alle eine Hand in die Luft strecken. Zu ihrer linken sitzen drei weitere Frauen. Die SPD thematisierte die Bildersprache ihres Kandidaten, Martin Schulz, in ihrer Aufarbeitung zur verlorenen Bundestagswahl:

Fotos, wie jene von Ende April 2017 aus der Fischräucherei in Eckernförde mit peinlich wirkender Kopfbedeckung oder aus dem Zug zwischen Kiel und Lübeck mit einem deprimiert dreinblickenden Martin Schulz, hätte es nie geben dürfen. Schon gar nicht, wenn am gleichen Tag Angela Merkel im Rahmen eines inszenierten Frauengipfels Ivanka Trump begegnet.[262]

Zehn Wochen vor der Bundestagswahl veröffentlichte das Bundespresseamt ein Foto.[263] Das Foto, gemeinhin als ›Kabinen-Selfie‹ bekannt, zeigt die Bundeskanzlerin neben Bundespräsident Gauck inmitten der Fußballnationalmannschaft aus der Frontalansicht. Die Fußballer tragen Goldmedaillen und jubeln in die Kamera. Direkt vor der Kanzlerin befindet sich der WM-Pokal. Geschossen hat es der Fotograf der Bundesregierung. ›Anlass‹ für die Veröffentlichung war – so schreibt es das BPA – der dritte Jahrestag des WM-Triumphs.

Am bekanntesten ist wohl das Bild, das Steffen Seibert am Nachmittag des 9. Juni 2018 auf Twitter veröffentlichte.[264] Das Foto zeigt die Teilnehmer des G7-Gipfels in Kanada aus der Nahsicht. Im Mittelpunkt steht Angela Merkel, die Hände auf einen Tisch gestützt, den sitzenden Donald Trump anschauend. Dieser hat die Arme vor der Brust verschränkt und blickt zur Kanzlerin herauf. Kurz nach der Veröffentlichung loben FAZ und *Süddeutsche* die künstlerische Qualität und hohe Symbolkraft des Fotos, verweisen aber darauf, dass es nur eine von vielen Perspektiven ist.[265] Präsident Trump beschwert sich per Tweet vom 15. Juni 2018 über dieses Foto und veröffentlicht Aufnahmen, die wenige Momente davor oder danach gemacht wurden. Er habe ein großartiges Verhältnis zu Angela Merkel, aber die ›Fake News Media‹ würden nur die unvorteilhaften Fotos der Verhandlungen veröffentlichen.[266] Hier irrt Trump, schließlich handelt es sich um ein Regierungsfoto. Auf ihrem Internetauftritt nutzt das amerikanische CNN das Bild, um für das Interview der Journalistin Christiane Amanpour mit der Kanzlerin zu werben.[267]

Am 23. September 2019 veröffentlichte Steffen Seibert ein Bild von Angela Merkel mit Greta Thunberg, das er selbst während des UN-Klima-Gipfels in New York geschossen hatte.[268] Thunberg beschrieb später die Entstehung des Fotos. In dem Raum, in dem sie sich auf ihre Rede vorbereitete, habe sich eine Schlange gebildet. Als Angela Merkel an der Reihe war, habe sie um ein Foto und die Erlaubnis, das Bild auf Social Media zu posten, gefragt.[269]

Die Bilder landen in den Datenbanken der großen Nachrichtenagenturen.[270] Publizistische Medien greifen dann auf sie zurück.[271] Teilweise ohne auf die ursprüngliche Herkunft der Bilder zu verweisen. Das Bild von Angela Merkel und Greta Thunberg druckte z. B. die Illustrierte *Bunte* in ihrem am 10. Oktober 2019 veröffentlichten Interview mit der Bundeskanzlerin ab.[272] Das Interview trug die Überschrift »Was kommt da noch auf uns zu, Frau KLIMA-KANZLERIN?«. Als Quelle gab *Bunte* die dpa Picture-Alliance an.[273] Wobei wohl ohnehin nur ein Bruchteil des Publikums auf die Bildquelle achtet.

Die Medienwissenschaftlerinnen Alena Schomburg, Zoriana Mykhalchyshyn und Verena Herber vermuteten bereits 2015 eine Strategie hinter der Digital-Offensive des BPA:

Das mediale Repertoire der Kanzlerin wird auch und vor allem durch eigene Medien ergänzt. Dabei bedient sich Angela Merkel intensiv der digitalen oder neuen Medien, die sich in Art einer ›Hofberichterstattung‹ den Funktionslogiken klassisch-kritischer Presseorgane entziehen. [...] Dieser vordergründig modern, transparent und interaktiv wirkenden Omnipräsenz in den digitalen Medien (im Sinn der Open Democracy) scheint ein strategisch begründetes Ziel zugrunde zu liegen: Mit der Implementierung ihrer eigenen, die Kanzlerin in positiver Weise illustrierenden Presseorgane, schafft es Merkel, ihr öffentliches Bild stärker zu kontrollieren. Die Strategie fruchtete: Klassische Medien übernehmen Informationen und Zitate immer häufiger aus dem von Kanzleramtsmitarbeitern redaktionell gestalteten Podcast. Parallel verzichtet die Kanzlerin häufig auf klassische Pressekonferenzen zugunsten von privaten Hintergrund-

Abbildung 30
Regierungsfotos

Bundesregierung; eigene Darstellung.

gesprächen, in deren Rahmen sie ohne die Gefahr kritischer Fragen agieren kann und in denen wörtliche Zitate nicht gestattet werden. Treten ihr Pressesprecher Seibert oder seine Stellvertreter auf, wird überwiegend auf Statements zurückgegriffen, die Merkel vorher persönlich autorisiert hat oder die keine weiteren Nachfragen zulassen.[274]

Tatsächlich ist die Bundesregierung auch im Printbereich aktiv. SCHWARZROTGOLD, das Magazin der Bundesregierung,[275] erschien 2019 in einer Erstauflage von 8,5 Millionen Stück; die weiteren drei Ausgaben 2019 sowie die erste Ausgabe des Jahres 2020 verfügten immerhin noch über eine Auflage von fünf Millionen Exemplaren. Die zweite Ausgabe für 2020 und die erste in 2021 erschienen mit Auflagenhöhe von viereinhalb Millionen Stück. Die zweite Ausgabe 2021 hatte eine Auflage von fünf Millionen.[276] Der Vertrieb erfolgt über Tageszeitungen und Magazi-

ne, wie das Bundespresseamt in der Antwort auf eine auf www.
fragdenstaat.de veröffentlichten Anfrage nach dem Informationsfreiheitsgesetz mitteilte.[277] *Fragdenstaat* ist eine zivilgesellschaftliche Plattform, über die Interessierte öffentlich Anfragen
nach dem Informationsfreiheitsgesetz (IFG) stellen können.

Insgesamt hat die Bundesregierung ihre Ausgaben für Öffentlichkeitsarbeit in den letzten Jahren kontinuierlich gesteigert.
So stellte die FDP-Fraktion in einer kleinen Anfrage fest, dass
der Titel ›Öffentlichkeitsarbeit‹ in den Bundesministerien von
2014 bis 2020 um 62,4 Prozent auf 42,8 Millionen Euro gewach-
sen sei. Der entsprechende Titel im Bundespresseamt wuchs im
selben Zeitraum um 58,3 Prozent auf 163,9 Millionen Euro an.
Die Bundesregierung erklärt, sie habe sich dem veränderten Informationsverhalten anzupassen, »um ihrem verfassungsmäßigen Auftrag zur Information der Bürgerinnen und Bürger über
ihre Tätigkeit, Vorhaben und Ziele nachkommen zu können.«[278]
Die Anfrage stammt von März 2020, die Ausgaben während der
Corona-Pandemie sind in den Zahlen also noch nicht enthalten.

Noch etwas hat sich geändert: Das Bundespresseamt hat die
Berichte zur Öffentlichkeitsarbeit der Bundesregierung eingestellt. Gegenüber dem Bund der Steuerzahler begründet die
Behörde das mit mangelndem Interesse seitens der Zivilgesell-
schaft in Kombination mit höherer Arbeitsbelastung durch die
Corona-Pandemie.[279] Ausgerechnet für das Wahljahr 2021 fehlt
damit der Report. Dabei folgten die Berichte einer Empfehlung
des Bundesverfassungsgerichts, regelmäßig Übersichten ihrer regierungsamtlichen Öffentlichkeitsarbeit vorzulegen und
der Allgemeinheit zugänglich zu machen, um unberechtigten
Angriffen zu begegnen.[280] Der tatsächliche Informationswert
der Berichte war zuletzt allerdings gering: »Beiträge von Inter-
net-Redaktionen oder Seiten der sozialen Medien werden nur
aufgeführt, wenn es sich um besondere Aktionen handelt, die
über die tägliche Berichterstattung hinausgehen«, lautet es im

letzten Bericht der GroKo, der den Zeitraum Juli bis Dezember 2020 betrifft.[281] Die digitale Kommunikation der Regierung deckt die Publikation unzureichend ab; die Verwendung des Wortes ›Berichterstattung‹ irritiert. Auf Zahlen zum Budget der Öffentlichkeitsarbeit verzichtet der Bericht gänzlich. Der Bund der Steuerzahler fordert, die Bundesregierung solle transparent Buch darüber führen, welche Maßnahmen der Öffentlichkeitsarbeit sie ergreift, wer daran beteiligt ist und wie hoch die jeweiligen Kosten sind.[282]

Neben Bundespresseamt und den Bundesministerien sind es auch die Bundestagsfraktionen, die rege über die ›neuen Medien‹ kommunizieren. Fraktionen dürfen über ihre Arbeit informieren (vgl. § 47 Abs. 3 AbgG), aber nicht für die dahinterstehenden Parteien werben. Schließlich finanzieren sie ihre Öffentlichkeitsarbeit über zweckgebundene Haushaltsmittel. Der Bundesrechnungshof rügt, dass es keine klaren Regelungen für die Verwendung dieser Mittel gibt. Dabei hätten die Fraktionen »ein starkes Interesse, nicht nur zu informieren, sondern auch für ›ihre‹ Partei zu werben. Die dynamische Entwicklung neuer Formate der sozialen Medien verstärkt das Problem und den Regelungsbedarf.«[283] Auch sonst nutzen alle im Bundestag vertretenen Parteien Social Media intensiv. Die FDP[284] schaffte mit maßgeblicher Hilfe der Netzwerkplattformen 2017 den Wiedereinzug in den Bundestag, die AfD nutzt Social Media, um eine Gegenöffentlichkeit zur publizistisch vermittelten aufzubauen.[285] In der nun regierenden Ampel-Koalition macht der grüne Wirtschaftsminister Habeck mit über Social Media verbreiteten Erklärvideos Furore.[286] Ohnehin besteht eine natürliche Beißhemmung der Opposition bei Fragen der regierungsamtlichen Öffentlichkeitsarbeit. Jede juristische Fußangel, die sie der Regierung auf dem Rechtsweg anlegt, bindet sie selbst, sollte sie an die Regierung kommen.[287] Die Union, die nun in der Opposition ist, kann eine etwaige rechtswidrige Regierungskommunikation kaum kritisieren, ohne dass ihre eigene Kommunikation während der Regierung Merkel thematisiert würde. Wenn alle im Glashaus sitzen, wirft niemand mit Steinen.

»Tausche Reichweite gegen Bereitschaft, sich kritischen Fragen zu stellen.« Diese Formel umschreibt den Kuhhandel, der das Verhältnis von Amtsträgern und Journalisten prägt. Der berichtenden Zunft schwimmen die Fälle davon, wenn die Bundesregierung einen Staatsfunk durch die Hintertür etabliert und publizistischen Medien Konkurrenz macht.[288] Die Konsequenz ist, dass der Journalismus seine Kritik- und Kontrollfunktion in der Demokratie nur noch eingeschränkt erfüllen kann.

d. Die Informationspolitik der Bundeskanzlerin

In ihrer Fernsehansprache zu Corona aus dem März 2020 sagt die Kanzlerin:

> Ich wende mich heute auf diesem ungewöhnlichen Weg an Sie, weil ich Ihnen sagen will, was mich als Bundeskanzlerin und alle meine Kollegen in der Bundesregierung in dieser Situation leitet. Das gehört zu einer offenen Demokratie: dass wir die politischen Entscheidungen auch transparent machen und erläutern. Dass wir unser Handeln möglichst gut begründen und kommunizieren, damit es nachvollziehbar wird.[289]

ARD, ZDF, RTL sowie kleinere Sender strahlten den Appell der Kanzlerin, der mindestens 23 Millionen TV-Zuschauer erreichte, aus.[290] Hätte das ZDF die Ausstrahlung abgelehnt, hätte die Bundesregierung sich auf das sogenannte ›Verlautbarungsrecht‹ nach § 10 ZDF-Staatsvertrag berufen können. Danach ist der Bundesregierung »in Katastrophenfällen oder bei anderen vergleichbaren erheblichen Gefahren für die öffentliche Sicherheit oder Ordnung unverzüglich angemessene Sendezeit für amtliche Verlautbarungen unentgeltlich einzuräumen.« Die Corona-Kommunikation dient dem Ziel, die Pandemie zu bekämpfen.

Das BVerfG hat im Jahr 2002 zwei Entscheidungen zu amtlichen Warnungen gefällt, in denen es staatliches Informationshandeln zur Krisenbewältigung thematisierte. In der einen Entscheidung ging es um eine Liste über Weine aus dem Jahr 1985, in denen Diethylenglykol enthalten war, die die Bundesregierung veröffentlichte. Diethylenglykol stand im Verdacht, gesundheitsschädlich zu sein. Eine Weinkellerei klagte gegen ihre Nennung in der Liste. Im zweiten Fall ging die religiöse Osho-Bewegung gegen sie betreffende staatliche Äußerungen vor, die die Bewegung als diffamierend empfand. Grundsätzlich sind der Bundesregierung derlei Warnungen erlaubt:

> Von der Staatsleitung in diesem Sinne wird nicht nur die Aufgabe erfasst, durch rechtzeitige öffentliche Information die Bewältigung von Konflikten in Staat und Gesellschaft zu erleichtern, sondern auch, auf diese Weise neuen, oft kurzfristig auftretenden Herausforderungen entgegenzutreten und auf Krisen und auf Besorgnisse der Bürger schnell und sachgerecht zu reagieren sowie diesen zu Orientierungen zu verhelfen.[291]

Ohne Kommunikation würde ein »wichtiges Element schneller, wirkungsvoller und auf möglichst geringe Beeinträchtigungen Dritter gerichteter Krisenbewältigung fehlen.« Ein Schweigen der Regierung würde zudem von vielen Bürgern als Versagen bewertet, was zu Legitimationsverlusten führen könnte.[292] Selbstredend darf die Bundesregierung zur Bekämpfung von Krisen umfassend informieren, also auch zu Corona.

Zugleich lässt sich an der Videoansprache der Bundeskanzlerin die Problematik dieses Informationshandelns ablesen. Eine solche Ansprache oder aber der Podcast ist eine kommunikative Einbahnstraße. Dass die Bundeskanzlerin den Wert der Transparenz für die offene Demokratie betont, sagt nichts darüber aus, ob sie auch in ihrem praktischen Regierungshandeln Wert auf Transparenz legt. Abschnitt b) hat die Interview-Problematik erläutert. *Tagesspiegel*-Journalist Müller-Neuhof bat das Bundeskanzleramt um Herausgabe der Protokolle zu den Bund-Länder-

Konferenzen während der Corona-Pandemie. Dem Kanzleramt zufolge gebe es lediglich kurze Ergebnisprotokolle für den eigenen Gebrauch. Den Antrag nach dem Informationsfreiheitsgesetz lehnte das Bundeskanzleramt mit Verweis auf den »Schutz eines unbefangenen und freien Meinungsaustauschs innerhalb der Bundesländer wie auch zwischen Bund und Ländern« ab.[293] In der ersten Instanz gewann Müller-Neuhof.[294] Die *Zeit*-Journalisten Katja Gloger und Georg Mascolo sprechen bei den Bund-Länder-Schalten vom »zugleich verschwiegensten und öffentlichsten« Gremium der Republik.[295] Verschwiegen, weil die Sitzungen nicht einmal ausführlich protokolliert würden, öffentlich, denn »noch während der Beratungen dringen saftige Zitate nach draußen.« Und weiter:

> In den Runden finden sich von Beginn an Anhänger zweier Denkschulen: Jene, die es für richtig halten, dass man die unter hohem Druck und in einer permanenten Ausnahmesituation geführten Debatten niemals wird nachvollziehen können. Und jene, die dies für einen schwerwiegenden Fehler halten. Sie argumentieren, dass zumindest mit zeitlichem Abstand die schwierigen Entscheidungsprozesse etwas benötigen, wovon Demokratie auch lebt: Nachvollziehbarkeit und Transparenz.

Die *Zeit* gibt zu Protokoll, sie habe für ihren Artikel »Dokumente, vertrauliche Vermerke und persönliche Notizen aus den Krisenrunden einsehen [können]. Zudem waren wir in der Lage, in weiten Teilen die Beratungen von Kanzlerin Merkel mit den Ministerpräsidentinnen und Ministerpräsidenten zu verfolgen.« Von wem sie die Informationen hat, schreibt die *Zeit* nicht. Das ist nachvollziehbar, schließlich offenbaren Journalisten so gut wie nie Quellen. Zugleich verfolgen Quellen, gerade solche aus der Politik, eigene strategische Ziele, wenn sie Informationen durchstechen.[296]

›Vertrauliche‹ Informationen gibt die Politik gerne in Hintergrundgesprächen heraus. Das Besondere an Hintergrundgesprächen ist, dass aus ihnen nicht zitiert werden darf. *Tages-*

spiegel-Journalist Jost Müller-Neuhof sieht hierin ein Problem: Journalisten verbreiten Regierungsinformationen als »eigene Recherche«, ohne die wahre Quelle zu nennen.[297] Er hat deshalb die Bundesregierung zunächst erfolgreich darauf verklagt, ihm mitzuteilen, mit welchen Medien und zu welchen Themen die Bundeskanzlerin im Jahr 2016 Hintergrundgespräche geführt hat.[298] Zuvor hatte Müller-Neuhof bereits einen ähnlich gelagerten Fall gegen den Bundesnachrichtendienst gewonnen. Das Argument, auch das Recherchegeheimnis der an den Gesprächen teilnehmenden Journalisten sei von der Pressefreiheit geschützt, wies das Leipziger Gericht zurück. Geschützt seien nur private Quellen, keine öffentlichen.[299] Sein Pech bestand darin, dass das Bundesverwaltungsgericht im Nachgang kalte Füße bekam und diese Rechtsprechung bereits zwei Jahre später kippte. Die Differenzierung zwischen privaten und öffentlichen Quellen spielte plötzlich keine Rolle mehr – ergo überwog das Recherchegeheimnis.[300] Das hatte Folgen für das Berufungsverfahren vor dem Oberverwaltungsgericht Berlin/Brandenburg, das die Klage mit Verweis auf das Recherchegeheimnis abwies.[301] Das Rechtsmittel schmetterte Leipzig ab.[302] Vorläufiges[303] Endergebnis: keine Transparenz zu den Hintergrundgesprächen der Kanzlerin. Erkenntnisse hat das Verfahren dennoch gebracht. So hat die Regierungszentrale im Prozess angeführt, die Hintergrundgespräche dienten nicht nur der vertraulichen Information der publizistischen Medien. Es gehe auch um die »eigene Information darüber, wie die Stimmung in der Gesellschaft und insbesondere der veröffentlichten Meinung zu einem bestimmten Thema sei.«[304]

Es ist aber nicht nur Jost Müller-Neuhof, der die aktuelle Praxis der Hintergrundgespräche als problematisch ansieht. Die *epd*-Journalistin Mey Dudin schreibt, dass wer aus Hintergrundgesprächen zitieren wolle, die Zitate »noch einmal der Pressestelle vorlegen muss, die dann darüber entscheidet, ob sie veröffentlicht werden und in welchem Wortlaut«. So werde Journalismus schleichend zur Öffentlichkeitsarbeit, lautet ihr Fazit.[305] Und FDP-Politiker Wolfgang Kubicki verlautbart zu den Runden während der Covid-Krise:

> Die regelmäßigen journalistischen Hintergrundgespräche von Regierungssprecher Steffen Seibert an den Tagen vor den unsäglichen Bund-Länder-Runden waren dazu da, eine öffentliche Stimmung zu erzeugen, die die politische Linie Angela Merkels stützte. Journalisten machten sich damit offenbar zu Verkündern des Regierungsnarrativs und gaben ihre demokratische Aufgabe und ihre journalistische Selbstachtung an der Garderobe des Bundespresseamtes ab.[306]

Über Letzteres schreibt *Welt*-Journalist Robin Alexander, es habe sich unter Angela Merkel gewandelt »zu einer Behörde, die vor allem für die Regierung ermittelt, was die Bürger denken und fühlen.«[307] Damit meint er die vom Bundespresseamt in Auftrag gegebenen Meinungsumfragen. »Regieren nach Zahlen« nannte der *Spiegel* das im Jahr 2014. Das Kanzleramt hat in der Wahlperiode von 2009 bis 2013 rund 600 Umfragen erhoben. Herausgegeben hat das BPA diese erst nach eines Informationsfreiheitsklage eines Grünen-Politikers.[308] Seit Januar 2016 veröffentlicht das Bundespresseamt Umfragen auf Gesis, der Plattform des Leibniz-Instituts für Sozialwissenschaften.[309] Auf (IFG-)Anfrage gibt das Bundespresseamt inzwischen auch die wöchentlich für die Bundeskanzlerin zusammengestellten »Ergebnisse aus der Meinungsforschung« heraus.[310]

Zum Informationsfreiheitsgesetz: Das noch zum Ende der rot-grünen Regierungszeit verabschiedete und zum 1. Januar 2006 in Kraft getretene Informationsfreiheitsgesetz[311] gewährt nach § 1 S. 1 »gegenüber den Behörden des Bundes einen Anspruch auf Zugang zu amtlichen Informationen.« Es erfreut sich unter Journalisten zunehmender Beliebtheit als Alternative zum presserechtlichen Auskunftsanspruch. Denn der presserechtliche Auskunftsanspruch für Bundesbehörden ergibt sich nicht aus einem Gesetz, sondern aus der Verfassung, und ist dadurch mit Unsicherheiten behaftet.[312] Aber warum gibt es kein Presseauskunftsgesetz auf Bundesebene? Weil Medien nach der Verfassungsordnung Ländersache sind, und deshalb jahrzehntelang die Landespressegesetze der Länder, in denen die auskunftspflichtige Bundesbehörde ihren Sitz hat, Anwendung fanden. Wer also vom Bundesrechnungshof in Bonn Auskünfte verlangte, berief sich auf § 4 des Nordrhein-Westfälischen Landespressegesetzes. Das Bundesverwaltungsgericht setzte dieser Praxis 2013 ein Ende, weil es befand, dass die Kompetenz zur Regelung von Sachmaterien des Bundes (im konkreten Fall ging es um den Bundesnachrichtendienst) als Annex die Befugnis einschließe, »Voraussetzungen und Grenzen zu regeln, unter denen der Öffentlichkeit einschließlich der Presse Informationen zu erteilen sind oder erteilt werden dürfen.«[313] Sprich: Die Bundesländer dürfen keine Auskunftsansprüche gegenüber Bundesbehörden regeln. In einer späteren Entscheidung hat das Bundesverwaltungsgericht noch einmal klargestellt, dass das Grundrecht der Pressefreiheit einen verfassungsmittelbaren Anspruch auf Auskunft gegenüber Bundesbehörden umfasst.[314] Prinzipiell haben Journalisten also einen privilegierten Auskunftsanspruch gegenüber Bundesbehörden, in Ermangelung einer konkreten rechtlichen Ausgestaltung begeben sie sich aber regelmäßig in Unwägbarkeiten, wenn sie ihre Ansprüche gerichtlich durchsetzen.[315] Medienverbände riefen deshalb Ende 2019 den Bundestag auf, ein Auskunftsgesetz zu verabschieden.[316] Der Koalitionsvertrag von Union und SPD sprach – wenn auch sehr unverbindlich – von der Stärkung der Auskunftsrechte.[317] Geschehen ist seither nichts.[318]

Das IFG mag zwar Rechtssicherheit bieten, hat aber im Vergleich zum grundgesetzlichen Auskunftsanspruch einige Nachteile. Es entstehen Gebühren (vgl. § 10 IFG), die Fristen sind für aktuelle Berichterstattung zu großzügig[319] und es gibt umfangreiche Ausnahmetatbestände (vgl. § 3 ff. IFG).[320] Hinzu kommen juristische Winkelzüge: Was ist eine amtliche Information? Nach

Ansicht des Bundeskanzleramts nur eine solche, die es nach der über 20 Jahre alten Registraturrichtlinie[321] veraktet habe. Der Ursprung der Information werde dabei nicht festgehalten.[322] Gezielt nach SMS[323] oder E-Mails zu fragen, ist damit nicht möglich. Arne Semsrott, Projektleiter von *Fragdenstaat* meint, das Bundeskanzleramt begrenze seine Suchmöglichkeiten künstlich.[324] Er kennt die Argumentation: In der Sache identisch verteidigt hatte sich bereits das Bundesinnenministerium in einem von *Fragdenstaat* angestrengten Rechtsstreit zu den Twitter-Direktnachrichten des Ministeriums. Das Verwaltungsgericht Berlin urteilte indes, bei Auslegung des Informationsfreiheitsgesetzes sei »weder §1 Abs. 1 IFG ein ungeschriebenes Tatbestandsmerkmal der Aktenrelevanz von Informationen zu entnehmen noch ist [...] der Anwendungsbereich der Vorschrift teleologisch[325] zu reduzieren.«[326] Das Bundesverwaltungsgericht sah das wieder anders: Amtlich sei eine Aufzeichnung nur dann, wenn die Aufzeichnung amtlichen Zwecken diene. Im konkreten Fall habe das Ministerium weder die Aufzeichnung zu amtlichen Zwecken beabsichtigt, noch ergebe sich eine Pflicht dazu, die Twitter-Nachrichten zu den Akten zu nehmen aus den Grundsätzen der ordnungsgemäßen Aktenführung. Für rein informelle Kommunikation bestehe kein Auskunftsanspruch, auch wenn die Twitter-Direktnachrichten grundsätzlich amtliche Information sein könnten.[327] Auch die *Welt am Sonntag* beschäftigt sich mit der Veraktung von amtlichen Informationen. Sie berichtete 2018, dass allerlei Kommunikation, politische Erwägungen oder juristische Bewertungen so geführt oder festgehalten würden, dass sie nicht zu offiziellen Dokumenten werden.[328] Christoph Partsch, der regelmäßig Journalisten vor Gericht vertritt und den einschlägigen Kommentar zum Bundesarchivgesetz herausgibt, schreibt, in den Ministerien und dem Bundeskanzleramt trete neben die früher praktizierte Löschung von unliebsamen Unterlagen immer mehr die Praxis der rechtswidrigen Aktenvermeidung.[329] Im Übrigen löscht die Bundesregierung regelmäßig E-Mail-Postfächer ausgeschiedener Minister, berichtet ebenfalls die *Welt am Sonntag*. Darauf angesprochen forderte im Dezember 2022 der Präsident des Bundesarchivs, Michael Hollmann, »in der Geschäftsordnung der Ministerien und der Registraturrichtlinie des Bundes den Umgang mit digitalen Arbeitsmitteln wie E-Mails oder SMS konkreter und strikter zu regeln.«[330] Außenstehende mögen über diese juristischen Spitzfindigkeiten den Kopf schütteln, für die Durchsetzung von Informationsansprüchen hat der Streit, ob eine Information veraktet wurde oder amtlich ist, indes eine enorme praktische Bedeutung. Staatliche Stellen können immer behaupten, eine Kommunikation sei rein informell. Das Gegenteil lässt sich ohne Einsicht schwer belegen. Die Probe aufs Exempel zu machen und bis zum Bundesverwaltungsgericht zu klagen, dauert Jahre und kostet die Prozessparteien viel Geld. Für den Staat besteht kein Kostenrisiko, schließlich finanziert er seine Prozesse aus Steuergeldern, mit denen er regelmäßig Großkanzleien engagiert.

Gibt es Aussagen von Journalisten zur Informationspolitik allgemein? Der ehemalige Hauptstadtkorrespondent der *Frankfurter Allgemeinen Zeitung*, Günter Bannas, schreibt in einem Artikel über das Verhältnis von Medien und Politik:

> Im System der auf Verschwiegenheit bedachten Angela Merkel (CDU) bürgert sich eine andere Regel ein. Falschmeldungen werden bisweilen nicht einmal mehr dementiert, weil dann ja die Öffentlichkeit einen Schritt näher an die Wahrheit gekommen sei. Lieber sage er in solchen Fällen gar nichts, ließ sich jüngst einer von Merkels Parteifreunden vernehmen.[331]

Das Bundespresseamt hielten einige der Korrespondenten für ein »Nichtinformationsamt«, schreibt Georg Ismar im *Tagesspiegel*.[332] Mey Dudin schreibt, die Regierung habe bei wichtigen Fragen aufgehört, zu kommunizieren. So benötigten Journalisten für ihre Arbeit Gesetzestexte – gegebenenfalls mit Sperrfrist – frühzeitig, um Fakten zu prüfen, einzuordnen und verständlich zu berichten. In den letzten Regierungsjahren Merkels seien solche Informationen spät und spärlich gekommen.[333]

Der damalige parlamentarische Geschäftsführer der FDP, Marco Buschmann, umschreibt in einem Gastbeitrag für die FAZ[334] die Praxis der Bundesregierung der 19. Legislaturperiode im Umgang mit parlamentarischen Anfragen: Zwar werde formal geantwortet. Die Antwort sei aber untauglich, ausweichend oder enthalte die erfragte Information offenkundig nicht. Auf eine Anfrage zu den Fortschritten der deutsch-französischen Regierungsverhandlungen über Vorschläge zur Reform der Währungsunion habe die Bundesregierung geantwortet, solche Verhandlungen würden nicht dokumentiert. Stattdessen habe die Bundesregierung sie eine Woche vor dem einschlägigen Ministerrat auf Twitter dokumentiert.

e.   Und die Ampel?

Der journalistische Alltag besteht in einer Nachrichtenagentur inzwischen zu 30 Prozent aus unnötiger Arbeit – aus einem täglichen Kampf gegen die Verzögerung von Auskünften. Ein Jahr Ampelregierung von SPD, Grünen und FDP brachte keine Veränderung: Die Pressestellen bremsen selbst bei einfachsten Fragen: ›Schicken Sie uns bitte eine E-Mail‹, lautet die Standardantwort. Bis diese dann beantwortet wird, dauert es bestenfalls Stunden, manches Mal wartet man vergeblich.[335]

Ein ernüchternder O-Ton der *epd*-Journalistin Mey Dudin, die bereits im Vorangegangenen zitiert wurde. Das heißt aber nicht, dass alles gleich geblieben wäre. Es bestehen durchaus Unterschiede zwischen der Kommunikations- und Informationspolitik der Ampel und der abgelösten GroKo. Da wären zum einen der Regierungschef und sein Sprecher. Olaf Scholz wurde am 8. Dezember 2021 zum Bundeskanzler gewählt. In den ersten 12 Monaten seiner Amtszeit gab er inländischen Medien nach Zählung des Verfassers 43 Interviews, die sich aus 28 Rundfunk- und 15 Pressegesprächen zusammensetzen. Den Fragen der Bundespressekonferenz stellte er sich einmal, und zwar zur inzwischen traditionellen Sommerpressekonferenz am 11. August.[336] Die inhaltliche Substanz von Scholz' Antworten ist unerheblich für diese Untersuchung. Hier geht es allein um die demokratietheoretisch bedeutsame Frage, ob der Kanzler sich Fragen von Journalisten stellt. Grundsätzlich tut er das.[337] Für hochgezogene Augenbrauen sorgten jedoch die Begleitumstände eines Gesprächs, das der Regierungschef im Sommer 2022 auf der re:publica führte. Scholz erschien dort zu einem Podiumsgespräch mit der Fernsehjournalistin Linda Zervakis und unterhielt sich locker mit ihr über die Digitalisierung. Die *Taz* fand im Nachhinein heraus, dass Zervakis vom Kanzleramt engagiert wurde und nicht vom Veranstalter, was nicht kommuniziert wurde. Die Zeitung konnte den Vorgang anhand von Unterlagen, die sie aufgrund einer IFG-Anfrage vom Kanzleramt erhielt, rekonstruieren. Danach erhielt Zervakis für das Gespräch zwar kein Honorar, dafür aber eine Aufwandsentschädigung in Höhe von 1130,50 Euro.[338] Zervakis hat Scholz im Wahlkampf 2021 zuletzt interviewt. Hannah Pilarczyk schrieb damals im *Spiegel*, »als Zuschauerin bekam man sehr schnell das Gefühl, in guten, sicheren Händen zu sein. Leider bekam aber auch Scholz schnell dasselbe Gefühl.«[339] Aber nicht nur Zervakis bekommt Geld aus einem staatlichen Nebenverdienst. Eine kleine Anfrage der AfD-Fraktion brachte zutage, dass die Bundesregierung in den letzten fünf Jahren knapp anderthalb Millionen Euro für Dienstleistungen (Moderationen, Lektorate, Medientrainings usw.) an insgesamt etwa 200 verschiedene Journalisten gezahlt hat.[340] Und wie steht es um Scholz' Verhältnis zu Journalisten allgemein? Nun, Scholz ist noch im Amt. Das bedeutet, dass Artikel aus erster Hand, die das Verhältnis des Kanzlers zu Journalisten thematisieren, kaum vorhanden sind. Solche Artikel können leicht als Vertrauensbruch gewertet werden. Das heißt aber auch, dass bis zu Scholz' Ausscheiden ein Dunkelfeld bezüglich seines Verhältnisses zu den Medien bleiben wird.

Zwischen den beiden Steffens, Seibert und Hebestreit, bestehen ebenfalls Unterschiede. Regierungssprecher Hebestreit betreibt Twitter auf Sparflamme, Beiträge postet und retweetet er mehrmals in der Woche und nicht mehrmals täglich. Zwar hat der Bundeskanzler jetzt ein Twitter-Konto, aber auch dort sind die Wort- und Bildmeldungen rar gesät. Einen visuellen Achtungserfolg erzielte Hebestreit mit der Veröffentlichung eines Fotos[341] von Scholz beim G20-Gipfel Mitte November 2022 auf Instagram. Das vom Regierungssprecher aufgenommene Foto zeigt den Bundeskanzler inmitten der Staatschefs von u. a. den USA, Frankreich, Spanien, Großbritannien und Kanada, die wie gebannt auf Scholz zu blicken scheinen. Es weckt, sicherlich nicht ganz unbeabsichtigt, Assoziationen zu Merkels berühmten G7-Foto. Beinahe alle großen deutschen Tageszeitungen brachten es auf Seite eins. Die *Bild*, die das Foto ebenfalls auf der Frontseite druckte, zitierte im Nachgang einen Kommunikationsexperten, der vermutete, es sei mit den PR-Stäben der anderen Staatschefs abgestimmt und solle nur aussehen wie ein privater Schnappschuss.[342] Merkels wöchentlichen Podcast führt Scholz unregelmäßig und in größeren Abständen unter dem Titel *Kanzler Kompakt* weiter.[343] Undurchsichtig ist das Treiben von Kanzleramtsminister Wolfgang Schmidt, dem der zum Cum-Ex-Skandal recherchierende Investigativjournalist Oliver Schröm vorwirft, ihn in Hintergrundgesprächen zu diffamieren und Einfluss auf die mediale Berichterstattung zu nehmen.[344] Schröms Vorwurf rief den *Tagesspiegel* auf den Plan, der im Eilverfahren vom Bundeskanzleramt wissen wollte, ob der Kanzleramtsminister im Zuge der ›Cum-Ex-Affäre‹ Einfluss auf die Berichterstattung genommen habe. Vor dem Verwaltungsgericht obsiegte der *Tagesspiegel*, wieder in Person von Jost Müller-Neuhof, im Wesentlichen.[345] Das OVG Berlin-Brandenburg kassierte die

Entscheidung aber wieder.[346] Schmidts Pressegespräche zu Cum-
ex seien nicht dienstlich erfolgt, weshalb kein Auskunftsanspruch
bestehe.[347]

»Robert Habeck ist Gold, aber gute Kommunikation ist noch
keine Politik«, betitelt Michalis Pantelouris seine Kolumne bei
Übermedien vom 3. Mai 2022.[348] Pantelouris appelliert darin an
seine Zunft, sauber zwischen Politik und politischer Kommunikation zu trennen. Auslöser für den Artikel waren Habecks über
offizielle Social-Media-Kanäle verbreitete und im ›Selfie-Stil‹ ge-
haltene Videos, in denen er z. B. skizzierte, wie Deutschland Unabhängigkeit von russischen Rohstoffen gewinnen wolle,[349] oder
für Waffenlieferungen an die Ukraine warb.[350] Habeck gibt sich
meist nahbar und macht aus seinem Herzen keine Mördergrube.
In der Medienbranche sorgte der Kommunikationsstil des Wirt-
schaftsministers teilweise für regelrechte ›Verzückung‹. Man
tritt dessen Kabinettskollegen wohl nicht zu nahe, wenn man
feststellt, dass er unter ihnen der begabteste Kommunikator ist.
Aber natürlich ist bei Robert Habeck nicht alles Gold, was glänzt.
Mey Dudin nennt Habeck einen Sonderfall. Er gebe zwar durchaus häufig Pressekonferenzen und stelle sich Fragen, aber bei für
ihn kritischen Themen wie z. B. der Sicherheitsüberprüfung der
Atomkraftwerke werde es schwierig. Sprich: Dann vertröstet er
die Medien mit Antworten.[351] Eine Verschlossenheit in Sachen
Kernenergie wirft ihm auch das Monatsmagazin *Cicero* vor, das
sich mit dem Bundeswirtschaftsministerium vor Gericht um die
Herausgabe von Unterlagen zur Prüfung einer möglichen Lauf-
zeitverlängerung der Nuklearreaktoren streitet.[352]

Und sonst? Ein Auszug aus der Selbstbeschreibung des juristischen Online-Portals *Libra*:

Das Libra Rechtsbriefing berichtet aus Berlin für das #Teamjura über Trans-
formationen, die man kennen muss – in der *Rechtspolitik*, der *Rechtspflege*
und dem *Rechtsmarkt*. Unsere Redaktion arbeitet journalistisch, begleitet
von unseren Herausgeberinnen und Herausgebern.[353]

Die Redaktion arbeitet journalistisch? Heißt das, dass sie unabhängig ist? Ein Klick ins Impressum zeigt, dass *Libra* eine Marke der Juris GmbH ist. Und an der hält der Bund 50,01 Prozent der Anteile.[354] Sie ist also nicht unabhängig, was der FAZ auffiel, die darauf hinweist, dass es mit der verlagseigenen Marke *Einspruch* oder der *Legal Tribune Online* noch andere privatwirtschaftliche Rechtsportale gibt, denen *Libra* Konkurrenz macht.[355] Die Bundesregierung sei sich der Bedeutung der Institutsgarantie der Presse bewusst und befinde sich mit der Juris GmbH zu der Frage im Austausch, ob das *Libra Rechtsbriefing* dem Gebot der Staatsferne der Presse genüge, heißt es auf Anfrage eines Unionsabgeordneten.[356] Damit nicht genug. Die *Frankfurter Allgemeine* legte einige Tage später mit einer Inhaltsanalyse des von *Libra* versandten Newsletters nach und vermutet verdeckte PR zugunsten der FDP, die mit Marco Buschmann den aktuellen Justizminister stellt.[357] Daraufhin forderte der BDZV den Justizminister auf, den »eklatanten Verfassungsverstoß zu beseitigen«; das Gebot der Staatsferne der Presse gelte auch für Online-Medien der öffentlichen Hand.[358] Ein vom Ministerium in Auftrag gegebenes Gutachten[359] kam zu dem Ergebnis, *Libra* verstoße gegen das Gebot der Staatsferne der Presse. In der Folge schaltete die Juris GmbH das Portal ab.[360]

Innenministerin Faeser hingegen hat jüngst angekündigt, für die SPD als Spitzenkandidatin in den hessischen Landtagswahlkampf zu ziehen. Damit einher ging die Ankündigung, ihren offiziellen Twitter-Minister-Account von nun an rein parteipolitisch zu nutzen. Das Problem: Das Twitter-Konto, das über knapp 143.000 Follower verfügt, hatte die große Mehrheit davon in ihrer Zeit als Ministerin dazugewonnen. Der Kölner Rechtsanwalt Christian Conrad warf deshalb die juristisch naheliegende Frage auf, inwieweit dieser Zuwachs an Reichweite allein ihrem Ministeramt geschuldet sei und die »Umwidmung« deshalb als unzulässige Parteispende des Staates zu werten sei.[361]

Scholz, Habeck, Buschmann und Faeser. Natürlich stellen die Aktivitäten der vier genannten nur eine Auswahl dar. Ein Ministerium, das vollständig auf Social Media oder digitale Kommunikation verzichtet, ist im dritten Jahrzehnt des 21. Jahrhunderts schlicht nicht vorstellbar. Insgesamt betreibt die Bundesregierung mehrere hundert Social-Media-Konten, wie aus der Antwort auf eine kleine Anfrage der AfD aus dem Sommer 2023 hervorgeht.[362] Auf die Ohren gibt es ebenfalls. So durfte z.B. Bundesumweltministerin Lemke (Grüne) über den bereits unter Merkel begonnenen Audio-Podcast der Bundesregierung *Aus Regierungskreisen* erklären, warum Artenvielfalt wichtig ist.[363] Für den Podcast werden alle paar Wochen Minister wie Klara Geywitz, Wolfgang Schmidt (beide SPD) und Robert Habeck (Grüne), hochrangige politische Beamte wie Leonie Gebers, Jörg Kukies, Jochen Flasbarth (alle SPD), Anja Hajduk (Grüne) und Steffen Saebisch (FDP) sowie Behördenchefs wie Klaus Müller (Bundesnetzagentur/Grüne) ›interviewt‹. Der Podcast ist über die gängigen Streaming-Plattformen abrufbar. Bundesfinanzminister Christian Lindner (FDP) ließ bisher zwar noch nichts ›aus Regierungskreisen‹ verlautbaren, dafür hält das Bundesfinanzministerium mit *#EinfachFragen* und *#CL_erklärt* gleich zwei Videoformate zu ihm bereit, auch wenn es in der Summe bisher nur zu wenigen Episoden gereicht hat.[364] Sein Parteifreund und Justizminister Marco Buschmann hat mit *Jetzt erst Recht! Buschmanns 60 Sekunden* ebenfalls einen eigenen Podcast.[365] Auch wer Videos zur Tätigkeit von Arbeitsminister Hubertus Heil (SPD) sucht, wird auf der Seite seines Ministeriums fündig.[366] Allerdings scheint die Regierung mit ihrer Podcasterei kaum Öffentlichkeit herzustellen, wie der Spiegel Anfang April 23' berichtet. Die Podcasts kosteten häufig sechsstellige Summen in der Produktion, aber z.B. die jüngste Episode von Hubertus Heils Arbeitsgespräch habe nur 1.326 Hörer erreicht. Das Auswärtige Amt mit seinem relativ erfolgreichen – zuletzt rund 13.000 Hörer pro Folge – Podcast vom Posten bezahle inzwischen einen externen Partner für mehr Reichweite.[367] Die Liste ließe sich noch eine Weile weiterführen.[368] Nur steht an dieser Stelle bereits fest, dass die Ampel keine Trendumkehr bei der Regierungskommunikation eingeleitet hat. Jedoch legen die Podcasts der einzelnen Ministerien aufgrund der geringen Reichweite eher eine Verschwendung von Steuergeldern als eine Einflussnahme auf den Meinungsbildungsprozess nahe. Außerdem: Bundeskanzler Scholz beansprucht in der Außendarstellung der Regierung (noch) nicht dieselbe Dominanz wie Kanzlerin Merkel. Das mag mit der noch kurzen Amtszeit und der relativ zu den Koalitionspartnern schwächeren Stellung der SPD zusammenhängen, mit den vielen Interviews hebt er sich trotz allem erfreulich von seiner Vorgängerin ab. Auch hat die Ampel die Berichte zur Öffentlichkeitsarbeit ab 2022 wieder aufgenommen. Zahlen zur durchschnittlichen Reichweite der Beiträge, übersichtliche Kostenaufstellungen und Evaluationen fehlen zwar auch im ›neuen‹ Bericht,[369] aber er bildet die digitale Kommunikation deutlich übersichtlicher ab als die Vorgängerpublikationen.

Ebenfalls erfreulich ist die Vorliebe der Ampel für Science Fiction und Britischen Humor. Anders ist wohl nicht zu erklären, warum die Beauftragtenriege – Stand Januar 2023 – auf sage und schreibe 42 Personen angewachsen ist.[370] Das muss mit Douglas Adams und dessen Klassiker Per Anhalter durch die Galaxis zusammenhängen. Kenner der Vorlage wissen, dass die Ziffer 42 die Antwort auf die endgültige Frage nach dem Leben, dem Universum und dem ganzen Rest ist.[371] Alle anderen kratzen sich ob der Summe konsterniert den Hinterkopf. Einzeln betrachtet scheint jeder Einzelne davon über eine Daseinsberechtigung zu verfügen. Wer könnte schon etwas gegen Beauftragte für Integration oder Antisemitismus einwenden? Auch die Sonderbeauftragte der Bundesregierung für internationale Klimapolitik und der Koordinator der Bundesregierung für bessere Rechtssetzung und Bürokratieabbau erscheinen sinnvoll. Den Fiskus kosten die Beauftragten 2022 etwa 23 Millionen Euro, wie die Ampel auf eine kleine Anfrage eines Unionsabgeordneten bekanntgab.[372] Den Löwenanteil der Summe vereinnahmen das Kanzleramt mit über acht Millionen Euro und das Familienministerium mit knapp sechs Millionen Euro. Allein für sieben der Beauftragten existiert eine gesetzliche Grundlage bzw. ein völkerrechtlicher Vertrag. Der Rest kam aufgrund von Kabinettsbeschlüssen und Erlassen ins Amt. *T-Online* widmete dieser Gemengelage eine Recherche und hakte bei den Ministerien nach. Dabei seien Auskünfte auf simple Fragen so schleppend erteilt worden, dass sich die Frage aufdränge, ob hier etwas verheimlicht werde bzw. ob den Ministerien ihre Beauftragten egal seien. Der beigezogene Lüneburger Politologe Michael Koß meint, die Beauftragten gehörten nicht zu den »effizienten«, sondern zu den »ehrwürdigen« Institutionen der Bundesrepublik. Das heißt, sie müssten ihre politische Agenda rein symbolisch verfolgen und seien darauf angewiesen, die Aufmerksamkeit der Öffentlichkeit zu erlangen. Das gelinge ihnen schlecht.[373] Keine Aufmerksamkeit der Öffentlichkeit, kein Problem für die Meinungsbildung? Im Prinzip schon, nur dass auch bei den Beauftragten Ausnahmen die Regel bestätigen. In der Ampel hört die Ausnahme auf den Namen Sven Lehmann (Grüne). Lehmann ist der Queer-Beauftragte der Bundesregierung und noch dazu parlamentarischer Staatssekretär und Abgeordneter. Und »[m]it dem neu geschaffenen Amt des Queer-Beauftragten zeigt die Bundesregierung, wie wichtig ihr die Akzeptanz von Vielfalt ist«, schreibt das Grünen-geführte Familienministerium auf seiner Internetseite.[374] Die *Welt* veröffentlichte im Juni 22' eine Erwiderung Lehmanns zu einem Gastbeitrag[375], der die – nach Ansicht der Autoren – indoktrinierende Berichterstattung des öffentlich-rechtlichen Rundfunks zu Transsexualität kritisiert. In Lehmanns Erwiderung heißt es unter anderem:

Als Queer-Beauftragter der Bundesregierung ist mir wichtig, deutlich zu machen: Diese Empörung [über den Beitrag] ist nicht nur berechtigt. Sie ist auch notwendig. Denn das Pamphlet trieft vor Homo- und Transfeindlichkeit, ist wissenschaftlich nicht fundiert und arbeitet mit Fake News.[376]

Diese Passage aus der Feder eines Amtsträgers ist problematisch. Als Amtsträger ist Lehmann zu Sachlichkeit verpflichtet. Das Bundesverwaltungsgericht hat zum Sachlichkeitsgebot geurteilt:

Demokratie lebt vom Austausch sachlicher Argumente; sie zielt auf eine vernunftgeleitete Sorge um das gemeine Wohl. Ein Amtswalter, der am politischen Diskurs teilnimmt, hat deshalb seine Äußerungen an dem Gebot eines rationalen und sachlichen Diskurses auszurichten. Das schließt eine Meinungskundgabe durch symbolische Handlungen nicht aus, fordert aber den Austausch rationaler Argumente, die die Ebene argumentativer Auseinandersetzung nicht verlassen. Staatliche Amtsträger dürfen ferner in der öffentlichen Diskussion Vertreter anderer Meinungen weder ausgrenzen noch gezielt diskreditieren, solange deren Positionen die für alle geltenden rechtlichen Grenzen nicht überschreiten, namentlich nicht die allgemeinen Strafgesetze verletzen. Nur so kann die Integrationsfunktion des Staates sichergestellt werden, die ebenfalls im Demokratieprinzip wurzelt.[377]

Der Vorwurf der Homo- und Transfeindlichkeit, vorgetragen mit amtlicher Autorität, ist ein schweres Geschütz. Ob ein Verwaltungsgericht, hätten die Autoren des kritisierten Beitrags dagegen geklagt, Lehmanns Äußerung für zulässig befunden hätte, hält der Verfasser für unwahrscheinlich. Ein Blick auf Lehmanns Twitter-Konto leitet über zu weiteren Problemen des öffentlich-rechtlichen Äußerungsrechts: den Fragen, wann ein Social-Media-Konto privat und wann es amtlich ist und welche rechtlichen Konsequenzen aus der amtlichen Natur folgen. In Lehmanns Twitter-Profilbeschreibung führt er seinen Abgeordnetenstatus sowie seine Ämter als parlamentarischer Staatssekretär und

Queer-Beauftragter der Bundesregierung an. Letzteres sogar mit Verweis auf das Familienministerium (@bmfsfj). Die Beschreibung enthält jedoch auch den Hinweis »Privat-Profil«.[378] Der Account selbst umfasst ein buntes Potpourri an Beiträgen, die sich mal seiner politischen Tätigkeit als Grünen-Mitglied und mal seiner Eigenschaft als Amtsträger zuordnen lassen. Ist Lehmanns Account jetzt privat oder doch amtlich? Die Frage ist praktisch hoch relevant. Lehmann hat zuletzt den Publizisten und FDP-Mitglied Alexander zu Schaumburg-Lippe geblockt. Zu Schaumburg-Lippe war ihn scharf angegangen, weil dieser auf Twitter ein Zeitungs-Interview mit einer Frau geteilt und kommentiert hatte, in dem diese einer Kasseler Kita vorwarf, ihr Kind aufgrund ihrer Transidentität ausgeschlossen zu haben. Im Nachhinein stellte sich die Darstellung der Frau als einseitig und fehlerhaft heraus.[379] Lehmann ergänzte daraufhin seinen ursprünglichen Beitrag um den Hinweis, sein Tweet sei vorschnell gewesen.[380] Juristisch stellen sich folgende Folgefragen, sollte Lehmanns ›privater‹ Account von einem Gericht als ›amtlich‹ befunden werden: Liegt in dem Teilen und Kommentieren des Interviews bereits ein Rechtsverstoß, weil Lehmann hier hätte sorgfältig prüfen müssen, ob die Information stimmt? Außerdem: Darf ein Staatsdiener andere Twitter-Nutzer blocken? Wenn ja, unter welchen Bedingungen? Es ist ein wenig unfair, an dieser Stelle den Fokus auf den grünen Staatssekretär zu legen. Dieser ist wahrlich nicht der einzige Amtsträger, dessen Kommunikationsaktivitäten als problematisch erscheinen. Das im letzten Jahr erschienene *Handbuch Öffentlich-rechtliches Äußerungsrecht* widmet sich ausführlich den hier beschriebenen Rechtsfragen.[381] Lehmanns Tätigkeit eignet sich schlicht besonders gut für die plastische Darstellung der Probleme.

Das Pech, sich besonders gut für die anschauliche Darstellung eines Rechtsproblems zu eignen, teilt das Zentrum liberale Moderne (LibMod). Die von Ralf Fücks, dem ehemaligen Chef der grünen-nahen Heinrich-Böll-Stiftung, und der ehemaligen

Bundestagsabgeordneten Marieluise Beck gegründete und geführte Denkfabrik steht, so die Selbstbeschreibung, »für die Verteidigung und Erneuerung der liberalen Demokratie, für den Aufbruch in die ökologische Moderne und für eine fundierte Osteuropa-Expertise. Wir verstehen uns als politischer Think Tank, Debattenplattform und Sammelpunkt für Freigeister unterschiedlicher Couleur.«[382] Unterschiedliche (parteipolitische) Couleur – sofern man Linke und AfD nicht mitzählt – bietet das Zentrum ausweislich der Gesellschafter und des Beirats tatsächlich. Dort finden sich Mitglieder von SPD, Union, Grünen und FDP. Wirbel erregte aufseiten der Linken das vom Bundesfamilienministerium geförderte Projekt *Gegneranalyse* des LibMod. Eine im Rahmen des Projekts durchgeführte Fallstudie warf dem linken Online-Medium *Nachdenkseiten* vor, »Träger von Ideologie, Scharnier für Verschwörungstheorien und Agenda-Setzer der radikalen Systemopposition« zu sein.[383] Die *Nachdenkseiten* waren wenig erfreut und die Fraktion Die Linke nahm den Unmut zum Anlass, eine kleine Anfrage zu stellen. In der Vorbemerkung warfen sie dem LibMod vor, handwerklich unsauber gearbeitet zu haben, sowie, dass die Fallstudie geeignet sei, den Eindruck der Verfassungsfeindlichkeit zu wecken. Aber:

> Problematisch ist dabei nach Meinung der Fragestellerinnen und Fragesteller nicht, dass das LibMod eine solche Einschätzung vornimmt, sondern dass es hierfür Bundesmittel erhält.[384]

Hier wirft die Fraktion tatsächlich eine verfassungsrechtlich brisante Frage auf. Ist es ok, dass der Staat Projekte fördert, die geeignet sind, den Eindruck der Verfassungsfeindlichkeit bestimmter Medien zu erwecken? Braucht es hierfür nicht mindestens ein Gesetz?[385] Die Linke beruft sich auf ein Urteil des Verfassungsgerichts, in dem dieses die staatliche Qualifizierung eines Presseorgans als verfassungsfeindlich als Eingriff in die Pressefreiheit wertete, die einer Rechtfertigung bedürfe.[386] Zwar ging es damals um eine Qualifizierung durch den Verfassungsschutz, aber die Frage, ob diese grundgesetzlichen Kriterien auch für vom Staat finanzierte Projekte gelten müssen, ist berechtigt. Alle Folgefragen der Linken, die darauf abzielten, herauszufinden, ob die Bundesregierung selbst eine Differenzierung zwischen ›Alternativmedien‹, ›Gegenmedien‹ einerseits und ›etablierten Qualitätsmedien‹ andererseits vornehme, liefen ins Leere. Die geförderten Projekte stellten keine Meinungsäußerung der Bundesregierung dar, gab diese zu Protokoll.[387] Gesondert geprüft hat sie die Zulässigkeit der staatlichen Förderung einer Studie, die eine politische Wertung von Medienprodukten vornimmt, ebenso wenig, wie sich aus ihrer Antwort auf Frage 11 ergibt.[388] Das ist schlecht. Die rechtsstaatliche Demokratie tut sich keinen Gefallen, wenn sie den Eindruck erweckt, ihre eigenen Regeln nicht ernstzunehmen. Von Interesse sind zudem die Summen, die der Fiskus dem LibMod zahlt. Das Projekt *Gegenmedien* erhielt etwa 316.000 Euro vom Familienministerium. Hinzu kommt eine jährliche institutionelle Förderung von einer halben Million Euro durch das Bundespresseamt. Addiert man die finanzielle Unterstützung aller staatlichen Stellen seit 2017 auf, steht ein Gesamtbetrag von etwa viereinhalb Millionen Euro auf der Haben-Seite des LibMod.[389] Jährlich eine halbe Millionen Euro erhält ausweislich des entsprechenden Haushaltstitels auch »Das progressive Zentrum«.[390] Wikipedia nennt das progressive Zentrum eine »linksliberale Denkfabrik«.[391] Mit dieser Zuschreibung tritt man den Verantwortlichen wohl nicht zu nahe. Nur: Inwieweit steht eine solche Denkfabrik eigentlich in Konkurrenz zu den parteinahen Stiftungen? Liegt in der Unterstützung des progressiven Zentrums eine Umgehung der Regeln zur Parteienfinanzierung? Und wenn das progressive Zentrum eine Unterstützung erhält, hätte das liberalkonservative Pendant, die kürzlich gegründete Denkfabrik ›Republik 21‹, ebenfalls einen Anspruch auf eine institutionelle Förderung?

Überhaupt, trifft der von liberalkonservativen Medien häufiger geäußerte Vorwurf zu, der Staat unterstütze einseitig linke und grüne Institutionen?[392] Diese Frage wäre leichter zu beantworten, gäbe es eine transparente Auflistung der Organisationen, die Geld von der Obrigkeit erhalten. Warum nicht ein Beispiel am Beteiligungsbericht des Bundes nehmen? Diese jährlich vom Bundesfinanzministerium herausgegebene Publikation gibt einen Überblick über die Unternehmensbeteiligungen des Staates. Der Bericht listet auf, an welchen privatwirtschaftlichen Unternehmen der Bund welchen Anteil hält. Eine Art Förderbericht des Bundes könnte demnach staatlich unterstützte Institutionen auflisten und dokumentieren, aus welchen Töpfen welche Summen für welchen Zweck an die entsprechende Institution ausgezahlt wurden.[393] Für die Unabhängigkeit der Organisationen von besonderer Bedeutung ist dabei die Frage, welcher Anteil der Gesamtausgaben mit staatlichen Mitteln bestritten wird. Die aktuell gültigen Transparenzgrundsätze bestimmt die Bundeshaushaltsordnung.[394] Sinngemäß heißt es dort, Zuwendungen, die entweder die gesamten oder nicht abgegrenzte Ausgaben einer nicht staatlichen Institution ausmachen, müssen im Haushaltsplan vermerkt werden. Tatsächlich ist die institutionelle Förderung des Zentrums liberale Moderne im Haushaltsplan des Bundes vermerkt. Die einzelnen Projektförderungen, die die kleine Anfrage der Linken zutage brachte, sind es aber nicht.

Transparenz bei der Förderung von Nichtregierungsorganisationen wird umso wichtiger, sollte der Bundestag das von der Ampel angedachte ›Demokratiefördergesetz‹ verabschieden. Die Ziele des Gesetzes umschreibt der aktuelle, von Innen- und Familienministerium auf den Weg gebrachte Entwurf wie folgt:

Ziel der Regelungen ist es, Benachteiligungen im Geiste des Artikel 3 Absatz 3 des Grundgesetzes zu überwinden und zivilgesellschaftliche Akteurinnen und Akteure, die die Würde des Menschen fördern und schützen, zu unterstützen. Dazu sollen auf gesetzlicher Grundlage verlässliche rechtliche Rahmenbedingungen für die eigenen Aktivitäten und die Fördertätigkeit des Bundes zur Stärkung der Demokratie, zur politischen Bildung, zur Prävention jeglicher Form von Extremismus und gruppenbezogener Menschenfeindlichkeit sowie zur Gestaltung von gesellschaftlicher Vielfalt und Teilhabe geschaffen werden, die sowohl den gesellschaftlichen Entwicklungen als auch der Situation der zivilgesellschaftlich engagierten Menschen Rechnung tragen.[395]

Hintergrund des Gesetzgebungsvorhabens ist einerseits, dass zivilgesellschaftliche Projekte, die Extremismus bekämpfen, sich aktuell von einem Förderantrag zum nächsten hangeln und eingestellt werden, sobald eine Förderperiode ausläuft. Diese Förderung soll verstetigt werden,[396] wofür eine gesetzliche Grundlage nötig wird. Andererseits wird wohl auch das Volumen der Förderung steigen. Eine konkrete Summe nennt das Gesetz nicht. Für 2023 hat der Bund 200 Millionen Euro veranschlagt, schreibt die *Taz*.[397] Befremdlich ist der Name des Gesetzes. Denn das in Art. 20 Abs. 1 und 2 GG verankerte Demokratieprinzip wird in der Gesetzesbegründung ein einziges Mal als Bestandteil der freiheitlichen demokratischen Grundordnung erwähnt.[398] Stattdessen fußt die Begründung auf dem Diskriminierungsverbot aus Art. 3 Abs. 3 GG und der Menschenwürde aus Art. 1 Abs. 1 S. 1 GG.[399] Das sind hehre Werte, allerdings sind Antidiskriminierung und Demokratieförderung zwei Paar Schuhe. Die drei Artikel aus dem Grundrechtekatalog, die einen eindeutigen Demokratiebezug aufweisen, sind Artikel 5, die in Artikel 8 gewährleistete Versammlungsfreiheit sowie die Vereinigungsfreiheit des neunten Grundgesetzartikels.[400] Denn diese sind essenziell für die politische Willensbildung und damit die Demokratie. Schon Heine spottete über die Reaktion, »Wer auf der Straße räsonniert, Wird unverzüglich füsiliert« und »Wo ihrer Drei beisammen stehn, Da soll man auseinander gehn«.[401] Gerade deshalb verwundert es, dass Meinungs-, Versammlungs- und Vereinigungsfreiheit einerseits und Demokratieprinzip andererseits nur eine nachrangige Rolle in der Begründung spielen. Auch sei an dieser Stelle an das Böckenförde-Diktum erinnert. Dieser vom ehemaligen Verfassungsrichter Ernst-Wolfgang Böckenförde stammende Satz lautet, »[d]er freiheitliche, säkularisierte Staat lebt von Voraussetzungen, die er selbst nicht garantieren kann.«[402] Die Regierung erweckt den Eindruck, als wolle sie genau das tun.

Noch etwas fällt auf. Die Begründung erwähnt den sogenannten Beutelsbacher Konsens, der in den 1970er-Jahren erarbeitet wurde, zentrale didaktische Leitgedanken für die politische Bildung enthält und an dem sich z. B. die Bundeszentrale für politische Bildung orientiert.[403] Er besagt dreierlei: Erstens gilt ein Überwältigungsverbot, zweitens verlangt er, was »in Wissenschaft und Politik kontrovers ist, muss auch im Unterricht kontrovers erscheinen«, und drittens müsse der Schüler »in die Lage versetzt werden, eine politische Situation und seine eigene Interessenlage zu analysieren.«[404] Im Regierungsentwurf zum Demokratiefördergesetz heißt es hingegen:

> Für eine plurale Demokratie ist konstitutiv, dass verschiedene, auch gegensätzliche Interessen aufeinandertreffen. Daher ist auch bei der Umsetzung der Maßnahmen Pluralität, Kontroversität und Adressatenorientierung zu beachten (Beutelsbacher Konsens).[405]

Na, Fehler gefunden? Genau, anstelle des Überwältigungsverbots ist von Pluralität die Rede. Diese ist aber kein eigener Punkt des Beutelsbacher Konsens, sondern denklogisch eine Voraussetzung des Kontroversitätsgebots. Das Überwältigungsverbot besagt:

> Es ist nicht erlaubt, den Schüler – mit welchen Mitteln auch immer – im Sinne erwünschter Meinungen zu überrumpeln und damit an der ›Gewinnung eines selbständigen Urteils‹ zu hindern. Hier genau verläuft nämlich die Grenze zwischen Politischer Bildung und Indoktrination. Indoktrination aber ist unvereinbar mit der Rolle des Lehrers in einer demokratischen Gesellschaft und der – rundum akzeptierten – Zielvorstellung von der Mündigkeit des Schülers.[406]

Steckt Absicht hinter diesem Lapsus? Wohl kaum. Es passt aber ins Bild, dass die Verantwortlichen in der Regierung wieder einmal die Gefahren ihres Tuns für die freie Meinungs- und Willensbildung übersehen.

Nicht falsch verstehen: Grundsätzlich hält der Verfasser das Gesetz für sinnvoll. Die Verstetigung der Zuwendungen für Projekte, die z.B. die Beratung von Opfern extremistischer Gewalttaten[407] oder von Aussteigern aus dem Extremismus zum Gegenstand haben,[408] begrüßt er ausdrücklich. Außerdem entsteht durch den Gesetzgebungsprozess Verfahrenstransparenz. Es muss nur sichergestellt sein, dass keine politischen Vorfeldorganisationen, die nicht den Regeln der Parteienfinanzierung unterliegen, oder solche Institutionen, deren Tätigkeit sich in Öffentlichkeitsarbeit und damit Einflussnahme auf den Meinungsbildungsprozess erschöpft, in den Genuss der Mittel kommen. Aus dem Demokratieprinzip ergibt sich wesentlich, dass die Meinungsbildung sich vom Volk hin zu den Staatsorganen vollzieht. Hier besteht die Gefahr, dass der Staat durch Auswahl ihm zusprechender Organisationen mittelbar Einfluss auf die Meinungsbildung nimmt. Dass eine Gefahr besteht, heißt noch nicht, dass sie sich auch verwirklicht. Insofern bleibt der einmal pro Legislaturperiode zu erstellende Bericht abzuwarten,[409] der idealerweise noch von einem jährlichen Förderbericht ergänzt wird.

Und wie steht es um die Auskunftsansprüche? Zweierlei: »Die Informationsfreiheitsgesetze werden wir zu einem Bundestransparenzgesetz weiterentwickeln«, heißt es im Koalitionsvertrag.[410] Wo Transparenz drauf steht, muss noch lange keine Transparenz drin sein. Deshalb interessiert der Inhalt. Dazu ist aber noch nichts bekannt. Das Innenministerium wollte eigentlich Anfang 2023 Eckpunkte dafür vorlegen, hat Hans-Martin Tillack für die *Welt* herausgefunden; geschehen ist das nicht. Tillack nimmt auch eine Bewertung vor:

Das erste Regierungsjahr der Ampelkoalition zeigte aber kaum Anzeichen, dass die Ministerien unter ihrer heutigen Führung bereitwilliger Informationen herausgeben, als dies etwa unter der Vorgängerregierung der Fall war.

Das Finanzministerium, sowohl unter Olaf Scholz als auch jetzt unter Christian Lindner, wehre Auskunftsrechte besonders aggressiv ab. Und gegen das Wirtschaftsministerium klagt die *Welt* auf Herausgabe von Unterlagen zu einem Rüstungsdeal mit Ägypten.[411] Sie ist damit nicht allein: Zu Beginn der aktuellen Legislaturperiode waren 15 Presseauskunfts- und 85 IFG-Verfahren gegenüber Kanzleramt und Ministerien anhängig, geht aus einer Anfrage eines Unionsabgeordneten hervor. Neu anhängig gemacht wurden in der aktuellen Legislaturperiode in der Summe etwa 130 Auskunftsverfahren, wobei ein knappes Drittel davon allein auf das Gesundheitsministerium entfällt.[412] In anderem Zusammenhang zitiert Tillack aus einer Handreichung des Bundesjustizministeriums, nach der vertrauliche Informationen, die dem nicht ausforschbaren Kernbereich der exekutiven Eigenverantwortung zuzuordnen sind, nicht veraktet werden sollen.[413] Der ›Kernbereich der exekutiven Eigenverantwortung‹ ist ein feststehender Rechtsbegriff, der zwar nicht im Gesetz steht, den die Gerichte aber anerkennen. Hier geht es vor allem darum, die Willensbildung in den Behörden zu schützen. Ein ›Mitregieren‹ Dritter bei noch ausstehenden Entscheidungen soll verhindert werden.[414] Deshalb müssen Amtsstuben Informationen, die zu diesem Kernbereich zählen, nicht herausgeben – zumindest solange die Willensbildung nicht abgeschlossen ist. Welche Informationen unter diesen Kernbereich fallen, muss aber die Justiz beurteilen. Informationen von vornherein nicht zu verakt022en, macht richterliche Kontrolle unmöglich und ist archivrechtlich fragwürdig. Fragen zu dieser Praxis habe das Justizministerium nicht beantwortet. Michael Hollmann, Chef des Bundesarchivs, kommt in dem Artikel ebenfalls zu Wort. Er beklagt, dass nicht nur Handyspeicher von Ministern bei deren Ausscheiden gelöscht würden, sondern sogar ihre Mail-Postfächer. Und aus den Ressorts bekomme das Bundesarchiv »nur sporadisch Unterlagen aus den Leitungsbereichen«, gab Hollmann der *Welt* zu Protokoll. Aber warum löscht die Politik E-Mails und SMS? Wer erinnert sich noch an Anne Spiegel? Genau, das ist die Kurzzeitbundesfamilienministerin von den Grünen aus Rheinland-Pfalz, der ihre Textnachrichten aus der dortigen Regierungszeit zum Verhängnis wurden. Warum wurden sie ihr zum Verhängnis? Weil sie sie nicht gelöscht hatte.

Für den Presseauskunftsanspruch will die Ampel ebenfalls eine gesetzliche Grundlage schaffen, ist dem Koalitionsvertrag zu entnehmen.[415] Nur sind bisher weder aus dem Innen- noch aus dem Justizministerium entsprechende Aktivitäten zu vernehmen. Es würde einer gewissen Ironie nicht entbehren, sollte das Ministerium des Innern die Feder führen. Denn das Innenministerium ist, wenn man so will, der Endgegner des Auskunftsrechts. In dem bereits erwähnten Verfahren, in dem das Bundesverwaltungsgericht 2013 den Landespressegesetzen die Geltung für Bundesbehörden absprach, schaltete sich nämlich damals das Bundesinnenministerium über den sogenannten ›Vertreter der Bundesinteressen‹ ein. In einer Stellungnahme argumentierte die Behörde gegen den Auskunftsanspruch und bezog sich dabei insbesondere auf einen Aufsatz[416] eines ehemaligen Mitarbeiters des Innenministeriums, der die im Urteil vertretene Rechtsansicht vorwegnahm. Das Pikante an dem Vorgang war, dass der entsprechende Mitarbeiter inzwischen einer der fünf Richter war, die über den Auskunftsanspruch zu entscheiden hatten.[417] Hinzu kommt, dass ein solches Auskunftsgesetz sich gegen die jeweils amtierende Regierung richtet. Was wundert's, dass die Ampel keine Eile an den Tag legt? Eine ernsthafte Hoffnung auf ein Auskunftsgesetz, das seinen Namen verdient, besteht wohl nur, wenn der Bundestag sich von der Regierung emanzipiert und selbst einen Gesetzesvorschlag erarbeitet.

f. Betrachtung

»Wer die Freiheit liebt, dem ist eine freie Presse auch unverzichtbar«, spricht Angela Merkel im Mai 2020 in die Kamera. Sie führt aus, dass »Journalistinnen und Journalisten die Regierung und alle politischen Akteure einem kritischen Blick unterziehen können [müssen].« Die Pressefreiheit sei »uns aber auch eine Aufforderung, jeden Tag aufs Neue dafür Sorge zu tragen, dass Journalistinnen und Journalisten Möglichkeiten der freien Arbeit haben und dass wir diese achten, schätzen und unterstützen.«

Die Sätze entstammen einem Podcast der Bundeskanzlerin zur Pressefreiheit[418] und nicht etwa einem Fernseh-Interview. Interviews gibt Merkel nur, wenn sie keine kritischen Fragen zu befürchten hat, Informationsansprüche müssen regelmäßig mittels der Gerichte durchgesetzt werden. Das Bundespresseamt hat seine digitale Expansion nicht geprüft und verweist ebenso regelmäßig wie pauschal auf seinen »verfassungsmäßigen Auftrag zur Information der Bürgerinnen und Bürger«. Ein Presseauskunftsgesetz auf Bundesebene gibt es immer noch nicht. Ob amtliche Informationen immer sauber festgehalten und damit zugänglich für Informationsansprüche werden, kann man mit guten Argumenten anzweifeln. Das Bundesgesundheitsministerium geht zum Nachteil der Presse eine Kooperation mit Google ein. Auf eine kleine Anfrage der Fraktion der Linken teilt die Bundesregierung mit, im Jahre 2020 seien 260 Gewalt- und Straftaten gegen Pressevertreter verübt worden.[419] Die Bundesregierung sagt, sie nehme entsprechende Übergriffe sehr ernst.[420] Der DJV-Bundesvorsitzende Frank Überall spricht von einem »politischen Offenbarungseid, der die Untätigkeit des Kabinetts für das Grundrecht der Pressefreiheit« enthülle.[421] In einem anderen Zusammenhang teilt Stephan Scherzer, Hauptgeschäftsführer des VDZ, über die Verbandszeitung PRINT&more mit: »Die Sonntagsreden der Politik zur Bedeutung von Pressevielfalt und Meinungsfreiheit hören wir. Aber dann darf man am Montag auch keine Politik machen, die all das gefährdet.«[422] Die Ampel macht es, so viel kristallisiert sich nach über einem Jahr ›Mehr Fortschritt wagen‹ heraus, kaum besser. Erfreulich sind die vielen Interviews des Kanzlers und die vergleichsweise zurückhaltende Direktkommunikation Hebestreits. Dafür setzt sich der allgemeine Trend zu mehr Direktkommunikation fort, verteilt sich nur stärker auf die Ressorts. Viel hilft viel. Gemauert wird andererseits auch unter SPD, Grünen und FDP.

»Wahrnehmungen sind in der Politik Tatsachen«, schreibt Welt-Journalist Robin Alexander.[423] Das macht es für die Politik so attraktiv, auf die Wahrnehmung der Wirklichkeit Einfluss zu nehmen. Im konkreten Fall wollte Kanzlerin Merkel als Politikerin wahrgenommen werden, die die Pressefreiheit achtet und schützt. Dass sie versucht, ihr Bild in der Öffentlichkeit zu kontrollieren, ist für eine Politikerin nichts Ungewöhnliches und gehört zum politischen Betrieb dazu. Ein Problem wird daraus, wenn sie sich dafür eigener Regierungsmedien bedient. Die Videoschnipsel, Bilder und Piktogramme, die das Bundespresseamt ausspielt, dienen in erster Linie der Image-Pflege und nicht der Information der Bevölkerung. Sie zeichnen das Bild einer verantwortungsvollen und sachorientierten Politikerin, die sich voll und ganz dem Dienst an ihrem Land verschrieben hat, und dazu noch transparent über ihr Regierungshandeln Auskunft gibt. Damit stärkt sie ihre Position im politischen Wettbewerb und nimmt Einfluss auf den gesellschaftlichen Meinungsbildungsprozess. Die Konsequenzen für den Journalismus benennt Jost Müller-Neuhof:

> Wo amtliche Bilder, Texte und ihre Deutungen die öffentliche Wahrnehmung dominieren, schwinden die Möglichkeiten für unabhängige Me-

dien, für ihre recherchierte und sachkundige Außenansicht Relevanz zu beanspruchen.[424]

Zur Erinnerung: Die Presse hat eine Kritik- und Kontrollfunktion, sagt das Bundesverfassungsgericht. Je mehr die Regierung ihr Bild in der Öffentlichkeit beherrscht, desto weniger Raum bleibt für die unabhängige Kontrolle durch Medien. Sie sind damit in ihrer Kontrollfunktion eingeschränkt. Der Verfasser hat bereits erläutert, warum ein Einschreiten der Opposition gegen diese Form der Kommunikation unwahrscheinlich ist. Aber auch die Medienverbände unterliegen einem Interessenkonflikt. Der DJV vertritt z. B. nicht nur Journalisten, sondern auch Pressesprecher.[425] Da kann es vorkommen, dass in den Gremien die Journalistin der Ministeriumssprecherin gegenübersitzt. Freilich haben beide in Bezug auf die Regierungskommunikation gegensätzliche Interessen. Die Sprecherin will ihr Ministerium möglichst gut darstellen und ihren ›Spin‹ der Ereignisse durchsetzen. Da hilft es, journalistische Mittler zu umgehen. Die Journalistin will diese Umgehung verhindern und die Sprecherin mit ihren Fragen konfrontieren. Sie will Schleusenwärter bleiben, da sie nur so Druck auf Amtsträger ausüben kann.

Hinzu kommt die natürliche Konfliktscheu der Verbände. Die Verbände wollen, dass die Regierung ihre Interessen bei der Gesetzgebung beachtet, und sind deshalb auf Wohlwollen angewiesen. Der Regierung in einem schmissigen Statement »platte PR« vorzuwerfen[426] ist das eine, eine jahrelange gerichtliche Auseinandersetzung einzugehen, um der Regierung diese PR zu untersagen, etwas völlig anderes. Bei den Verlagen zeigt sich zudem ein eigentümlicher Widerwillen gegenüber dem öffentlichen Recht. Gehen sie gegen den Staat vor – wie z. B. bei den digitalen Stadtportalen oder *gesund.bund* –, tun sie das vor den Zivilgerichten und berufen sich auf das Wettbewerbsrecht. Tatsächlich könnten sie die Verletzung der Pressefreiheit aber auch vor den Verwaltungsgerichten geltend machen, schließlich erfolgt der Eingriff in die Pressefreiheit durch eine hoheitliche Maßnahme.[427] Der Zivilrechtsweg kaschiert das Hoheitsverhältnis. Es wird dann nur – etwas technisch – ein Verstoß gegen den Grundsatz der Staatsferne der Medien festgestellt.

Vor dem ›Sagen, was ist‹ kommt das ›Fragen, was ist‹. Je ausschweifender die Regierungskommunikation, desto schwieriger ist es, sie mit Fragen zu konfrontieren. Trotzdem werden die publizistischen Medien nicht dagegen vorgehen. Dafür ist der Vorwurf zu grundsätzlich und die Branche zu risikoavers.[428] Sie sollte sich dann aber nicht wundern, wenn Teile der Gesellschaft Medien, die einer Kanzlerin keine kritischen Fragen stellen können, als Verlautbarungsorgane der Regierung ansehen. Schließlich ist die demokratietheoretisch unverzichtbare Mittlerrolle des Journalismus ausgehebelt. Das führt zu Dysfunktionalitäten im Meinungsbildungsprozess, die auf Dauer das Ansehen des politischen Systems schwächen. Dem gesellschaftlichen Grundkonsens dient diese ›Öffentlichkeitsarbeit‹ nicht, sie ist ein schleichendes Gift.

3. Datenschutz

Social-Media-Plattformen haben einen Wettbewerbsvorteil auf den Werbemärkten, weil ihr Datenschatz ihnen die zielgenaue Ansprache der Nutzer erlaubt.[429] Um zu beurteilen, ob sie das rechtmäßig tun, müsste man jedoch wissen, welche Daten sie überhaupt erheben. Darüber schweigen sich die Konzerne weitestgehend aus. Für die datenschutzrechtliche Prüfung der Plattformunternehmen sind nach europäischem Recht die Behörden des Landes zuständig, in dem die Unternehmen ihren Sitz haben. Das ist im Falle von Google, Facebook und Twitter Irland. Deshalb können die deutschen Behörden nicht direkt gegen die Plattformkonzerne vorgehen. Die irische Datenschutzbehörde hat hingegen, wie Stefan Brink, oberster Datenschützer Baden-Württembergs, sagt, »bislang keine effektiven Anordnungen gegenüber Facebook getroffen oder gar Bußgelder verhängt«.[430] Sprich: Es besteht ein Vollzugsdefizit.

Das heißt nicht, dass deutschen Datenwächtern die Hände gebunden sind. Bereits 2018 befand der Europäische Gerichtshof[431], dass nicht nur Facebook, sondern auch die Betreiber von sogenannten ›Facebook-Fanpages‹ für den Datenschutz verantwortlich seien. Schließlich trügen sie mit ihrer Fanpage zur Attraktivität des Angebots bei. Diese Entscheidung, die im Folgejahr durch das Bundesverwaltungsgericht bestätigt wurde,[432] hat (theoretisch) weitreichende Konsequenzen für Behörden. Betreibt z. B. ein Ministerium einen Facebook- oder Twitter-Account, ist es gemeinsam mit den Plattformen für die Verarbeitung der erhobenen Daten zuständig. Dann müssen das Ministerium und die Plattform nach Art. 26 DSGVO eine Vereinbarung über die gemeinsame Verarbeitung der Nutzerdaten treffen. Die Vereinbarung, die Facebook abzuschließen bereit ist, genügt nach Ansicht der Datenschutzbehörden jedoch nicht den Ansprüchen des Art. 26 DSGVO.[433]

Das Bundesjustizministerium, so schrieb im Januar 2020 der *Tagesspiegel*,[434] habe die Urteile »zur Kenntnis genommen« und prüfe deren Auswirkungen. Der Verfasser hat wenige Monate später beim Bundesjustizministerium eine IFG-Anfrage zum Ergebnis dieser Prüfung gestellt. Das Ministerium teilte ihm mit, dass innerhalb der Bundesregierung das Bundespresseamt zuständig sei, welches mit Facebook über eine neue Vereinbarung spreche. Von den Ergebnissen dieser Gespräche hänge die »laufende Prüfung« ab.[435] Nur haben die Ergebnisse bisher zu keinem Erfolg geführt, wie der Bundesdatenschutzbeauftragte Ulrich Kelber in einem Rundschreiben an »alle Bundesministerien und obersten Bundesbehörden« vom Juni 2021 mitteilt.[436] Er empfiehlt, bis Ende des Jahres die Facebook-Fanpages abzuschalten, ansonsten werde er von seinen Befugnissen nach der DSGVO

Gebrauch machen. In der Bundespressekonferenz verlautbarte noch im April 2022 die Regierungssprecherin, man sei »in der Prüfung der Sach- und Rechtslage, und solange diese Prüfung nicht abgeschlossen ist, halten wir an dem Auftritt fest, und zwar in einer möglichst datenschutzfreundlichen Ausgestaltung.«[437] Die Bundesregierung prüft seit mindestens zwei Jahren, ohne offiziell zu einem Ergebnis gekommen zu sein. Dem Bundesdatenschutzbeauftragten ist das inzwischen zu bunt. Er verlangt jetzt hochoffiziell, den Betrieb der Facebook-Fanpage der Bundesregierung einzustellen.[438] Das Bundespresseamt hat wiederum gegen die Anordnung Klage eingereicht. »Wir sind der Auffassung, dass allein Facebook für seine Datenverarbeitung datenschutzrechtlich verantwortlich ist und insoweit datenschutzrechtliche Fragen allein im Verhältnis zu Facebook zu klären sind«, zitiert Heise das BPA.[439] Das ist eine sportliche Aussage, denn die gemeinsame Verantwortlichkeit ist – wie im vorangegangenen Absatz erklärt – bereits höchstrichterlich entschieden. Es geht dem BPA wohl eher um Zeit. Gerichtsverfahren dauern; und wer weiß schon, was in ein paar Jahren ist?

›Von hinten durch die Brust ins Auge‹ könnte man die vorliegende Konstellation umschreiben. Natürlich wäre ein direktes Vorgehen gegen Facebook und Co naheliegend. Aber der direkte Weg ist den deutschen Datenschutzbeauftragten nun einmal versperrt. Und ob er es nun will oder nicht, der Staat wertet die Plattformkonzerne durch seine Präsenz auf. Dass er »gemeinsam Verantwortlicher« ist, ist folgerichtig. »Mitgehangen, mitgefangen«, sagt der Volksmund.

4.   Ergebnis

Muss der Staat jetzt für immer sämtliche Kommunikation über Social Media einstellen? Nein, aber er muss die verfassungsrechtlichen Grenzen der regierungsamtlichen Öffentlichkeitsarbeit einhalten. Das tut er nicht.

Die augenfälligste Grenze ist diejenige zur Wahlwerbung, die mit der stark personalisierten Darstellung der Amtsinhaber auf den Social-Media-Kanälen von Bundespresseamt und Bundesministerien überschritten wird. Dass das ›Ansehen des Amtes‹ ganz bewusst zur Wahlwerbung eingesetzt wird, ist nicht nur Wesensmerkmal der vom Bundespresseamt verantworteten Kanäle, es gehört zum guten Ton, dass offizielle Accounts die Ministerinnen und Minister auf den Digitalplattformen, insbesondere Twitter, als Person darstellen.[440]

Nun hat die Bundeskanzlerin in der vergangenen Legislaturperiode nicht mehr für politische Ämter kandidiert. Zumindest für sich selbst konnte sie demnach keine Wahlwerbung mehr betreiben. Dennoch hat sie die freie individuelle und öffentliche Meinungsbildung mit ihren Kommunikationsaktivitäten beeinträchtigt. Die mannigfaltigen Video-Statements, Podcasts und sogar als ›Bürgerdialog‹ titulierten Fernsehsendungen verletzen den Grundsatz der Staatsferne des Rundfunks. Sie sind stets aktuell, weisen die audiovisuellen Medien innewohnende Suggestivkraft auf und erzielen aufgrund ihrer hohen Reichweite auch Breitenwirkung. Sie ›substituieren‹ Interviews, schwächen damit die journalistischen Medien in ihrer Mittlerrolle und drücken dem gesellschaftlichen Diskurs ihren Stempel auf. Somit hat die Kanzlerin mittels verbotener Methoden Einfluss auf den Wettbewerb der Ideen, der den politischen Alltag auszeichnet, genommen. Das schwächt wiederum die Oppositionsparteien in ihren Möglichkeiten, sich durch eigene Ideen Gehör zu verschaffen. Die ›persönliche‹ Darstellung von Amtsinhabern ist unverzüglich einzustellen. Soweit Fotos von Amtsträgern veröffentlicht werden, dürfen diese nicht aktuell sein. Eine Konkurrenz zum Fotojournalismus darf nicht entstehen. Es reicht ein Ministeriumskonto pro Plattform.

Zugleich macht die Bundesregierung Werbung für die Netzwerkplattformen, indem sie sie nutzt.[441] Die Empfehlungssysteme der Plattformen dienen den wirtschaftlichen Interessen der hinter ihnen stehenden Konzerne. Die mit der wirtschaftlichen Ausrichtung einhergehende Bevorzugung polarisierender Beiträge wird ›belohnt‹ mit einem Haftungsprivileg, das die Konzerne aus der Verantwortung für die Auswüchse der Aufmerksamkeitsökonomie entlässt. Solange die Politik die Intermediäre selbst für ihre Kommunikation nutzt, empfindet sie auch keinen Leidensdruck, konsequent gegen die Intermediäre vorzugehen. Nur wenn sichergestellt ist, dass deren Empfehlungssysteme sich an der freien individuellen und öffentlichen Meinungsbildung orientieren, darf die Bundesregierung sie auch für ihre Kommunikation nutzen. Aktuell ist der Facebook-Auftritt der Bundesregierung bereits aus datenschutzrechtlichen Gründen unzulässig.

Staatlicher Kommunikation über digitale Netzwerkplattformen wohnt immer die Gefahr inne, sich zu einem Staatsmedium zu wandeln. Das liegt in der Natur der massenhaften Internet-Direktkommunikation. Aber:

Nur eine nicht-staatliche Medienlandschaft stellt sicher, dass die Gesellschaft den Staat regiert und nicht der Staat die Gesellschaft.[442]

In Anbetracht dieser Gefahrenlage bedarf es – im Gegensatz zur Öffentlichkeitsarbeit im analogen – eines Gesetzes, welches die Grenzen digitaler Öffentlichkeitsarbeit festlegt.[443] Zudem trifft die Bundesregierung eine weitreichende Pflicht zur Offenlegung ihrer digitalen Kommunikationsaktivitäten. In den Berichten zur Öffentlichkeitsarbeit hat die Regierung neben den Abonnentenzahlen übersichtliche Kostenaufstellungen, die durchschnittliche Reichweite der Beiträge sowie Evaluationen zu den Social-Media-Aktivitäten und Kommunikationsstrategien zu veröffentlichen. Letztere gibt die Bundesregierung nur auf IFG-Anfrage heraus. Wie der Verfasser aus eigener Erfahrung weiß, muss bei IFG-Anfragen regelmäßig erst Klage[444] erhoben werden.

TEIL IV
DER BESTAND UND DIE FUNKTION:
DIE GRUNDGESETZLICHE GEWÄHRLEISTUNG
DER PRESSE

Der erste Teil hat die Beeinträchtigung des Geschäftsmodells der Presse festgestellt. Teil II hat die Funktion von Presse und Rundfunk nach dem Grundgesetz mit der medienwissenschaftlichen Funktion des Journalismus abgeglichen. Zudem hat er dargelegt, dass (Medien-)Intermediäre diese Funktion in ihrer jetzigen Form nicht erfüllen, aber auch gar nicht erfüllen ›wollen‹. Teil III hat gezeigt, dass staatliche Stellen auf diese Entwicklung mit einer Ausweitung ihrer Direktkommunikation reagiert haben. Das kann nicht der Weisheit letzter Schluss sein. Aber wie soll die Politik dann auf die Verwerfungen auf den Informationsmärkten reagieren? Durch eine Verbesserung der Rahmenbedingungen des Journalismus! Warum den Gesetzgeber sogar eine Pflicht dazu trifft, erläutert dieser Teil. Denn das beeinträchtigte Geschäftsmodell und das veränderte Mediennutzungsverhalten berühren grundrechtliche Garantien; konkret die sogenannte ›Funktionsgewährleistung‹ der Presse. Von besonderer Bedeutung sind die Entscheidungen des Bundesverfassungsgerichtes. Diese binden die Verfassungsorgane des Bundes und der Länder sowie alle Gerichte und Behörden, § 31 Abs. 1 BVerfGG. Wenn also tatsächliche Entwicklungen im Widerspruch zu Karlsruher Urteilen stehen, ist das mehr als ein deutlicher Fingerzeig an die Regierungen und Parlamente in Bund und Ländern, tätig zu werden.

1. Die Funktionsgewährleistung der Presse

Spätestens seit der *Spiegel*-Entscheidung des Bundesverfassungsgerichts ist anerkannt, dass die Pressefreiheit mehr als ein rein subjektives Abwehrrecht ist. Sie hat »zugleich auch eine objektiv-rechtliche Seite. Sie garantiert das Institut ›Freie Presse‹.«[445] Dabei kennzeichnet die Presse eine Doppelnatur. Sie ist demokratische Daseinsvorsorge, muss aber zwingend privatwirtschaftlich organisiert sein. Auch dieser Grundsatz stammt aus der wegweisenden *Spiegel*-Entscheidung:

> So wichtig die damit der Presse zufallende ›öffentliche Aufgabe‹ ist, so wenig kann diese von der organisierten staatlichen Gewalt erfüllt werden. Presseunternehmen müssen sich im gesellschaftlichen Raum frei bilden können. Sie arbeiten nach privatwirtschaftlichen Grundsätzen und in privatrechtlichen Organisationsformen. Sie stehen miteinander in geistiger und wirtschaftlicher Konkurrenz, in die die öffentliche Gewalt grundsätzlich nicht eingreifen darf.[446]

Die privatwirtschaftliche Organisation ist die natürliche Konsequenz des Gebots der Staatsfreiheit der Presse. Im Gegensatz zum Rundfunk wird die Vielfalt des Angebots durch den Markt hergestellt.[447] Ist der Markt nicht in der Lage, ein vielfältiges Angebot herzustellen, berührt das zwangsläufig die Institutsgarantie der freien Presse. Aber wann ist das Institut ›freie Presse‹ bzw. die Presse in ihrer objektiv-rechtlichen Dimension[448] beeinträchtigt? An welchem Kriterium lässt sich das ermessen? Unstreitig wird das der Fall sein, wenn die Presse dermaßen unterfinanziert ist, dass es zu einem ›Massensterben‹ auf den Zeitungsmärkten kommt, also der ›Bestand‹ der freien Presse gefährdet ist. Dieses Kriterium erweist sich jedoch als wirklichkeitsfern. Abschnitt a) erläutert die Untauglichkeit des Kriteriums der ›Bestandsgefährdung‹ am Beispiel der um die Jahrtausendwende geführten Prozesse der Lokalpresse gegen die Herausgeber kostenloser Tageszeitungen.

Der hiesige Ansatz knüpft an die Funktionsgewährleistung der Presse an, d. h. an die Frage, ob die Presse Rahmenbedingungen vorfindet, die es ihr ermöglichen, ihre nach dem Grundgesetz zugewiesene Funktion zu erfüllen. Nach der Rechtsprechung des Bundesverfassungsgerichts gewährleistet das Institut ›freie Presse‹ nicht nur den Bestand, sondern auch die Funktionsfähigkeit der Presse. Entscheidend dafür sind zum einen die Bedingungen auf den Werbemärkten, die das Bundesverfassungsgericht in der sogenannten ›4. Rundfunkentscheidung‹ behandelt (dazu Abschnitt b), zum anderen die Bedingungen auf den Publikumsmärkten (dazu Abschnitt c). Das Dilemma der Funktionsgewährleistung liegt darin, dass sie in ihren Konturen noch sehr unscharf ist,[449] auch wenn das Bundesverfassungsgericht sie ausdrücklich erwähnt. Abschnitt d) bezieht Befragungen zum Medienvertrauen, die medienwissenschaftlichen Studien Michael Hallers und als anekdotisches Beispiel die Aussagen des Dokumentarfilmers Stephan Lamby in die Betrachtung ein.

a.   Problem des Anknüpfens an den ›Bestand‹ eines meinungsbildenden Blattes

Gerichte haben, wenn ein Sachverhalt die Presse berührt, die Garantien der Pressefreiheit im Verfahren zu berücksichtigen. Schließlich ist der Staat verpflichtet, »überall, wo der Geltungsbereich einer Norm die Presse berührt, dem Postulat ihrer Freiheit Rechnung zu tragen«, wie das Bundesverfassungsgericht in der *Spiegel*-Entscheidung ausführt.[450] Wie das konkret geschieht, illustriert ein Prozess, der um die Jahrtausendwende die Kammern und Senate beschäftigte. Damals sahen sich die Zeitungsverleger unliebsamer Konkurrenz durch Gratiszeitungen ausgesetzt. In Köln lag für Berufspendler das anzeigenfinanzierte Blatt *20 Minuten Köln* aus, an dem sich der DuMont-Verlag rieb. DuMont gab in der Domstadt den *Kölner Stadt-Anzeiger*, die *Kölnische Rundschau* und den *Express* heraus. Mittels des Wettbewerbsrechts versuchte der Verlag nun, die weitere Verbreitung des Gratisblatts zu unterbinden. DuMont verwies auf Absatzrückgänge und meinte, langfristig stelle der unentgeltliche Vertrieb eine Existenzbedrohung für verkaufte Tageszeitungen dar und gefährde die unabhängige Presseberichterstattung.

Die Klage scheiterte. Landgericht, Oberlandesgericht und schließlich der Bundesgerichtshof wiesen ab.[451] Die institutionelle Garantie der Presse durch Art. 5 Abs. 1 Satz 2 GG schütze nicht den Bestand eines Presseorgans gegen den Wettbewerb durch ein anderes Presseorgan. Auch unterscheide die Garantie der Pressefreiheit nicht danach, ob sich eine Zeitung mit redaktionellem Anteil allein durch Anzeigen oder daneben auch durch Entgelt finanziert.[452]

> Nur wenn der Bestand eines meinungsbildenden Blattes – also einer Zeitung, die sich ›redaktionell vor allem mit allgemein interessierenden politischen, wirtschaftlichen und kulturellen Gegenständen‹ befasst und dabei ›informierend und kommentierend an der Bildung der öffentlichen Meinung‹ mitwirkt – durch ein Konkurrenzprodukt gefährdet würde, das diese Funktionen nicht wahrnehmen könnte, käme ein Rückgriff auf Art. 5 Abs. 1 Satz 2 GG in Betracht.[453]

Knapp 20 Jahre später ist festzustellen, dass der Bestand kein taugliches Kriterium ist, um eine Beeinträchtigung der Pressefreiheit zu bestimmen. Kronzeuge dafür ist das Phänomen der ›Zombie-Zeitung‹. Dieses zeigt, dass die Presse nicht den Tod, wohl aber den Untod zu fürchten hat. Als Beispiel für eine untote Publikation dient die *Münstersche Zeitung*. Sie wird ›Zombie-Zeitung‹ genannt, weil sie über keine eigene Redaktion verfügt, sondern regionale wie überregionale Nachrichten schlicht einkauft.[454] Die *Münstersche Zeitung* besteht weiterhin, aber existiert sie noch als meinungsbildendes Blatt? Sie oder die ebenfalls ohne eigene Redaktion auskommende *Westfälische Rundschau* sind Extrembeispiele, nur geht der Trend dahin, immer mehr Redaktionen zusammenzulegen. So wirbt zum Beispiel das zur Madsack Mediengruppe gehörende Redaktionsnetzwerk Deutschland damit, mehr als 50 Tageszeitungen mit einer täglichen Reichweite von mehr als 6,8 Millionen Lesern jeden Tag mit Inhalten zu beliefern.[455] Die Zentralredaktion der Funke Mediengruppe beliefert immerhin alle Regionalmedien der Gruppe mit überregionalen Inhalten.[456] Die zehn größten Verlage vereinen knapp 60 Prozent des Marktanteils bei den Tageszeitungen auf sich, die fünf größten über 40 Prozent.[457] Die Gesamtzahl der Zeitungen in Deutschland ist keine Kennziffer, an der sich Pressevielfalt ablesen lässt.

Karl-Heinz Ladeur thematisierte die den Informationsmärkten innewohnenden Selbstgefährdungen bereits während des Verfahrensgangs zu *20 Minuten Köln*. Das Problem bei lokalen Gratis-Zeitungen bestehe vor allem darin, dass diese mit sehr niedrigem redaktionellem Aufwand ein Informationsangebot machen, dessen Qualität für den Leser nur schwer zu bewerten sei. Qualität könne dann als unnötiger Kostenfaktor erscheinen.[458] Folgerichtig kritisiert Ladeur das (vom BGH bestätigte) Landgerichtsurteil dafür, »die andere Möglichkeit, dass die Tagespresse in einen negativen Wettbewerb mit verminderter Qualität eintritt und insbesondere ihr Werbeaufkommen durch neue Strategien zu erhöhen sucht«, nicht zu sehen.[459] Tatsächlich wird es wohl so bald nicht dazu kommen, dass der ›Bestand‹ eines Blattes gefährdet ist – die Möglichkeiten über Mantelredaktionen und Einsparungen bei den Lokalredaktionen Zeitungen rein betriebswirtschaftlich über Wasser zu halten, sind vielfältig, die Zeitungen sind es von Jahr zu Jahr weniger. An den Bestand anzuknüpfen hieße, die Garantie des Instituts ›freie Presse‹ ins Leere laufen zu lassen.

b. Die Funktionsfähigkeit der Presse, ihre Gewährleistung und der Werbemarkt

Wenn der Bestand kein taugliches Kriterium ist, an dem sich eine Verletzung der Pressefreiheit in ihrer institutionellen Gewährleistung festmachen lässt, woran erkennt man dann eine mangelhafte Gewährleistung der freien Presse? Zielführender, wenn auch bisher kaum zu praktischer Geltung gekommen, ist die »Funktionsgewährleistung für die Presse«.[460] Diese behandelt das BVerfG in der sogenannten ›4. Rundfunkentscheidung‹ vom 4. November 1986. Darin geht das Gericht der Frage nach, ob der private Rundfunk der Presse existenzwichtige Finanzquellen auf dem Werbemarkt entzieht. So heißt es dort:

Nicht abschließend beurteilen lassen sich die Rückwirkungen einer Werbefinanzierung privaten Rundfunks auf die Presse, insbesondere die Frage, ob der Presse oder zumindest zahlreichen Presseunternehmen hierdurch existenzwichtige Finanzquellen entzogen werden. Verfassungsrechtlich ist dies von Bedeutung, weil eine solche Entwicklung die Pressefreiheit berühren würde, welche auch das Institut ›Freie Presse‹, also den Bestand und *die Funktionsfähigkeit der Presse* [Hervorhebung d. Verf.] gewährleistet.[461]

Das Grundgesetz in Form des Instituts ›Freie Presse‹ schützt demnach nicht nur den Bestand, sondern auch die Funktionsfähigkeit der Presse. Das BVerfG führt fort:

Eine derartige Beeinträchtigung würde voraussetzen, daß das Gesamtvolumen der Werbung sich nicht mehr nennenswert steigert, daß ein wesentlicher Teil dieses Volumens von der Presse abgezogen wird und dem Rundfunk zufließt und daß damit die Rentabilitätsgrenze der Presseunternehmen unterschritten wird.

Das BVerfG setzte sich dabei nur mit einer theoretischen Möglichkeit auseinander und verwies auf die Aufgabe des Gesetzgebers, Vorkehrungen zum Erhalt der Funktionsfähigkeit der Presse zu treffen, sollten hinreichend gesicherte Erkenntnisse dies notwendig machen.[462] Nun ein Gedankenexperiment: Ersetzt man im vorgenannten Absatz den Begriff ›Rundfunk‹ durch ›Intermediäre‹ und passt ihn der neuen Rechtschreibung an, so lautet er:

> Eine derartige Beeinträchtigung würde voraussetzen, dass das Gesamtvolumen der Werbung sich nicht mehr nennenswert steigert, dass ein wesentlicher Teil dieses Volumens von der Presse abgezogen wird und *den Intermediären* zufließt und dass damit die Rentabilitätsgrenze der Presseunternehmen unterschritten wird.

Jetzt subsumieren wir die tatsächlichen Entwicklungen der letzten Jahre unter diese Voraussetzungen. Die Gesamtausgaben für Werbung sind, inflationsbereinigt, leicht zurückgegangen (Abb. 2). 2011 vereinnahmte die gedruckte Presse noch knapp die Hälfte des Kuchens, 2023 aber nur noch knapp ein Fünftel. Mehr als die Hälfte der Werbeinvestitionen wird inzwischen im Digitalen getätigt (Abb. 1), wo die hinter Google und Facebook stehenden Konzerne die unangefochtenen Platzhirsche sind. Nach den Prognosen von Insider Intelligence wird sich diese Situation für die Presse noch weiter zuspitzen. Das Gesamtvolumen der Werbung hat sich also nicht nennenswert gesteigert und ein wesentlicher Teil der Einnahmen fließt von der Presse ab und den Intermediären zu.

Zuletzt stellt sich die Frage, ob die Rentabilitätsgrenze der Presseunternehmen unterschritten wird. Um das beurteilen zu können, müsste man genaue Zahlen zu Gewinnen und Verlusten der jeweiligen Verlage haben, die die Verlage nicht veröffentlichen.[463] Letzten Endes kommt es darauf jedoch nicht an. In der

Theorie müsste eine dauerhaft unrentable Zeitung irgendwann Insolvenz anmelden. In der Praxis schließt sie Redaktionen bzw. legt sie zusammen oder wird von einer größeren Verlagsgruppe aufgekauft, die sie fortan mit eigenen Inhalten beliefert. Das geschieht fortlaufend.

c. Die Funktionsfähigkeit der Presse, ihre Gewährleistung und der Lesermarkt

Dieser Abschnitt misst die Funktionsgewährleistung der Presse an den Entwicklungen auf dem Lesermarkt. Nach dem Bundesverfassungsgericht ist Aufgabe der Presse, »umfassende Information zu ermöglichen, die Vielfalt der bestehenden Meinungen wiederzugeben und selbst Meinungen zu bilden und zu vertreten.« [464] Das kann sie nur, wenn sie selbst vielfältig ist. Folgerichtig führt das BVerfG weiter aus:

> Das setzt die Existenz einer relativ großen Zahl selbständiger, vom Staat unabhängiger und nach ihrer Tendenz, politischen Färbung oder weltanschaulichen Grundhaltung miteinander konkurrierender Presseerzeugnisse voraus, die ihrerseits davon abhängt, daß die Grundrichtung einer Zeitung unbeeinflußt bestimmt und verwirklicht werden kann. [465]

Dem Pressemarkt geht also die Konzeption voraus, dass die Vielfalt der im Pressewesen tätigen Unternehmen die Vielfalt der Meinungen sichert. [466] Der deutsche Pressemarkt weist eine hohe Konzentration auf, die wohl in den nächsten Jahren noch weiter zunehmen wird. Von der schieren Anzahl der Pressepublikationen lässt sich nicht auf Vielfalt schließen, da Redaktionsschließungen und Zusammenlegungen einzelnen Publikationen die Selbstständigkeit nehmen. Die Auflagen der Tageszeitungen haben sich in den letzten 20 Jahren mehr als halbiert. [467] Christopher Buschow und Christian Wellbrock haben herausgefunden, dass es nur eine sehr geringe Bereitschaft in der Bevölkerung gibt, für digitale journalistische Inhalte zu zahlen (Abb. 26). Die Erhebungen zum Reuters Digital News Report belegen eine intensive Nachrichtennutzung (89 %), wenn auch sinkendes Interesse (52 % in 2023; s. Abb. 13 und 14). Führt die geringe Zahlungsbereitschaft zu einem Marktversagen auf den Informationsmärkten? Eine Definition von Marktversagen lautet:

Marktversagen liegt vor, wenn der Marktmechanismus aus Angebot und Nachfrage nicht zu den volkswirtschaftlich wünschenswerten Ergebnissen führt und die Produktionsfaktoren nicht so verwendet werden, dass sie den größtmöglichen Ertrag für die Gesamtwirtschaft bringen.[468]

Besonderheiten bestehen bei sogenannten ›öffentlichen Gütern‹, also solchen Gütern, die bei der Nutzung durch eine Person auch von anderen mitgenutzt werden können (z. B. Straßenbeleuchtung, Landesverteidigung).[469] Die Konsequenzen für das öffentliche Gut ›Journalismus‹ beleuchtet der Medienwissenschaftler Christian Wellbrock:

[I]m Fall des Journalismus bedeutet es, dass alle von ihm profitieren, auch diejenigen, die ihn nicht konsumieren oder nicht dafür bezahlen. Im Ergebnis ist die private Nachfrage nach dem Gut Journalismus also geringer als der tatsächliche gesellschaftliche Nutzen. Dies führt dazu, dass der Journalismus weniger Ressourcen bekommt, als wohlfahrtstechnisch optimal wäre. Wirtschaftswissenschaftler bezeichnen dies als ›ineffiziente Ressourcenallokation‹. [...] Im Endeffekt führt der Marktmechanismus zu einer Unterversorgung des Gutes: Ökonomen nennen das Marktversagen.[470]

Das Problem ist nicht neu. Der Medienrechtler Friedrich Kübler bezweifelte bereits vor drei Jahrzehnten, »daß die Leistung, die die Massenkommunikation der soziokulturellen Integration des Gemeinwesens und der Funktionseffizienz des demokratischen Prozesses schuldig ist, von einem sich selber überlassenen Markt in hinreichendem Maße erbracht wird.«[471] Es ging in Küblers Ausführungen um die Rechtfertigung einer staatlichen Pressesubvention, nämlich des sogenannten ›Postzeitungsdienstes‹, auf den der v. Teil im Detail eingeht. An dieser Stelle nur so viel: Das ehemalige Bundespostministerium maß Marktversagen bei der Presse nicht an den Maßstäben der Wohlfahrtsökonomie, »sondern am Ausmaß, in dem sich Marktergebnisse von bestimmten, im politischen Prozeß herausgebildeten Zielvorstellungen unterscheiden«.[472] Was folgt daraus? Muss nun der Staat für das Güterangebot sorgen und dieses Angebot durch öffentliche Abgaben finanzieren? Dieser Weg ist bei der freien Presse weitestgehend versperrt, geraten entsprechende Maßnahmen doch regelmäßig in Konflikt mit dem Grundsatz der Staatsfreiheit. Hier zeigen sich eindrücklich die Probleme, die durch die Doppelnatur der Presse entstehen. Sie nimmt eine ›öffentliche Aufgabe‹ (bzw. Funktion) für die Demokratie wahr, muss aber zwingend privatwirtschaftlich organisiert sein. Eine privatwirtschaftliche Finanzierung ist aber auf eine entsprechende Nachfrage nach Bezahlangeboten angewiesen. Diese Nachfrage ist in den vergangenen beiden Jahrzehnten massiv zurückgegangen.

d. Die Finanzierungskrise des Journalismus, die Qualität der Berichterstattung und die Akzeptanz der Bevölkerung

Die Deutschen konsumieren die Nachrichten regelmäßig. Immerhin 89 Prozent nutzen sie mehrmals die Woche (Abb. 13). Dennoch ist das Nachrichteninteresse in den letzten Jahren kontinuierlich gesunken (Abb. 14). Auch führt die häufige Nutzung nicht zu einer entsprechenden Zahlungsbereitschaft. Die Erhebungen zum Medienvertrauen belegen eine stark zunehmende Polarisierung (Abb. 19) bis einschließlich 2019. Im Jahr 2020 – mit Aufkommen der Corona-Pandemie – wandelte sich der Negativtrend zum Positiven, um dann im Folgejahr wieder abzusinken. Eine Öffentlichkeit, die mit kritischem Geist Medien konsumiert, muss nichts Schlechtes sein. Im Gegenteil, eine kritische Haltung kann vor bösen Überraschungen schützen. Das plakativste Beispiel für eine solche ›böse Überraschung‹ ist der Fälscherskandal um den *Spiegel*-Redakteur Claas Relotius. Der Fall ›Relotius‹ ist jedoch nicht der Einzige, der Zweifel an der Qualität der Berichterstattung nährt.

Auch die Einsichten des Dokumentarfilmers Stephan Lamby geben Anlass zur Sorge. Lamby sprach im Dezember 2019 mit dem Podcast *Die Medienwoche*.[473] Er thematisierte eine aus seiner Sicht gefährliche Blasenbildung im Hauptstadtjournalismus sowie bei den politischen Akteuren. Er macht das an der Überraschung fest, die anlässlich der Wahl des damaligen SPD-Vorsitzenden-Duos Saskia Esken und Norbert Walter-Borjans in Berlin herrschte. Man habe mit einem Sieg von Klara Geywitz und Olaf Scholz gerechnet. Lamby hatte im Rahmen seiner jüngsten Dokumentation einen Dortmunder SPD-Ortsverband besucht und den großen Unmut über die große Koalition wahrgenommen: »Wenn man sich nur in Berlin bewegt und mit seinesgleichen spricht und mit Politikern, dann bekommt man [...] diesen Hass, diese Emotionen und auch deren Argumente gar nicht richtig mit.« Offenkundig gebe es nicht die Medien, die diesen Unmut aufgreifen und bundesweit wiedergeben. Lamby führt das auch auf die Nutzung der ›sozialen Medien‹ durch Journalisten zurück. Twitter sei ein Medium von Journalisten für Journalisten: »Und wenn man sich vor allem auf diesen Spielfeldern bewegt, dann bekommt man das, was links und rechts davon liegt, offenkundig nur noch ungenügend mit.«

Die Distanz des Journalismus zu den eigentlichen Akteuren, in Lambys Beispiel die SPD-Basis, legt auch die Studie des Medienwissenschaftlers Michael Haller zur Rolle der Medien in der sogenannten ›Flüchtlingskrise‹ 2015 offen.[474] Haller befand, dass die Leitmedien *FAZ*, *Welt* und *Süddeutsche* die eigentlichen Hauptakteure[475] in den redaktionellen Beiträgen vernachlässigten. Die Leitmedien hätten »dieses sozial- und gesellschaftspolitische

Problemthema in ein abstraktes Aushandlungsobjekt der institutionellen Politik überführt und nach den für den Politikjournalismus üblichen Routinen abgearbeitet.«[476] Auch die »Besonderheit der Regionalpresse, dass sie in ihren Lokalteilen die Nah- und Alltagswelt der Menschen durchleuchten und Vorgänge wie auch Probleme quasi hautnah recherchieren kann, wurde im Jahr 2015 für die Flüchtlingsthematik nicht genutzt.«[477]

Geringe Akteursvielfalt ist kein Sonderphänomen der Berichterstattung zur Flüchtlingskrise. Zu einem ähnlichen Befund kommen die Medienwissenschaftler Marcus Maurer, Carsten Reinemann und Simon Kruschinski, die für die Rudolf-Augstein-Stiftung die Berichterstattung elf überregionaler Leitmedien während der Corona-Pandemie untersuchten. Bei den in der Berichterstattung erwähnten Akteuren habe sich eine starke Konzentration auf Politiker und mit einigem Abstand Ärzte und Wissenschaftler gezeigt, während von der Infektion Betroffene und auch sogenannte ›Corona-Skeptiker‹ kaum vorkamen.[478]

Zurück zu Michael Haller: Knapp zwei Jahre nach seiner Studie zur ›Flüchtlingskrise‹ untersuchte er, inwieweit Medien aus den Fehlern während der ›Flüchtlingskrise‹ gelernt haben. Bezogen auf den Befund, dass die Journalisten sich in erster Linie an den politischen Eliten orientierten, bestehe das Lernziel darin, die Anliegen der Bevölkerung bei der Produktion von Aussagen einzubeziehen. Haller und sein Team veranstalteten Diskussionsrunden und Workshops in Medienredaktionen, besuchten Ausbildungsstätten, migrationspolitische Stiftungen und Presseclubs. Doch für viele Journalisten der Lokal- und Regionalzeitungen stießen manche Lernprozesse an Kapazitätsgrenzen ihrer Organisation. Ökonomisch überlebenswichtige Anpassungsprozesse überlagerten das organisationale Lernen.[479] Das daraus folgende Dilemma lautet:

> Bislang wurde noch kein Konzept verwirklicht, mit dem man den Informationsjournalismus im harten Wettbewerb mit scheinbar kosten-

freien Newsanbietern und Plattformbetreibern auf normativ fundierte Funktionszwecke verpflichten und finanzieren kann. Dieses Dilemma sollte im Blick behalten werden, wenn wir Dysfunktionen abbauen und darum organisationales Lernen einfordern wollen. Denn inzwischen ist der Lokaljournalismus – vielleicht auch wegen seiner unzureichenden, auf Anpassung getrimmten Form – existenziell bedroht. Längst folgen auch die lokalen Medien mehr der Aufmerksamkeitsökonomie als der Diskursidee.[480]

Lamby berichtet Ähnliches (ab ca. Min. 50):

> [S]chon aus rein wirtschaftlichen Überlegungen [...] gibt es einen Sog für Journalisten für schrille Meinungsäußerungen im Verhältnis zu gründlich analysierten und recherchierten Geschichten. Und das verändert die politische Stimmung nicht nur im Land in Deutschland, sondern im Prinzip in allen Ländern.

Aufgrund schwieriger werdender Rahmenbedingungen sinkt die journalistische Qualität, was dazu führt, dass die Zahlungsbereitschaft ebenfalls sinkt, was wiederum zu noch niedrigerer Qualität führt. Die entsprechenden Defizite der Berichterstattung dienen Populisten als Beleg für die Verkommenheit der ›Lügenpresse‹. Diese Abwärtsspirale gilt es zu durchbrechen.

2. Der Rundfunkbeitrag und die Funktionsgewährleistung der Presse

Rundfunk und Presse unterscheiden sich nicht in ihrer Funktion, aber im Mittel ihrer Funktionserfüllung. Dabei bedient sich der Rundfunk einer audio-visuellen Vermittlungsform, während die Presse ihre Inhalte über Texte vermittelt. Unterschiede bestehen auch bei der Finanzierung: Der öffentlich-rechtliche Rundfunk wird über einen Pflichtbeitrag finanziert, während man bei der Presse auf den freien Markt vertraut. Die privatwirtschaftliche Finanzierung ist im Hinblick auf die Gefahr einer staatlichen

Vereinnahmung der Presse unabdingbar.[481] Die unterschiedliche Finanzierung besagt aber nicht, dass so etwas wie eine Wertehierarchie zwischen Presse und Rundfunk besteht. Insofern ist es ein Problem, wenn der Rundfunkbeitrag sich auf die Bereitschaft der Bevölkerung auswirkt, für digitale Presseinhalte zu bezahlen.

Nun hat Abbildung 27 gezeigt, dass mehr als die Hälfte der Befragten nicht für digitale Presseprodukte zahlen will, weil sie bereits für den öffentlich-rechtlichen Rundfunk zahlt. Friedrich Kübler schrieb vor drei Jahrzehnten in einem Rechtsgutachten zum Postzeitungsdienst:

> Der objektivrechtliche Gehalt des Grundrechtes der Pressefreiheit bezweckt nicht nur und nicht primär den Schutz von Publikationsorganen und Presseverlagen gegen Bestands- und Substanzverluste. Schutzgegenstand der verfassungsrechtlichen Verbürgung sind vielmehr auch Reichweitenverluste: sie wird nicht zuletzt dort tangiert, wo staatliche Maßnahmen – auch in privatrechtlicher Form – zur Folge haben, daß auf den Bezug von Zeitungen und Zeitschriften verzichtet wird.[482]

Folgt man dieser Interpretation des Grundgesetzes und bezieht die digitale Presse in den verfassungsrechtlichen Pressebegriff ein, beeinträchtigt der Rundfunkbeitrag die Pressefreiheit, weil er sich auf die Bereitschaft der Menschen auswirkt, für digitale Presseprodukte zu bezahlen. Einschlägige Rechtsprechung zu diesem Sachverhalt existiert nicht. Soweit Zeitungshäuser gegen öffentlich-rechtliche Sender vorgehen, dann weil deren Online-Auftritte teilweise auf eine Kombination von Text und Standbildern setzen, ohne einen konkreten Sendungsbezug aufzuweisen. Verlage gehen dann gegen den Online-Auftritt des Rundfunks vor, weil sie diesen für presseähnlich halten und sie darin unzulässige Konkurrenz sehen. Durchaus erfolgreich: Zuletzt verurteilte das Landgericht Potsdam den RUNDFUNK BERLIN-BRANDENBURG dazu, die Veröffentlichung presseähnlicher Beiträge auf seinen Internetauftritten zu unterlassen.[483] Das Urteil ist rechtskräftig, der RBB nahm seine dagegen gerichtete

Berufung zurück.[484] Aber gegen wen sollten Zeitungshäuser wegen des Rundfunkbeitrags vorgehen? Die Sendeanstalten? Die Länder? Wohl kaum. Auf gerichtlichem Wege ist hier für Verlage wenig zu holen, als verfassungsrechtlich unterlegtes Lobbying-Argument für verbesserte Rahmenbedingungen umso mehr.

3. Ergebnis

Sollten hinreichend gesicherte Erkenntnisse Vorkehrungen zur Erhaltung der Funktionsfähigkeit der Presse notwendig machen, wird es auch insoweit Aufgabe des Gesetzgebers sein, sie im Wege der Nachbesserung zu treffen.[485]

Sind eingebrochene und weiter zurückgehende Werbeeinnahmen, eine halbierte Auflage, mangelnde Zahlungsbereitschaft für digitalen Journalismus und Berichte von Redaktionen, aufgrund finanzieller Engpässe Lernprozesse nicht durchlaufen zu können, hinreichend gesicherte Erkenntnisse, die Vorkehrungen zum Erhalt der Funktionsfähigkeit der Presse notwendig machen? Die Meinung des Verfassers lautet: Ja.

Das Bundesverfassungsgericht hat die abstrakte Möglichkeit einer mangelhaften Gewährleistung der Funktion der Presse bereits frühzeitig erkannt und darauf verwiesen, dass diese bei veränderten Rahmenbedingungen auch relevant werden kann. Seither hat es aber keine Gelegenheit gehabt, sich zur Funktionsgewährleistung der Presse zu äußern oder die veränderten Rahmenbedingungen in Bezug auf die Presse zu kommentieren. Das liegt wohl in erster Linie daran, dass Verfahren, die eben diese Gewährleistung der Presse betreffen, seither nicht mehr zum Bundesverfassungsgericht kamen. Beim öffentlich-rechtlichen Rundfunk ist das anders. Da ständig in irgendeiner Form gegen den Rundfunkbeitrag geklagt wird, oder wie zuletzt ein Bundesland bei der Beitragserhöhung ausscherte, hat sich das Bundesverfassungsgericht auch regelmäßig mit dem öffentlich-rechtlichen Rundfunk auseinanderzusetzen. Der in der Presse häufiger zu hörende Vorwurf, das Bundesverfassungsgericht stütze einseitig und zulasten der Presse den öffentlich-rechtlichen Rundfunk[486], verkennt, dass das Bundesverfassungsgericht sich nur zu Sachverhalten äußern kann, zu denen es auch angerufen wird. Dieser Teil hat dargelegt, dass das Bundesverfassungsgericht sensibilisiert für die Gefahren ist, die sich aus einer mangelhaften Finanzierung der Presse ergeben. Die entsprechenden Entscheidungen stammen jedoch aus einer Zeit, in der diese Gefährdung nur als abstrakte Möglichkeit gesehen wurde, und deshalb kein akuter Handlungsbedarf bestand. Es spricht vieles dafür, dass Karlsruhe, würde es heute befragt, eine mangelhafte Gewährleistung der Funktion der Presse feststellte und den Gesetzgeber zur Nachbesserung aufforderte. Selbiges gilt für die Auswirkungen des Rundfunkbeitrags auf die Zahlungsbereitschaft für digitale Presseprodukte. Wie eine solche ›Nachbesserung‹ konkret auszusehen hätte, ist wiederum Sache der Politik, die aufgrund verfassungsrechtlicher Grenzen nur einen sehr schmalen Gestaltungskorridor beschreiten kann. Diese Grenzen behandelt der nächste Teil, der zugleich einen Vorschlag macht, wie der Gesetzgeber innerhalb dieser Grenzen die Rahmenbedingungen der Presse verbessern kann.

TEIL V
UMSETZUNG

Dieser Teil unterbreitet Vorschläge, wie der Staat (Presse-)Journalismus im Einklang mit dem Grundgesetz fördern kann. Dabei geht es in erster Linie um eine Verbesserung des Marktumfeldes. Die Vorschläge zielen darauf ab, durch Anreize die Nachfrage für journalistisch-redaktionelle Angebote anzukurbeln. Dabei empfiehlt es sich, insbesondere die Lokalpresse zu fördern. Die Förderung hat meinungsneutral zu erfolgen (dazu 1.).

Im Wettbewerb mit den Plattformen lautet der Vorschlag, nach dem Vorbild der im Zeitungswesen üblichen Trennung von Verlag und Redaktion eine Trennung der für Empfehlungssysteme und Inhaltemoderation zuständigen Abteilung vom Restkonzern vorzunehmen. Nur wenn eine solche Trennung eingehalten wird und Empfehlungssysteme wie Inhaltemoderation dazu verpflichtet sind, der Meinungsbildung zu dienen, werden die Plattformen von der Haftung für fremde Inhalte freigestellt (dazu 2.).

1. Presseförderung

Presseförderung ist keine Erfindung der jüngeren Vergangenheit, sondern besteht seit Jahrzehnten, zum Beispiel in Form eines vergünstigten Mehrwertsteuersatzes für Presseprodukte und einer Subventionierung der Zeitungszustellung. Zu beiden Sachverhalten hat sich das Bundesverfassungsgericht bereits geäußert. Diese Entscheidungen geben den verfassungsrechtlichen Rahmen vor, innerhalb dessen Grenzen eine Presseförderung zulässig ist (dazu a). An die Ausführungen zu den Karlsruher Entscheidungen zur Presseförderung schließt eine Aufzählung meinungsneutraler Kriterien zur Presseförderung an (dazu b). Zu guter Letzt enthält dieser Abschnitt einen konkreten Gesetzesvorschlag für eine verfassungskonforme Presseförderung (dazu c).

a. Presseförderung vor dem Bundesverfassungsgericht

Im April 2021 gab das Bundeswirtschaftsministerium bekannt, dass eine im Bundeshaushalt veranlagte Presseförderung in Höhe von 220 Millionen Euro wegen verfassungsrechtlicher Bedenken nicht umgesetzt werde. Das Wirtschaftsministerium habe »nach intensiver Prüfung der verfassungs-, haushalts- und beihilferechtlichen Umstände und nach sorgfältiger Abwägung aller betroffenen Interessen« entschieden, das Programm zur Förderung der digitalen Transformation des Verlagswesens nicht weiter zu verfolgen.[487] Tatsächlich unterliegt eine wie auch immer geartete Presseförderung engen verfassungsrechtlichen Grenzen. Schließlich darf der Staat keinen Einfluss auf redaktionelle Entscheidungen gewinnen. Nichtsdestotrotz hat es in der Vergangenheit Formen der Presseförderung gegeben, die vor dem Bundesverfassungsgericht Bestand hatten. Dieser Abschnitt behandelt die Entscheidungen des Bundesverfassungsgerichts zum ermäßigten Mehrwertsteuersatz für Presseprodukte und zum Postzeitungsdienst.

Der ermäßigte Mehrwertsteuersatz

Für Presseerzeugnisse gilt in Deutschland der ermäßigte, für Schallplatten der volle Mehrwertsteuersatz. Diese 1967 eingeführte Begünstigung für die Presse rief die Schallplattenindustrie auf den Plan. Sie erkannte darin eine sachwidrige Ungleichbehandlung, klagte und erhob schließlich Verfassungsbeschwerde. Im Frühjahr 1974 wies Karlsruhe die Beschwerde zurück.[488] Der Gesetzgeber sei – unwidersprochen – davon ausgegangen, bei der Schallplatte handele es sich um ein »wirtschaftlich gesundes publizistisches Medium«, weshalb es nicht als förderungsbedürftig angesehen werden könne.[489] Verfassungsrechtlich bedenklich wäre es nach Ansicht des BVerfG allerdings, »wenn durch die verschiedene Besteuerung der Umsätze ein Medium in seiner Wettbewerbsfähigkeit gegenüber anderen Kommunikationsmitteln wesentlich beeinträchtigt würde.«[490] Das sei hier nicht feststellbar.

Im weiteren Verlauf gibt das BVerfG die Beweggründe des Gesetzgebers für die Begünstigung der Presse wieder. Es sei die Absicht maßgebend gewesen, die Vielfalt der Presse zu erhalten und zu stärken, um letztlich Information und selbstständige Meinungsbildung der Bevölkerung zu fördern.[491] Uneinigkeit habe während des Gesetzgebungsprozesses darüber bestanden, ob auch die Illustrierten in den Genuss der Ermäßigung kommen sollten. Sie wurden letzten Endes einbezogen, weil »man aus verfassungsrechtlichen Gründen und wegen der schwierigen Abgrenzung keine Unterscheidung zwischen Zeitungen und Zeitschriften und innerhalb der Zeitschriften nach Art und Tendenz machen wollte«.

Das Verfassungsgericht erkannte diese Erwägungen an. Die Begünstigung

entspricht nicht so sehr einem kulturpolitischem als vielmehr einem staatspolitischen Interesse an Information und öffentlicher Meinungsbildung. Ein freies, nicht von öffentlicher Gewalt gelenktes Zeitungswesen ist ein Grundelement des freiheitlichen Staates; es ist für die Demokratie unentbehrlich.[492]

Zwar ließen sich

gegen die unterschiedslose Einbeziehung aller Illustrierten unter den vorbezeichneten Gesichtspunkten Bedenken erheben. Jedoch ist der gesetzgeberischen Erwägung, daß eine verfassungsrechtlich haltbare Abgrenzung innerhalb der Illustriertenpresse und im Verhältnis zu den Zeitungen praktisch sehr schwierig sein würde, eine gewisse Berechtigung nicht abzusprechen.[493]

Es stimmt ja auch: Warum *soll* man eine Illustriertenpresse, die ihr Geld mit (erfundenen) Geschichten über die europäischen Königshäuser verdient, steuerlich begünstigen? Camilla und Charles sind immer noch nicht geschieden, auch wenn man in bunten Blättern regelmäßig Gegenteiliges liest.[494] Man *muss* sie begünstigen, weil die schwierige Grenzziehung zur meinungsbildenden Presse ein Einfallstor für staatliche Lenkung ist. Das heißt nicht, dass man bei der Presseförderung nicht differenzieren darf. Die Grenze ist nur an anderer Stelle zu ziehen, wie das im Folgenden dargestellte Urteil zum Postzeitungsdienst belegt.

Der Postzeitungsdienst

Das bekannteste Beispiel für eine staatliche Förderung der Presse ist der sogenannte ›Postzeitungdienst‹,[495] bei dem die Deutsche Bundespost den postalischen Vertrieb von Presseprodukten übernahm. Die Nutzungsbedingungen legte die Bundesregierung in der Postzeitungsordnung fest.[496] Das Bundesverfassungsgericht erkannte hierin eine staatliche Subventionierung, da die Zahlungen der Verlage – zumindest zu dem Zeitpunkt, als sich das BVerfG damit befasste – die Kosten des Postzeitungsdienstes nicht deckten.[497]

Das BVerfG hatte zu entscheiden, weil die Deutsche Bundespost die Zulassung einer wöchentlich erscheinenden Druckschrift zum Postzeitungsdienst widerrief. Deren Herausgeberin klagte, verlor aber vor den Instanzgerichten. Die Spruchkörper begründeten ihre Urteile mit dem Argument, die Zeitung »werde jedenfalls auch zu dem Zweck herausgegeben, den geschäftlichen Interessen von Unternehmen, Vereinen, Verbänden und sonstigen Körperschaften zu dienen«. Die Postzeitungsordnung wolle aber »nur die echte Nachrichtenpresse bei der Wahrnehmung ihrer für das demokratische Gemeinwesen wichtigen Aufgabe der Information und Meinungsbildung durch möglichst niedrige Vertriebskosten unterstützen.«[498]

Die dagegen gerichtete Verfassungsbeschwerde blieb ohne Erfolg. Das Verfassungsgericht bestätigte die Instanzgerichte. Der Staat dürfe eine Förderung an meinungsneutralen Kriterien ausrichten.[499] Hier unterscheidet das Bundesverfassungsgericht zwischen Publikationen, deren Zweck auf die Verbreitung von Meinungen und Informationen ausgerichtet ist, und solchen, bei denen »die Meinungsäußerung und Information außerpublizistischen Zwecken untergeordnet wird«. Werbeanzeigen beeinträchtigten den Herausgabezweck dann nicht, »solange deren Verbreitung nicht das Ziel der Publikation, sondern das Mittel zur Finanzierung der Verbreitung von Meinungen und Informationen ist.«[500] Ein solches Differenzierungskriterium sei im Grundgesetz selbst angelegt, denn – hier schließt sich der Kreis – so das BVerfG im folgenden Absatz:

Die grundrechtliche Garantie der Pressefreiheit dient wie alle Garantien in Art. 5 Abs. 1 GG der freien individuellen und öffentlichen Meinungsbildung. Die Erfüllung dieser Funktion ist daher auch ein zulässiges Kriterium für die Vergabe staatlicher Pressesubventionen. Druckwerke, die weder eigene Meinungen äußern noch fremde Meinungen wiedergeben, tragen zur Meinungsbildung nicht bei. Presseorgane, bei denen die Meinungsäußerung und Information außerpublizistischen Geschäftszwecken untergeordnet wird, sind ihrer Intention nach nicht primär auf einen Beitrag zur Meinungsbildung ausgerichtet.[501]

Die Publikation der Beschwerdeführerin zielte auf außerpublizistische Geschäftszwecke ab und das BVerfG wies die Beschwerde ab.

b. Meinungsneutrale Förderkriterien

Der Staat darf bei der Förderung der Presse an meinungsneutrale Kriterien anknüpfen. Diese müssen, um willkürliche Einflussnahmen zu verhindern, hinreichend konkret sein. Dieser Abschnitt nennt Merkmale, die diese Voraussetzungen erfüllen.[502]

Publizistische Zwecke

Der Staat darf Presse fördern, deren Zweck auf die Verbreitung von Meinungen und Informationen abzielt. Das schließt Erzeugnisse aus, die auf die Verbreitung von Werbung ausgerichtet sind. Bei Angeboten, die zu >publizistischen Zwecken< herausgegeben werden, ist Werbung Mittel zur Finanzierung, aber nicht Zweck des Angebots.

Der publizistische Zweck entspricht dem Selbstverständnis der Presseorgane, die den Pressekodex[503] unterzeichnet haben. Der Pressekodex spricht in seiner Präambel von der publizistischen Aufgabe der Presse. Praktisch kann man publizistische Zwecke an zwei Merkmalen festmachen. Zum einen an einer *Selbstverpflichtung* wie z. B. dem Pressekodex. Zum anderen an einer *Aufsicht*. Die Aufsicht führt entweder eine Einrichtung zur freiwilligen Selbstkontrolle wie z. B. der Presserat oder die örtlich zuständige Landesmedienanstalt.

Journalistisch-redaktionell gestaltete Angebote

Eine Förderung kann an ›journalistisch-redaktionell gestalte Angebote‹ anknüpfen. Obwohl es keine gesetzliche Definition für diesen Begriff gibt, eignet er sich als Anknüpfungskriterium für Presseförderung. Der Begriff existierte bereits im Rundfunkstaatsvertrag und wurde durch den Medienstaatsvertrag noch einmal aufgewertet. Im Laufe der Jahre hat die Justiz eine gefestigte Rechtsprechung zu den Merkmalen journalistisch-redaktioneller Angebote entwickelt. Zur Erinnerung: Journalistisch-redaktionell gestaltete Angebote zeichnen sich durch eine gewisse *Selektivität* und *Strukturierung*, das Treffen einer *Auswahl nach ihrer angenommenen gesellschaftlichen Relevanz*, der Ausrichtung an Tatsachen (*Faktizität*), ein hohes Maß an *Aktualität*, einen hohen Grad der *Professionalisierung der Arbeitsweise* und einen gewissen Grad an *organisierter Verfestigung* aus.[504] Dabei sagt der Begriff des journalistisch-redaktionellen nichts über die Vermittlungsform des Angebots aus. Er umfasst Text- wie Bewegtbildangebote. Um Presse handelt es sich nach hiesiger Auffassung bei journalistisch-redaktionell gestalteten Text- und (Stand-)Bildangeboten. Um Rundfunk handelt es sich, wenn die journalistisch-redaktionell gestalteten Angebote audiovisuell vermittelt werden.

Presse

Geht man mit dem BVerfG von einer unterschiedlichen Vielfaltskonstruktion bei Presse und Rundfunk aus,[505] kann man eine Förderung auf Presseangebote, also solche mit textlichem Schwerpunkt, begrenzen. Zugleich wird es im digitalen Zeitalter nicht zu vermeiden sein, dass Presseangebote auch audiovisuelle

Inhalte enthalten. Für eine saubere Abgrenzung kommt es dann auf den Schwerpunkt des Angebots an. Hier hilft der MStV weiter. Schließlich dürfen die Telemedienangebote des öffentlich-rechtlichen Rundfunks nicht presseähnlich sein, § 30 Abs. 7 S. 1 MStV. »Sie sind im Schwerpunkt mittels Bewegtbild oder Ton zu gestalten, wobei Text nicht im Vordergrund stehen darf«, (§ 30 Abs. 7 S. 2 MStV). Für die Presseangebote in Abgrenzung zum Rundfunk gilt dann: Sie sind im Schwerpunkt mittels Text zu gestalten, wobei Bewegtbild oder Ton nicht im Vordergrund stehen dürfen. Das würde es den Verlagen erlauben, ihre digitalen Texte mit kurzen Videoclips zu ergänzen, wie das z. B. in der Multimediaausgabe der *Frankfurter Allgemeinen* geschieht.

Entgeltlich

»Was nichts kostet, ist nichts wert«, lautet ein Sprichwort. Der BGH sah das in Bezug auf die Gratispresse bekanntlich anders.[506] Allerdings ging es in dem geschilderten Verfahren zur Gratiszeitung *20 Minuten Köln* auch um das Verbot einer rein anzeigenfinanzierten Zeitung. Ein Verbot ist der weitreichendste Eingriff in die Pressefreiheit überhaupt. Vorliegend geht es um meinungsneutrale Kriterien zur Presseförderung. Gratispresse von der Förderung auszuschließen, würde das Recht der Gratispresse auf Gleichbehandlung im publizistischen Wettbewerb, Art. 5 Abs. 1 S. 2 GG iVm Art. 3 Abs. 1 GG, berühren. Der BGH erkennt an, dass bei rein anzeigenfinanzierten Presseangeboten die Gefahr der Einflussnahme auf Arbeit, Ausrichtung und personelle Besetzung der Redaktion bestehen kann, das gelte aber auch für die mischfinanzierte Zeitung.[507] Aus heutiger Sicht scheint die Einflussnahme auf die Redaktion nicht einmal mehr das entscheidende Problem zu sein. Die Entwicklung auf den Werbemärkten führt zu einem immer schwieriger werdenden Drahtseilakt zwischen der öffentlichen Aufgabe des Journalismus und der wirtschaftlichen Notwendigkeit, für die Werbeindustrie interessante Reichweiten zu erzielen. Die vom BVerfG in der Sixt-Entscheidung skizzierte Werbelogik[508] von Social Media gilt mit Abstrichen auch für die Gratispresse.[509]

Für die Entgeltlichkeit als Förderkriterium spricht insbesondere eine praktische Überlegung: Ein Entgelt ist eine konkrete Bezugsgröße, für die der Staat steuerliche Vorteile gewähren kann. Zum Beispiel, indem man die Abonnementkosten einer Tageszeitung mit der Steuerschuld verrechnet (Näheres dazu unter c).

Periodizität

Der ›Liassische Beobachter‹ erschien als einzige Zeitschrift des Mesozoikums jährlich, die ›Kreidezeit‹, das Organ der Fortschrittspartei, versuchte dies auch, ging jedoch ein, um dann später als ›Zukunft‹ wie die anderen Zeitungen zehnjährlich herauszukommen. Die ›Carbonalzeitung‹, unser ältestes Blatt, erschien alle hundert Jahre.[510]

Periodizität ist zwar keine Jahrtausende alte Konstante der Presse, wie Dürrenmatts fiktiver Redakteur des *Liassischen Beobachters* in der Satire zum *Stand des Zeitungswesens in der Steinzeit* vorgibt, aber sie prägt den Journalismus seit Jahrhunderten. Die Digitalisierung und die damit einhergehende Möglichkeit der fortlaufenden Aktualisierung scheinen die Periodizität als Merkmal der Presse aus der Zeit zu drängen. Es gibt aber gute Gründe, an die Periodizität als meinungsneutrales Merkmal für die Presseförderung anzuknüpfen. Einige dieser Gründe beschreibt der Medienwissenschaftler Michael Haller in seiner Studie *Die ›Flüchtlingskrise‹ in den Medien*:

Während dieser Hochphase publizierten diese Newssites [*tagesschau.de, welt.de* und *focus.de*] im Laufe von 24 Stunden bis zu 17 Nachrichten allein zum Ereignisthema Flüchtlinge/Asylanten. Sie berichteten und meldeten von unüberschaubar vielen Handlungsorten über Beteiligte auf unterschiedlichsten Ebenen. Dies deutet auf eine (mutmaßlich dem

Konkurrenzdruck geschuldete) sehr schwache Selektionsleistung der Newsredaktionen hin.[511]

Je häufiger die Aktualisierung, desto schwächer die journalistische Selektion. Periodizität zwingt zur Selektion und schwächt den Einfluss aufmerksamkeitsorientierter Metriken. Deshalb kann eine Presseförderung an eine periodische Erscheinungsweise anknüpfen. Eine Tageszeitung zum Beispiel erscheint jeden Werktag. Werktage sind alle Wochentage bis auf Sonn- und Feiertage.[512] Weitere verbreitete journalistische Erscheinungsweisen sind die wöchentliche, monatliche und vierteljährliche.

Universalität

Die Universalität ist hier aufgelistet, weil die Medienwissenschaft sie zu einem der vier Wesensmerkmale der Tageszeitung zählt. Diese lauten: Periodizität, Aktualität, Universalität und Publizität.[513] Der Rechtsbegriff des journalistisch-redaktionellen setzt »ein hohes Maß an Aktualität, nicht notwendig Periodizität« voraus. Auch die im Vorangegangenen genannte Publizität ist im Begriff des journalistisch-redaktionellen angelegt (»...mit dem Ziel des Anbieters, zur öffentlichen Kommunikation beizutragen«). Es fehlt also einzig das Merkmal der Universalität. Das hat Gründe. Universalität bezieht sich auf thematische Vielfalt der Zeitung.[514] Was unter thematischer Vielfalt konkret zu verstehen ist, erläutert das statistische Bundesamt. Bis Mitte der 1990er-Jahre erhob die Behörde eine Pressestatistik[515] und bestimmte Zeitungen anhand ihrer thematischen Offenheit:

> Als Zeitungen im Sinne der Pressestatistik gelten alle periodischen Veröffentlichungen, die in ihrem redaktionellen Teil der kontinuierlichen aktuellen und thematisch nicht auf bestimmte Stoff- und Lebensgebiete begrenzten Nachrichtenübermittlung dienen, also in der Regel mindestens die Sparten Politik, Wirtschaft, Zeitgeschehen, Kultur, Unterhal-

tung sowie Sport umfassen und im allgemeinen mindestens zweimal
wöchentlich erscheinen.[516]

Universalität zeichnet sich dadurch aus, dass keine thematische Begrenzung besteht, die Berichterstattung also *umfassend*
ist. Das trifft für so gut wie jede klassische Tageszeitung zu. Auch
Nachrichtenmagazine wie *Der Spiegel*, *Stern* oder *Focus* sind thematisch offen gestaltet, Special-Interest-Zeitschriften wie *Schöner
Wohnen* (Architektur und Design) und die *GamePro* (Konsolenspiele) behandeln jeweils ein Spezialthema.

Ebene

Financing Dies in Darkness?, betiteln Pengjie Gao, Chang Lee und
Dermot Murphy ihre Studie[517] zu den Auswirkungen von Zeitungsschließungen auf die öffentlichen Finanzen in den USA.
Sie spielen dabei auf den Slogan »Democracy Dies in Darkness«
an, der die *Washington Post*[518] ziert. Ihrer Studie zufolge steigt
der kommunale Schuldendienst, wenn eine Lokalzeitung den
Betrieb einstellt. Ebenso steigen die Gehälter im öffentlichen
Dienst und die Kommunen stellen insgesamt mehr Personal ein.
Wer glaubt, dass das Internet die Aufgaben der Lokalzeitung
übernähme, sieht sich eines Besseren belehrt: Die Kreditkosten
unterscheiden sich nicht signifikant in Kreisen mit hoher und
niedriger Internetnutzung. So viel zu den direkten finanziellen Auswirkungen von Zeitungsschließungen. Zudem bestehen
Wechselwirkungen zwischen Lokalzeitungen und der Wahlbeteiligung. Daniel Kübler und Christopher Goodman von der
Universität Zürich fanden heraus, dass mit der Zahl der Lokalzeitungsleser auch die Wahlbeteiligung innerhalb einer Gemeinde steigt.[519] Und ein geschwächter Lokaljournalismus begünstigt
eine Blasenbildung in der Politik sowie der Medienbranche, wie
die Beobachtungen Stephan Lambys und Michael Hallers zeigen.

Ohne Lokaljournalismus fehlt dem überregionalen Journalismus die Rückkopplung zur Bevölkerung.

Es gibt also gute Gründe, den Lokal- und Regionaljournalismus zu fördern. Dafür braucht es einen handhabbaren Begriff, aus dem sich das ›Lokale‹ bzw. ›Regionale‹ ergibt. Dabei bietet es sich an, an die unter I 1. c) geschilderte Verwaltungsgliederung anzuknüpfen. Konkret bedeutet das, journalistisch-redaktionelle Angebote zu fördern, zu *deren regelmäßiger Berichterstattung Ereignisse aus einem Landkreis oder einer vergleichbaren Gebietskörperschaft gehören.* Das heißt nicht, dass Berichterstattung über die kommunale Ebene nicht erwünscht ist. Das Gegenteil ist der Fall. Nur wird bei knapp 11.000 Kommunen in Deutschland eine entsprechende Vorschrift zu schwierigen und äußerst kleinteiligen Abgrenzungsfragen führen. Es ist besser, auf die kommunale Ebene abzuzielen, aber die nächsthöhere, die Landkreisebene, vorzuschreiben.

Die regionale Tageszeitung

In Anbetracht der Pressestruktur in Deutschland (Abb. 7) ergibt es Sinn, insbesondere die regionale Tageszeitung zu fördern. Die vorgenannten Kriterien lassen sich zur Definition einer regionalen Tageszeitung kombinieren. Diese lautet:

Im Sinne dieses Gesetzes ist

1. eine Tageszeitung ein werktäglich erscheinendes journalistisch-redaktionelles Presseangebot, welches eine umfassende Berichterstattung bietet.

2. umfassende Berichterstattung insbesondere eine solche, die Politik, Wirtschaft, Kultur und Sport beinhaltet.

3. eine regionale Tageszeitung eine solche, deren tägliche Berichterstattung Ereignisse aus einem Landkreis oder einer vergleichbaren Gebietskörperschaft umfasst.

c. Art der Förderung

Hat der Verfasser im Bisherigen gezeigt, dass der digitale Wandel und mangelnde Zahlungsbereitschaft das Geschäftsmodell der freien Presse existenziell schwächen, eröffnet der folgende Abschnitt eine Perspektive auf Rahmenbedingungen, die ihr Geschäftsmodell stärken. Der hier entwickelte Vorschlag setzt bei der Nachfrage nach Tagespresse bzw. journalistisch-redaktionellen Angeboten an. Denn es geht darum, Anreize zur Generierung eines gesellschaftlichen Kapitals zu sichern, welches freie Entscheidung erst ermöglicht und zugleich von freier Entscheidung abhängig ist.[520]

Abschaffung der Mehrwertsteuer auf journalistisch-redaktionelle Angebote

Nach dem BVerfG ist ein freies, nicht von öffentlicher Gewalt gelenktes Zeitungswesen ein Grundelement des freiheitlichen Staates:

> Von daher rechtfertigen die bekannte schwierige wirtschaftliche Lage vieler Publikationsorgane und das Bestreben, die Vielfalt der Presse zu erhalten und zu stärken, die steuerliche Begünstigung.[521]

So urteilte das BVerfG 1974 in der Schallplattenentscheidung. Auch heute befindet sich die Presse in einer schwierigen wirtschaftlichen Lage. Aktuell gilt für die gedruckte Presse der ermäßigte Mehrwertsteuersatz von 7 Prozent. Dies regelt § 12 Abs. 2 Nummer 1 des Umsatzsteuergesetzes (UStG), welches in der Anlage 2 die dem ermäßigten Mehrwertsteuersatz unterliegenden Gegenstände bezeichnet. Die Presse ist in Nummer 49 b) aufgeführt.[522] Über § 12 Abs. 2 Nummer 14 UStG gilt die Ermäßigung auch für die elektronische Presse. Um die Presse zu stärken, kann der Gesetzgeber diese Privilegierung in § 4 b des Gesetzes, der die »Steuerbefreiung beim innergemeinschaftlichen Erwerb von Gegenständen« regelt, überführen. Damit wäre die Mehrwertsteuer auf Presse vollständig abgeschafft. Allerdings steht diesem Vorgehen zurzeit das Europarecht entgegen. Nach Art. 98 der Mehrwertsteuerrichtlinie[523] können die Mitgliedsstaaten einen oder zwei ermäßigte Steuersätze anwenden. Der ermäßigte Mehrwertsteuersatz muss dabei mindestens 5 Prozent betragen. Eine vollständige Abschaffung der Mehrwertsteuer für journalistisch-redaktionelle Angebote setzt voraus, dass der Unionsgesetzgeber diese in einen der Kataloge der Steuerbefreiungen der Art. 131 ff. der Mehrwertsteuerrichtlinie aufnimmt. Für Tätigkeiten öffentlich-rechtlicher Rundfunkanstalten gilt diese Befreiung bereits, Art. 132 Abs. 1 q).

Steuerrechtliche Gleichstellung mit Parteispenden

Nach dem Einkommenssteuergesetz (EStG) ist es möglich, Spenden für gemeinnützige Zwecke auf das steuerpflichtige Einkommen anzurechnen. Der klassische Fall ist die Spende an einen gemeinnützigen Verein. Solche Spenden können als Sonderausgabe vom Gesamtbetrag der Einkünfte abgezogen werden, vgl. § 10 b EStG. Wenn z.B eine Person über ein Bruttoeinkommen von 30.000 Euro verfügt und 1000 Euro an den gemeinnützigen Kulturverein spendet, so beträgt ihr steuerpflichtiges Einkommen nur noch 29.000 Euro. Spenden für gemeinnützige Zwecke sorgen dafür, dass sich das zu versteuernde Einkommen vermindert. Die Progression der Einkommenssteuer führt im Ergebnis dazu, dass der Spendenabzug hohe Einkommen stärker entlastet als geringe Einkommen.

Das Steuerrecht kennt noch eine weitere Form der Spende: die Parteispende nach § 34 g EStG. Die Parteispende wird dabei nicht vom steuerpflichtigen Einkommen, sondern direkt von der Steuerschuld abgezogen. Die Ermäßigung beträgt 50 Prozent, ist aber auf 825 Euro gedeckelt Eine Person, die 1000 Euro an eine politische Partei spendet, bekommt die Hälfte, also 500 Euro, von ihrer Steuerschuld abgezogen, unabhängig von der Höhe ihres Einkommens. Die Höhe der Ermäßigungen ist progressionsunabhängig, um zu verhindern, dass Steuerpflichtige mit höherem Einkommen einen größeren Einfluss auf den Prozess der politischen Willensbildung erlangen als andere Bürger.[524]

Dieses Buch schlägt vor, bei der Presseförderung ähnlich zu verfahren. Bei Abschluss eines Abonnements einer regionalen Tageszeitung vermindert sich die Steuerschuld um die Hälfte des Abonnementbetrags. Es geht hier zunächst um die Stärkung der regionalen Tageszeitung, die die publizistische Grundversorgung auf dem Pressemarkt sichern soll. Um Härten gegenüber anderen publizistischen Angeboten zu vermeiden, vermindert sich – sofern eine regionale Tageszeitung abonniert wird – die Steuerschuld auch bei Abonnement weiterer journalistisch-redaktioneller Angebote. Die Deckelung erfolgt bei 400 Euro. Dem Deckelungsbetrag liegt ein – hoch gegriffener – jährlicher Abonnementpreis von 480 Euro (monatlich 40 Euro) zugrunde. Wird dazu noch eine weiteres journalistisch-redaktionelles Angebot abonniert, das 120 Euro im Jahr kostet, betragen die jährlichen Ausgaben für die regionale Tageszeitung und ein weiteres journalistisch-redaktionelles Angebot 600 Euro. Die Steuerschuld vermindert sich dann um die Hälfte, also um 300 Euro. In diesem Beispiel ist der Deckelungsbetrag noch nicht einmal ausgeschöpft.

Der Gesetzesvorschlag für einen § 34 h EStG lautet:

§ 34 h EStG

(1) Die tarifliche Einkommensteuer, vermindert um die sonstigen Steuerermäßigungen mit Ausnahme des § 34 f Absatz 3, ermäßigt sich bei Abonnementzahlungen für

1. regionale Tageszeitungen, und

2. weitere journalistisch-redaktionelle Angebote, wenn ein Abonnement nach Ziffer 1 besteht.

Die Ermäßigung beträgt 50 Prozent der Ausgaben, höchstens 400 Euro für Ausgaben nach den Nummern 1 und 2, im Fall der Zusammenveranlagung von Ehegatten höchstens 800 Euro. 3§ 10b Absatz 3 und 4 gilt entsprechend.

(2) Im Sinne dieses Gesetzes ist

1. eine Tageszeitung ein werktäglich erscheinendes journalistisch-redaktionelles Presseangebot, welches eine umfassende Berichterstattung bietet.

2. umfassende Berichterstattung insbesondere eine solche, die Politik, Wirtschaft, Kultur und Sport beinhaltet.

3. eine regionale Tageszeitung eine solche, deren tägliche Berichterstattung Ereignisse aus einem Landkreis oder einer vergleichbaren Gebietskörperschaft umfasst.

Neben der regionalen Tageszeitung privilegiert diese Regelung alle weiteren journalistisch-redaktionellen Angebote, unabhängig davon, ob es sich um Presse oder Rundfunk handelt. Eine Privilegierung von Presseangeboten ist aufgrund der höheren Suggestivkraft von Rundfunkangeboten grundsätzlich möglich. Nichtsdestotrotz ginge eine Beschränkung auf Presseangebote bei den weiteren journalistisch-redaktionellen Angeboten zu weit. Sie würde hybride wie reine Rundfunkangebote von vornherein von der Privilegierung ausschließen.

Verrechnung mit dem Rundfunkbeitrag

Abbildung 27 hat gezeigt, dass der Rundfunkbeitrag sich negativ auf die Bereitschaft auswirkt, für digitaljournalistische Inhalte zu zahlen. Eine weitere Möglichkeit, die Presse zu fördern, besteht darin, Abonnenten eine Ermäßigung auf den Rundfunkbeitrag zu gewähren. Aktuell liegt der Rundfunkbeitrag bei monatlich 18,36 Euro, § 8 Rundfunkfinanzierungsstaatsvertrag (RFinStV).[525] Die Erhebung des Rundfunkbeitrags ist im Rundfunkbeitragsstaatsvertrag (RBStV) geregelt. In § 4 RBStV sind Befreiungen vom und Ermäßigungen des Rundfunkbeitrags geregelt. Ein Vorschlag lautet:

Der Rundfunkbeitrag nach § 2 Abs. 1 wird auf Antrag für Abonnenten einer regionalen Tageszeitung um ein Drittel ermäßigt. Der Rundfunkbeitrag nach § 2 Abs. 1 wird auf Antrag für Abonnenten eines journalistisch-redaktionellen Angebots um ein Sechstel ermäßigt. Die Ermäßigung nach Satz 2 wird nur gewährt, wenn eine Ermäßigung nach Satz 1 vorliegt. Die Ermäßigung beträgt höchstens die Hälfte des regulären Rundfunkbeitrags.

Danach erfolgen die gesetzlichen Definitionen der regionalen Tageszeitung. Da der Rundfunkbeitrag sich am Finanzbedarf der Rundfunkanstalten bemisst (vgl. § 1 RFinStV), müssen die Mindereinnahmen des Rundfunks durch eine Erhöhung des regulären Beitrags ausgeglichen werden. Wer eine regionale Tageszeitung abonniert, erhält auf einen hypothetischen Rundfunkbeitrag von 36 Euro 12 Euro Rabatt. Für ein journalistisch-redaktionelles Angebot ermäßigt sich der Beitrag um weitere 6 Euro.

Gutscheine

Ein Vorschlag aus der Schweiz will die Presse über Bürgergutscheine fördern.[526] Warum nicht auch in Deutschland? Praktisch könnte das so aussehen: Der Gesetzgeber bedient sich der Infrastruktur des Beitragsservices der Rundfunkanstalten und verschickt einmal im Jahr mit der Beitragsrechnung ein Gutscheinpaket. Dieses besteht aus einem Gutschein, der die hälftige Übernahme der Abonnementkosten einer regionalen Tageszeitung garantiert. Für alle anderen journalistisch-redaktionellen Angebote garantiert ein weiterer Gutschein die Übernahme von bis zu einem Viertel der Abonnementkosten. In der Summe ist die Kostenübernahme auf 400 Euro jährlich begrenzt. 2021 waren knapp 40 Millionen Wohnungen beim Beitragsservice gemeldet.[527] Geht man davon aus, dass etwa zwei Drittel der maximal 400 Euro von einer durchschnittlichen Wohnung auch abgerufen werden würden, kommt man auf einen jährlichen Gesamtbetrag von etwa 10,6 Milliarden Euro, mit dem der Fiskus die Presseabonnenten bezuschussen würde. Das ist fast das 50-fache der 220 Millionen Euro, die der Staat in der letzten Legislaturperiode für die Unterstützung der Presse bereitstellen wollte und entspricht etwa 2 Prozent des Bundeshaushalts 2021.[528]

Ein weiterer Vorschlag zur Förderung über Gutscheine kommt von Sebastian Turner. Er schlägt vor, Lokalzeitungen über Arbeitnehmergutscheine zu stärken. Unternehmen könnten ihrer Belegschaft Gutscheine für den Kauf von Lokalzeitungen zur Verfügung stellen. Steuerrechtlich fußt dieser Vorschlag auf § 8 Abs. 2 Satz 11 EStG.[529]

Zustellförderung

Die seit Ende 2021 im Amt befindliche Ampelkoalition will die flächendeckende Versorgung mit periodischen Presseerzeugnissen gewährleisten.[530] Das Wort ›flächendeckend‹ lässt auf eine Zustellförderung schließen. Bei der vorangegangenen Bundesregierung scheiterte die mit 220 Millionen Euro im Haushalt eingeplante Presseförderung noch an verfassungsrechtlichen Bedenken.[531] Die Ampel hat sich des Themas bisher nicht angenommen. So veröffentlichte Anfang April 2023 das Bundeswirtschaftsministerium ein noch von der Vorgängerregierung in Auftrag gegebenes Gutachten, das eine Zustellförderung empfiehlt.[532] Die Veröffentlichung seitens des BMWK erfolgte jedoch mit dem Hinweis, es habe keine Zuständigkeit für eine mögliche Bundesförderung der Presse.[533] Dennoch, in Anbetracht sinkender Auflagen, die die Zuwächse im Digitalen noch immer nicht kompensieren, steigender Zustellkosten (nicht zuletzt durch den höheren Mindestlohn), gestiegener Papierpreise sowie nach wie vor an Print gewöhnte ältere Bevölkerungsschichten scheint an einer zusätzlichen Förderung der gedruckten Presse kurz- bis mittelfristig kein Weg vorbei zu führen. Sicher, eine derartige

Förderung kann der Natur der Sache nach nicht technologieneutral sein. Und ja, darin kann man eine Benachteiligung digitaler Presse sehen. Innovationsträchtig ist die Zustellförderung schon gar nicht. Nur: Not kennt kein Gebot. Und die Not im Lokaljournalismus ist groß. Die Funke-Mediengruppe kündigte jüngst an, die Zustellung in unwirtschaftlichen Regionen Ostthüringens einzustellen.[534] Wenig überraschend kommt ein im Auftrag des Verbands der Deutscher Lokalzeitungen erstelltes Gutachten zu dem Ergebnis, »die Aufrechterhaltung der morgendlichen Trägerzustellung der in besonderer Weise aktualitätsbezogenen Abonnement-Tageszeitungen [ist] bis zum Aufbau flächendeckend verfügbarer und von der Bevölkerung akzeptierter journalistisch-redaktionell gestalteter digitaler Medienangebote derzeit alternativlos.«[535] »Bemessungsgrundlage für die Subvention könnten ein Grundbetrag pro zuzustellendem Zeitungsabonnement sowie ein Zusatzfaktor sein, der die erhöhten Zustellkosten außerhalb von Ballungsräumen und Städten berücksichtigt«, heißt es an anderer Stelle im Gutachten.[536] Was könnten solche Zusatzfaktoren sein? Nach hiesiger Ansicht könnte man z. B. die Bevölkerungsdichte oder die Höhenunterschiede innerhalb eines Landkreises in die Berechnung einbeziehen.

Ein kleines Rechenbeispiel: Der Förderbetrag pro Zeitung ist das Produkt eines Basisbetrags und eines Zusatzfaktors. Der Basisbetrag beträgt in diesem Beispiel 10 Cent. Für den Zusatzfaktor wird die Fläche des Landkreises durch die Bevölkerungszahl geteilt und mit dem Faktor Hundert multipliziert. Der fiktive Landkreis Schnöggersburg bedeckt 2500 Quadratkilometer Fläche. Dort leben 100.000 Menschen.

Die Formel zur Berechnung des Förderbetrags lautet konkret:

$$10 \; Cent \times \left(\frac{2.500}{100.000} \times 100 \right) = 10 \; Cent \times 2{,}5 = 25 \; Cent$$

Am höchsten fiele die Förderung nach diesem Modell im Landkreis Prignitz aus, wo jede zugestellte Tageszeitung mit etwa 28 Cent gestützt werden würde. Am unteren Ende der Fördertabelle – dicht gefolgt von Berlin und Frankfurt am Main – ist die Stadt München anzutreffen. Dort müsste der Fiskus ob der hohen Bevölkerungsdichte nur ca. 0,2 Cent pro Ausgabe zuschießen.[537] Zudem sollte der Staat die Subvention ab einer bestimmten Anzahl von Exemplaren kappen, da mit steigender Auflage die Zustellkosten pro Exemplar wieder sinken. Des Weiteren sollte das Geld an die Zustellfirmen und nicht an die Verlage gehen. Das mag in vielen Fällen keinen Unterschied machen, weil die Zustellfirmen oft den Zeitungshäusern gehören. Zur Wahrung der Staatsferne empfiehlt es sich jedoch, hier genau zu differenzieren.

Digitales Presse-Grosso

Ein digitales ›Presse-Grosso‹-System wäre aber auch für den digitalen Journalismus denkbar, etwa in Form eines Co-Regulierungsregimes, in welchem der Regulierer bestimmte Voraussetzungen formuliert, unter denen privatwirtschaftliche Unternehmen die Distribution digitaljournalistischer Inhalte übernehmen und dafür staatliche Förderung erhalten würden.[538]

Ein digitales Presse-Grosso? Moment, was ist überhaupt ein analoges Presse-Grosso? Vereinfacht ausgedrückt ist das Presse-Grosso das Vertriebssystem, das dafür sorgt, dass Zeitungen und Zeitschriften von den Verlagen an die Kioske gelangen. Besonders ist das System wegen seiner Eigenheiten. Zum einen ist die Bundesrepublik aufgeteilt in 48 Vertriebsgebiete (Stand 2022), in denen jeweils ein Großhändler die Endzustellung an die Verkaufsstellen übernimmt. An diese Großhändler liefern die Verlage ihre Erzeugnisse. Dabei legen die Zeitungshäuser die Abgabepreise vom Groß- zum Einzelhandel sowie die Endverkaufspreise fest.

Einzel- und Großhändler dürfen dafür unverkaufte Exemplare gegen Gutschrift den Verlagen zurückgeben. Dafür verpflichtet sich der Pressegroßhandel wiederum, alle Verlage und Einzelhändler gleich zu behandeln und dafür zu soregn, dass die Ware überall erhältlich ist. Die Verhandlungen mit den Verlagen führen dabei nicht die einzelnen Großhändler, sondern ihr Dachverband, der Gesamtverband Presse-Grosso, der über ein zentrales Verhandlungsmandat verfügt.[539] Dabei genießt das Presse-Grosso sogar verfassungsrechtlichen Schutz, wie der 1. Senat des Bundesverfassungsgerichts Ende der 1980er-Jahre klarstellte:

> Eine selbständig ausgeübte, nicht unmittelbar die Herstellung von Presseerzeugnissen betreffende Hilfstätigkeit wird vom Schutz der Pressefreiheit umfaßt, wenn sie typischerweise pressebezogen ist, in enger organisatorischer Bindung an die Presse erfolgt, für das Funktionieren einer freien Presse notwendig ist und wenn sich die staatliche Regulierung dieser Tätigkeit zugleich einschränkend auf die Meinungsverbreitung auswirkt.[540]

Das Gericht betonte, dass Presseunternehmen für den freien Verkauf ihrer Produkte auf Grossisten angewiesen seien. Gerade neue, finanzschwache oder minderheitenorientierte Presseunternehmen, die kein eigenes Vertriebsnetz aufbauen und ihr Publikum nur durch Grossisten erreichen könnten, seien in gesteigertem Maße auf das Grosso-System angewiesen.[541] Wieder einmal zeigt sich der funktionsgeprägte Blick des Verfassungsgerichts auf die Pressefreiheit. Solange das Presse-Grosso für das Funktionieren einer freien Presse notwendig ist, wird es auch geschützt.[542] Im Umkehrschluss heißt das aber, dass der Schutz mit der Notwendigkeit für das Funktionieren der Presse entfällt. Schließlich ist das Presse-Grosso-System wettbewerbsrechtlich heikel, sichert es doch die Vertriebsmonopole der einzelnen Gebietsgroßhändler ab.

Es war deshalb wohl nur eine Frage der Zeit, bis ein Verlag, in der Hoffnung, günstigere Vertriebskonditionen für sich herauszuschlagen, das Grosso-System anfechten würde. Das geschah schließlich in Form einer Klage[543] des Bauer-Verlags, der das zentrale Verhandlungsmandat des Presse-Grosso-Verbands kippen wollte. Bauers Vereinbarung mit dem Verband war im Februar 2009 ausgelaufen und nun wollte das Zeitschriftenhaus mit einzelnen Grossisten die Vertragskonditionen individuell aushandeln. Diese waren dazu nicht bereit. Bauer verlangte, der Presse-Grosso-Verband solle es unterlassen, einheitliche Grosso-Konditionen mit den Verlagen bzw. Vertriebsgesellschaften zu verhandeln. Vor dem Landgericht Köln und dem Oberlandesgericht Düsseldorf hatte Bauer Erfolg. Wettbewerb würde aller Wahrscheinlichkeit nach dazu führen, dass in einem Gebiet mehrere Presse-Grossisten tätig würden. Es sei nicht erkennbar, dass diese im Vergleich zum Alleingebiets-Grosso weniger in der Lage oder willens sein sollten, die Absatzmöglichkeiten der von ihnen vertriebenen Verlagserzeugnisse in ihrem Gebiet voll auszuschöpfen, urteilte das OLG Düsseldorf. Aufgeschreckt durch das erstinstanzliche Urteil des Kölner Landgerichts schuf der Gesetzgeber eine einfachgesetzliche Grundlage für das zentrale Verhandlungsmandat. Das war misslich für den Bauer-Verlag, denn der Bundesgerichtshof, zu dem die Revision ging, hatte nun im Grunde nur noch darüber zu entscheiden, ob der neu geschaffene § 30 Abs. 2a des Gesetzes gegen den unlauteren Wettbewerb gegen Europarecht verstößt.

Ein Verstoß ist naheliegend, denn die europäischen Verträge und Wettbewerbsbeschränkungen – nichts anderes ist das Presse-Grosso – werden in diesem Leben keine Freunde mehr. Art. 101 Abs. 1 des Vertrags über die Arbeitsweise der europäischen Union verbietet »alle Vereinbarungen zwischen Unternehmen, Beschlüsse von Unternehmensvereinigungen und aufeinander abgestimmte Verhaltensweisen, welche den Handel zwischen Mitgliedstaaten zu beeinträchtigen geeignet sind und eine Verhinderung, Einschränkung oder Verfälschung des Wettbewerbs innerhalb des Binnenmarkts bezwecken oder bewirken«. Das klingt erst einmal nicht so, als hätte das Presse-Grosso eine Überlebenschance gehabt. Doch keine Regel ohne Ausnahme! Eine solche gibt es für Unternehmen, die mit Dienstleistungen von allgemeinem wirtschaftlichen Interesse betraut sind. Für diese gelten die europäischen Wettbewerbsregeln nicht, bestimmt Art. 106 Abs. 2 des europäischen Vertragswerks.

Der Bundesgerichtshof hatte also zu prüfen, ob das Presse-Grosso eine Dienstleistung von allgemeinem wirtschaftlichen Interesse ist. Solche stellten marktbezogene Tätigkeiten dar, die im Interesse der Allgemeinheit erbracht und daher von den Mitgliedsstaaten mit besonderen Gemeinwohlverpflichtungen verbunden werden. Er führt aus, dass das Recht der europäischen Union die Voraussetzungen dieser Dienstleistungen nicht abschließend regele; den Mitgliedsstaaten stehe ein weiter Ermessensspielraum zu.[544] Und innerhalb dieses Ermessensspielraums spielt die Pressefreiheit eine entscheidende Rolle:

> Eine vielfältige und möglichst umfassend vertriebene Presse ist von grundlegender Bedeutung für die außer durch Art. 5 Abs. 1 GG auch durch Art. 6 Abs. 1 EUV iVm Art. 11 Abs. 2 EU-Grundrechtecharta sowie Art. 10 Abs. 1 EMRK geschützte freie Meinungsbildung.[545]

Merke: Zusammenschlüsse von Unternehmen, die den Wettbewerb beeinträchtigen, sind in der Regel rechtswidrig. Ausnahmen können für marktbezogene Tätigkeiten gemacht werden, die im Interesse der Allgemeinheit erbracht werden. Das sollte im Hinterkopf behalten, wer eine digitale Entsprechung des Presse-Grosso schaffen will.

Wie kann dann ein digitales Presse-Grosso aussehen? Konkret bietet sich eine gesetzlich gestützte Log-in-Allianz an. Ein Gedankenspiel: Die Verlage wollen der großen Dominanz der US-Plattformen etwas entgegensetzen und einigen sich auf eine Anmeldeplattform. Das heißt, sie schaffen die Infrastruktur für ein gemeinsames digitales Konto, mit dem man sich bei allen in

Deutschland erhältlichen Medienportalen einloggen kann. Auf dem Konto sind Zahlungsinformationen hinterlegt, sodass Nutzer, die den *Tagesspiegel* abonniert haben, aber auch einmal die Digitalausgabe der *Süddeutschen* lesen wollen, sich nicht erst mühselig dort registrieren müssen. Wie jede Plattform sammelt auch diese Daten, die zur besseren Ausspielung von Werbung genutzt werden. Das sollte sich positiv auf die Werbeeinnahmen der Verlage auswirken.

»Geht doch schon!«, schreit der aufmerksame Leser. Meine Zahlungsinformationen sind bereits im AppStore hinterlegt. Ich bezahle einfach über Apple. Klar, das geht. Mittels der im AppStore hinterlegten Bankdaten können Nutzer so ziemlich alles bezahlen, was sie an digitalen Produkten kaufen. Das Problem aus Verlagssicht: Apple verlangt eine ganze Menge Provision: 30 Prozent für Einmalkäufe und Abonnements im ersten und 15 Prozent für Abonnementzahlungen ab dem zweiten Jahr.[546] Google ist ein wenig günstiger. Dort fallen für die erste Million Dollar Umsatz im Jahr 15 Prozent, danach 30 Prozent an. Aboprodukte kosten generell 15 Prozent Provision.[547] Sicher, eine solche Anmelde-Allianz führt nicht automatisch dazu, dass Nutzer aufhören, Presseprodukte über App- und Playstore zu bezahlen. Es erhöht aber die Wahrscheinlichkeit, dass Abozahlungen vollständig bei den Zeitungshäusern verbleiben.

»Gibt's doch schon«, lautet der nächste Einwand. Auch das stimmt. NetID heißt z. B. ein solcher von der NetID Stiftung ins Leben gerufene Zusammenschluss, der nach eigener Aussage einen offenen Standard bietet, »der es Nutzenden ermöglicht, auf alle Online-Angebote der NetID Partner der Stiftung mit denselben Login-Daten zuzugreifen.«[548] Und tatsächlich kann die NetID schon auf eine ganze Menge Unterstützer zählen. Die *Süddeutsche*, PRO SIEBEN, *Welt* und *Bild* sowie *Merkur.de* nutzen die NetID. Daneben gibt es aber auch noch andere Anbieter wie z. B. ID5. Die Schweizer, denen man ja gerne eine gewisse Langsamkeit nachsagt, sind ihren nördlichen und östlichen Nachbarn dennoch voraus. Dort existiert eine solche Log-in-Plattform der großen Medienhäuser bereits. Das von den Schweizer Branchengrößen TX Group und Ringier Verlag gegründete Joint Venture zählt auch Axel Springer Schweiz zu den Trägern und konnte jüngst die CH Media und die *Neue Zürcher Zeitung* als Aktionäre gewinnen, die OneLog im Laufe des Jahres 2023 einführen werden.[549] Was sind die Vorteile von OneLog aus Sicht der Betreiber?

Mit dem einmaligen Login erhalten Sie Zugang zu einem sich kontinuierlich vergrössernden digitalen Medien-Angebot. Die gemeinsame Login-Lösung ermöglicht es uns, Ihnen ein personalisiertes, plattformübergreifendes Medienerlebnis anzubieten. Dabei sind alle Funktionen und Prozesse entlang strengster Datenschutzrichtlinien gestaltet.[550]

In Österreich existiert seit Herbst 2022 eine ähnliche Initiative mit dem Namen MediaKey.[551] Es mag sein, dass sich NetID oder ein anderes Angebot auch in diese Richtung entwickelt. Aber noch setzen die meisten deutschen Verlage auf ihre jeweils eigene Log-in-Infrastruktur. Damit machen sie es den amerikanischen Plattformkonzernen zu leicht. Deren Dominanz auf den Werbemärkten werden die Medienhäuser kaum angreifen können, solange jeder sein eigenes Süppchen kocht. Vor allen Dingen erschweren sie damit auch Werbungtreibenden das Leben. Naheliegend wirkt daher die Forderung, die die Leiterin der Marketing-Kommunikation beim Deutschen Sparkassen- und Giroverband, den Verlagen ins Stammbuch schreibt:

Es sollte eine einheitliche ID-Solution für das deutsche Media-Ökosystem forciert werden. Wenn beispielsweise alle Publisher die NetID als Identifier nutzen würden, hätten Werbungtreibende keine Probleme mehr beim User-Matching zwischen Vermarkterreichweiten. Deutsche Publisher-Reichweiten wären damit ein echtes Gegengewicht zu Google oder Facebook.[552]

Und Otfried Jarren schreibt:

Es bedarf eines einheitlichen, branchenweiten Identifikations-, Konto-verwaltungs- und Log-in-Prozesses, eines digitalen Nutzermanagement-systems. Eine eigenkontrollierte Infrastruktur der publizistischen Branche sollte das Ziel sein. Denn die Konkurrenz zu kommerziellen Plattformen bleibt groß. Medien und Journalismus dürfen nicht von den Regeln der Plattformen abhängige Zulieferer werden, die sogar bei Nutzungs- und Bewertungsdaten auf die Plattformen angewiesen sind.[553]

Ja, diese gemeinsame ›ID-Solution‹ bzw. eigenkontrollierte Infrastruktur der publizistischen Branche sollte es geben. Die Chancen, dass der Bund Geld für eine Anschubfinanzierung herausrückt, stehen nicht einmal schlecht. In der vergangenen Legislaturperiode ist er an einer Presseförderung, die eigentlich digitale Innovationen hervorbringen sollte, aus verfassungsrechtlichen Gründen gescheitert.[554] Ihren grundsätzlichen Willen zur Förderung der Presse hat auch die nun regierende Ampelkoalition kundgetan. Im Gesetz gegen den unlauteren Wettbewerb könnte der Gesetzgeber eine Privilegierung für die Log-in-Plattform schaffen und sich europarechtlich absichern, indem er sie zur Dienstleistung von allgemeinem wirtschaftlichen Interesse erklärt. Im Falle von Motivationsschwierigkeiten hilft ein kurzer Hinweis auf die sogenannte ›4. Rundfunkentscheidung‹, in der Karlsruhe die Frage aufwarf, was es für verfassungsrechtliche Auswirkungen habe, wenn der Presse existenzwichtige Finanzquellen auf dem Werbemarkt entfallen.[555]

Die Bezugnahme auf die Dienstleistung von allgemeinem wirtschaftlichen Interesse hätte gewisse Einschränkungen zur Folge: Die Anmelde-Plattform dürfte z. B. kleinere Medienunternehmen nicht diskriminieren, müsste grundsätzlich alle gleich behandeln. Die Werbeeinnahmen dienen der Finanzierung des Journalismus und sind kein Selbstzweck. Diese rechtliche ›Einrahmung‹ hat den großen Vorteil, dass es für einzelne Verlage sehr schwierig wird, andere zu übervorteilen. Ob das überhaupt zu befürchten wäre, steht auf einem anderen Blatt. Aber allein der Verdacht zählt. Und bisher haben sich die Verlage nicht über ihre Fähigkeit, bei grundsätzlichen Themen konstruktiv zusammenzuarbeiten, hervorgetan. Da trifft es sich, dass Julia Becker, Aufsichtsratsvorsitzende der Funke Mediengruppe, in Anbetracht der beinahe vollständigen Abwicklung des einstigen Flaggschiffs der Zeitschriftenbranche, Gruner + Jahr, ihre Verlegerkollegen an einen runden Tisch bat.[556] Beckers Wortmeldung in der FAZ offenbart die Misere der Verlagsbranche. Funke ist im letzten Jahr aus Protest gegen den Präsidenten des Bundesverbandes der Zeitungsverleger, Springer-Chef Döpfner, aus der Interessenvertretung ausgestiegen. Döpfner ist inzwischen nicht mehr Präsident, doch Funke dem Verband immer noch abhold. Besser als eine eigene Initiative zu starten, wäre es, dem BDZV wieder beizutreten, kommentiert der Branchendienst Meedia.[557] Dem ist wohl so, denn die sinnvolle Initiative verläuft aller Voraussicht nach im Sande. Jedoch gehört Funke noch dem Magazin-Pendant zum BDZV, dem Bundesverband der Zeitschriftenverleger (VDZ), an. Dieser hat sich nach heftigem Streit[558] jüngst als Medienverband der freien Presse (MVfP) neugegründet. In der Berliner Markgrafenstraße 15, wo beide Dachorganisationen sitzen, hängt der Haussegen häufiger schief als gerade.

Ein Hoffnungsschimmer sind einzelne Verlagskooperationen. Die FAZ und die Süddeutsche vermarkten ihre überregionalen Inhalte z.B. über eine gemeinsame Firma namens Republic,[559] die Bertelsmann Vermarktungstochter Ad Alliance kooperiert mit der Springer Vermarktungstochter Media Impact.[560] Funke und Burda denken ebenfalls über eine Vermarktungsallianz nach. Der Branchendienst Meedia kommentiert:

> Mit dem jetzt angestrebten Vermarktungsbündnis hätten Funke und Burda langfristig wenig gewonnen. Wichtig wäre es, dass die Verlagswirtschaft eine branchenübergreifende, große Lösung findet. Dann hätten alle Medienunternehmen eine reelle Chance, sich gegen die US-Techriesen zu behaupten. Hier müsste aber die Politik eingreifen. Sie muss

den gesetzliche [sic] Rahmen schaffen, um auch branchenweite Verlagskooperationen zu ermöglichen. Tut sie das nicht, riskiert sie einen weiteren Niedergang von Medienmarken. Und davon haben wir schon genug
Beispiele in der Branche.[561]
Dem ist nichts hinzuzufügen.

Ein ›Spotify für Journalismus‹

Ist erst die digitale Infrastruktur gelegt, bieten sich eine Menge Möglichkeiten, diese zur Erweiterung des Lesermarktes zu
nutzen. Die augenfälligste scheint die eines ›Spotify für Journalismus‹ zu sein. Konkret hieße das, mit einem monatlichen
Abonnementbeitrag Zugriff auf alle digitalen journalistischen
Inhalte in Deutschland zu bekommen. Morgens den *Bonner General Anzeiger* lesen und während der Bahnfahrt nach Koblenz in
der *Rhein-Zeitung* nachschlagen, was am Deutschen Eck los ist?
Warum nicht gleich in der *Süddeutschen* informieren, was in der
großen weiten Welt geschieht? Oder vielleicht doch lieber in der
FAZ? Mit welcher neuen Recherche wartet der *Spiegel* auf? Aus Pu-
blikumssicht ist das das berühmte Angebot, das man nicht ab-
lehnen kann! Oder? Aber aus Verlagssicht? Spotify ist nicht dafür
bekannt, üppige Tantiemen auszuschütten. Aber wenn die Verlage es denn selber einführten? Lohnte es sich? Müsste man mal
berechnen. Müsste, könnte, sollte. Ein Glück, dass die Landesmedienanstalt Nordrhein-Westfalen zu der Frage ein Gutachten in
Auftrag gegeben hat.
    Das Forscherquartett Christian Wellbrock, Frank Lobigs, Lu-
kas Erbrich und Christopher Buschow hat die Markteffekte einer
›Super-Plattform‹, die sämtliche regionalen wie überregionalen
Verlagsinhalte umfasst, untersucht. Dabei haben sie die Umsatz-
effekte des aus Print und Digital bestehenden Gesamtmarktes sowie des reinen Digitalmarktes simuliert. Führte man eine solche
›Super-Plattform‹ zu einem monatlichen Abonnementpreis von

knapp 10 Euro ein, hätte dies zwar keine nennenswerten Steige-
rungen des monatlichen Gesamtumsatzes zur Folge, die Anzahl
der Abonnements würde aber um beinahe zwei Fünftel wachsen.
Simuliert man nur den Digitalmarkt, wüchsen die Umsätze um
ein Zehntel, während die Abonnements um etwas mehr als zwei
Fünftel stiegen. Der durch den niedrigen Preis zu erwartende
Umsatzeinbruch würde also in beiden Fällen durch den Zuwachs
an Abonnements ausgeglichen. Im Digitalen haben mehr Abonnements auch keine gesteigerten Fixkosten zur Folge. Im Gegenteil: Nach Ansicht der Autoren bestünden aufgrund von Synerg-
ieeffekten in der digitalen Infrastruktur sogar Potenziale einer
beträchtlichen Verminderung der technischen Fixkosten.[562] Und
der erwartete Marktzuwachs wäre nicht nur ökonomisch, sondern vor allem demokratietheoretisch erfreulich.

Die vier Forscher haben zudem eine weitere Berechnung an-
gestellt. Und zwar haben sie geschätzt, wie sich eine monatliche 10-Euro-Preissubvention für hochpreisige Abonnements
(Printprodukte und E-Paper) sowie eine 5-Euro-Preissubvention
für niedrigpreisige Abonnements (insbesondere digitale ›Plus-
Abos‹) auswirken würden. Wegen der umfangreichen Mitnahmeeffekte – also der Tatsache, dass auch diejenigen profitieren,
die ohnehin für Abos zahlen – kommen sie auf etwa 700 Euro,
die die öffentliche Hand für jedes dazugewonnene Abo in die
Hand nehmen müsste. Der Zugewinn an Abonnements entsprä-
che aber nur einem Drittel dessen, was mit einer monatlichen
5-Euro-Subvention einer journalistischen Plattform dazugewonnen wäre. Die Nachfrage einer Journalismus-Plattform zu
stützen käme den Fiskus noch dazu deutlich günstiger: Jedes
hinzugewonnene Abonnement schlüge mit nur etwa 100 Euro zu
Buche.[563]

Was sagt uns diese Studie? Zum einen, dass es eine Nachfrage
nach einem ›Spotify für Journalismus‹ gibt. Bei einem entsprechend attraktiven Preis, würde das sogar zu leicht steigenden

Gesamtumsätzen führen. Wobei an dieser Stelle der Konjunktiv nicht nur sprachlich, sondern auch tatsächlich den Ausschlag gibt. Es handelt sich um eine Schätzung. Ob die Ergebnisse einem Realitätstest standhalten, ist nicht ausgemacht. Der wesentliche Pferdefuß des ›Spotify-Modells‹ verbirgt sich jedoch hinter der Frage, wie die Einnahmen auf die einzelnen Teilnehmer verteilt werden. Die Verlage müssten einen Verteilungsschlüssel finden, mit dem alle zufrieden wären. Der Verteilungsschlüssel sollte insbesondere keine Fehlanreize setzen, z.B., indem insbesondere auf die Aufmerksamkeitsökonomie setzende Angebote davon profitieren. Einen solchen Schlüssel zu finden, scheint sehr ambitioniert. Vielleicht zu ambitioniert. Und der Präsident des MVFP, Burda-Vorstand Philipp Welte, hat dem Projekt auch gleich eine Absage erteilt. Ein Spotify für Journalismus gebe es schon und heiße Google. Der wirtschaftliche Erfolg der Verlage hänge davon ab, nicht einzelne Inhalte-Häppchen zu vertreiben, sondern ihre gesamte Komposition in Magazinen, Portalen oder in Apps.[564]

Aber es muss ja nicht gleich die ganz große Lösung sein. Die der Studie zugrunde liegenden Befragungen haben zutage gefördert, dass das Publikum Kombimodelle (z.B. eine lokale in Verbindung mit einer überregionalen Zeitung) ebenfalls sehr schätzt.[565] Kombirabatte könnten die Nachfrage steigern, ohne dass ein komplizierter Verteilschlüssel angewandt werden müsste. Schließlich ist es der Nutzer, der ›sein‹ Paket auswählt. Da der Preis der ausschlaggebende Faktor für Neuabonnements zu sein scheint, spricht auch hier vieles für eine Nachfragesubvention. Die kann allerdings aufgrund zu erwartender Mitnahmeeffekte sehr teuer ausfallen.

Betrachtung

Die ›eine‹ Lösung für die Finanzierungskrise des Journalismus gibt es nicht. Entsprechend läuft es auf ein Bündel an Maßnahmen heraus, das idealerweise die Nachfrage ankurbelt. Der Verfasser plädiert dafür, diese Förderung über das Steuerrecht oder Gutscheine vorzunehmen. Der Rundfunkbeitrag ist politisch ›vermintes‹ Gelände. Eine Verrechnung mag auf den ersten Blick charmant erscheinen, aber die damit einhergehende Erhöhung des Rundfunkbeitrages würde an mangelnder Akzeptanz in der Bevölkerung scheitern. Den Preis journalistisch-redaktioneller Angebote mittels einer Nachfragesubvention so weit zu drücken, dass es zu einer nennenswerten Steigerung der Abonnentenbasis kommt, wird sehr teuer. Insbesondere, weil von starken Mitnahmeeffekten auszugehen ist. Ordnungspolitisch ›sexy‹ ist das nicht. In Hinblick auf die institutionelle Gewährleistung der Presse führt daran aber vielleicht kein Weg vorbei. Nachfragesubventionen haben den entscheidenden Vorteil, dass die Auswahl der Angebote bei den Bürgern verbleibt, die Vergabe der Gelder also ›staatsfern‹ erfolgt. Bevor es dazu kommt, sollte aber zunächst die Mehrwertsteuer auf journalistisch-redaktionelle Angebote abgeschafft werden.

Eine gemeinsame digitale Vermarktungs- und Anmeldeplattform ist überfällig. Der Gesetzgeber sollte die rechtlichen Grundlagen dafür schaffen. Mittels einer Einmalzahlung kann er deren Aufbau fördern. Sollte er sich tatsächlich zu einer Nachfrageförderung durchringen, käme eine solche Plattform auch für Auszahlung und Verrechnung der Preissubventionen infrage. Ein ›Spotify für Journalismus‹ hält der Verfasser für praktisch schwer durchsetzbar. Kombiangebote hingegen können zu einer Markt- und Umsatzerweiterung beitragen. In jedem Fall verbessert die Anmeldeplattform die Wettbewerbssituation der Verlage auf den Werbemärkten.

Kurz- bis mittelfristig führt an einer Zustellförderung kein Weg vorbei. Diese muss sich aber an den tatsächlichen Mehrkosten der ländlichen Zeitungs- oder Zeitschriftenzustellung orientieren.

2. Konsequentes Vorgehen gegen Intermediäre

Ob man es nun Auftrag oder Aufgabe nennt, Presse und Rundfunk dienen der freien individuellen und öffentlichen Meinungsbildung. Werbeeinnahmen sind Mittel zu diesem Zweck. Medienwissenschaftlich betrachtet bilden sie ein eigenes Funktionssystem ›Journalismus‹. Intermediäre gehören zum Funktionssystem ›Wirtschaft‹ und verfolgen außerpublizistische Ziele. Werbeeinnahmen sind der Zweck, ihre Rolle im Meinungsbildungsprozess ist das Mittel, diese zu generieren. Für die Beiträge, die Nutzer auf ihren Plattformen veröffentlichen, sind die Intermediäre rechtlich nicht verantwortlich. Für alle anderen Medien gilt: »Es gibt keine Veröffentlichung ohne Verantwortung.«[566]

a. Das Plattformprivileg

Dass die Intermediäre nicht für die Inhalte, die auf ihren Plattformen veröffentlicht werden, haften, liegt am sogenannten ›Plattformprivileg‹. Das Plattformprivileg hat seinen Ursprung in Section 230 Communications Decency Act (CDA) der Vereinigten Staaten.[567] Section 230 stellt die Intermediäre von der Verantwortung für Nutzerbeiträge frei. Sinan Aral erklärt die Entstehungsgeschichte dieses Gesetzes: In den Anfangstagen des Internets beschäftigte die Haftungsfrage amerikanische Gerichte. Konkret ging es um die gemeinschaftsbasierte Kommunikationsplattform CompuServe. Die Gerichte entließen CompuServe aus der Haftung für von ihren Nutzern veröffentlichte Beiträge. Und zwar, weil CompuServe die Beiträge *nicht* moderierte. Dem Konkurrenten Prodigy machten sie für Nutzerbeiträge mitverantwortlich, eben weil Prodigy moderierte. Das schaffte bei den Plattformen den Anreiz, Debatten laufen zu lassen. Dem amerikanischen Gesetzgeber war das ein Dorn im Auge, der die Plattformen gerade zur Moderation anhalten wollte. Er schuf Section 230 und stellt die Plattformen seither von der Verantwortung für Inhalte frei.[568]

In Europa hat Section 230 seine Entsprechung zunächst in den Artikeln 12 bis 15 der E-Commerce-Richtlinie gefunden.[569] Diese wurden jüngst in das sogenannte ›Gesetz über Digitale Dienste (Digital Services Act/DSA)‹ überführt, welches am 27. Oktober 2022 im Amtsblatt der europäischen Union veröffentlicht wurde.[570] Es gibt nach Art. 8 DSA für Diensteanbieter keine allgemeine Verpflichtung, »die von ihnen übermittelten oder gespeicherten Informationen zu überwachen oder aktiv nach Umständen zu forschen, die auf eine rechtswidrige Tätigkeit hinweisen.« Artikel 8 der Verordnung verweist auf Diensteanbieter iSd Artikel 4, 5 und 6. Dahinter verbergen sich im Wesentlichen die sogenannten ›Zugangs-Provider‹ (Art. 4) und ›Host-Provider‹ (Art. 6). Danach sind Host-Provider nicht für von Nutzern eingegebene Informationen verantwortlich, solange sie keine Kenntnis von illegalen Aktivitäten und Inhalten haben und diese nach Kenntnis unverzüglich entfernen, vgl. Art. 6 Abs. 1. Zugangs-Provider zeichnen sich dadurch aus, dass sie Informationen in einem Kommunikationsnetz übermitteln oder Zugang zu ihnen vermitteln.[571] Klassischerweise sind das Konzerne wie etwa die Telekom oder Vodafone, die Telefon- und Internetanschluss anbieten. Host-Provider zeichnen sich dadurch aus, dass sie Informationen für Nutzer speichern.[572] Eine Form des Host-Providers ist die sogenannte ›Online-Plattform‹. Eine Online-Plattform ist nach der Legaldefinition des DSA ein Hosting-Dienst, »der im Auftrag eines Nutzers Informationen speichert und öffentlich verbreitet, sofern es sich bei dieser Tätigkeit nicht nur um eine unbedeutende und reine Nebenfunktion eines anderen Dienstes [...] handelt«, Art. 3 i) DSA. Darunter fallen die Social-Media-Plattformen.[573] Keine Aussage trifft der DSA zu der Art und Weise, wie das *Ranking* der Inhalte durch die Netzwerkplattformen erfolgt. Damit ist ihnen Tür und Tor geöffnet, die Auswahl und Darstellung der Nutzerinhalte an der Werbewirksamkeit auszurichten. Entsprechend höher gewichten die Plattformen polarisierende Beiträge.[574]

b.   Die Ausrichtung der Plattformen

Besser wäre es, die Plattformen würden die Nutzerinhalte so anzeigen und anordnen, dass sie der freien individuellen und öffentlichen Meinungsbildung dienen.[575] Warum das so ist, zeigt Abbildung 31.

Abbildung 31
Konsequenzen unterschiedlicher Plattformausrichtung

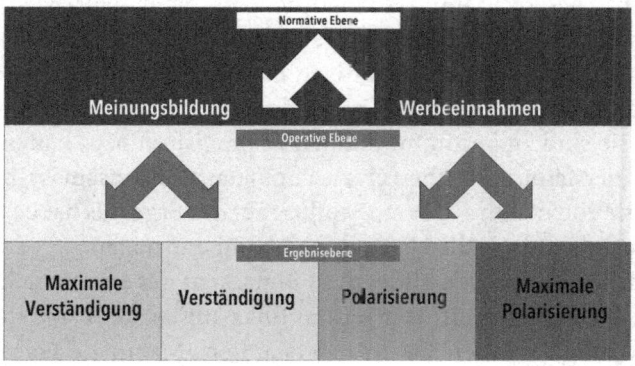

Eigene Darstellung.

Abbildung 31 ist vertikal in drei Ebenen untergliedert: *normative Ebene, operative Ebene* und *Ergebnisebene*. Jede Ebene bildet einen möglichen Anknüpfungspunkt für Regulierung. Die normative Ebene steht nicht nur grafisch, sondern auch in der Hierarchie ganz oben. Regulierung, die bei der normativen Ebene ansetzt, beeinflusst die operative und die Ergebnisebene mit. Mögliche normative Vorgaben sind Meinungsbildung (journalistische Medien) und Werbeeinnahmen (Intermediäre).

Die operative Ebene stellt die mittlere Ebene dar. Regulierungsmaßnahmen der operativen Ebene sind z. B. Vielfalts- oder Neutralitätstatute, wie auch immer sie in der Praxis gestaltet sein mögen. Diese ändern nichts an der grundsätzlichen Zielsetzung der Plattformen, sondern verändern die Funktionsweise. Ein Vorschlag aus den USA zielt z. B. darauf ab, dass die Federal Trade Commission (FTC) die politische Neutralität der Plattformen bescheinigen muss, bevor diese sich auf das Haftungsprivileg von Section 230 berufen können.[576] Ein klassischer operativer Eingriff ist zudem das Filtern von Beiträgen, wie YouTube es mittels der sogenannten ›Content ID‹ betreibt.[577] Upload-Filter, wie sie von Kritikern der neuen Urheberrechtslinie, die zum 1. August 2021 in deutsches Recht umgesetzt wurde[578], als deren logische Konsequenz befürchtet wurden, gehören ebenso in diese Kategorie. Das ist der Knackpunkt bei operativen Eingriffen. Entweder sie sind zu unbestimmt und laden zu willkürlicher Einflussnahme ein, oder sie sind zu bestimmt und damit praxisfern bzw. laufen Gefahr, die Meinungsfreiheit einzuschränken. Gemeinsam ist ihnen, dass sie einen unmittelbaren Einfluss auf das Ergebnis haben, d. h. darauf, ob und wie die Plattformen Beiträge anzeigen.

Die Ergebnisebene bildet das Fundament des Schemas. Sie ist horizontal gegliedert. Der Kasten links außen stellt ›Maximale Verständigung‹, der Kasten rechts außen ›Maximale Polarisierung‹ dar. Verständigung ist unabdingbar für eine funktionale Meinungsbildung in der Gesellschaft. Für die Zwecke des Modells bedeutet ›Verständigung‹ die Vermittlung zwischen und von gegensätzlichen Positionen. ›Polarisierung‹ zeichnet sich hier durch das Ausbleiben der Vermittlung aus.[579] Eingriffe auf der Ergebnisebene verhindern die Veröffentlichung (rechtswidriger) Beiträge nicht. Sie führen zu ihrer nachträglichen Sperrung oder Löschung. Das steht im Einklang mit Art. 6 Abs. 1 DSA. Danach haften Host-Provider nicht für Inhalte, wenn sie keine Kenntnis von der rechtswidrigen Handlung oder der Information haben und sie bei Kenntnis unverzüglich die Information entfernt oder den Zugang zu ihr gesperrt haben. Pflichten entstehen für die Plattformen also immer erst im Nachhinein und nicht vor Veröffentlichung der beanstandeten Inhalte. Zusätzlich greift in Deutschland noch das sogenannte ›Netzwerkdurchsetzungsgesetz‹. »Der Anbieter sozialer Netzwerke muss«, so § 3 Abs. 1 S. 1 NetzDG, »ein wirksames und transparentes Verfahren [...] für den Umgang mit Beschwerden über rechtswidrige Inhalte vorhalten.« Im Folgenden regelt das Gesetz das Verfahren, also wie und unter welchen Umständen die Löschung und Sperrung zu erfolgen hat, vgl. § 3 Abs. 2 NetzDG.[580]

c. Regulierungsvorschlag

Die Netzwerkplattformen wollen Geld verdienen. Ihr Geld verdienen sie mit Werbung. Werbung ist auf Aufmerksamkeit angewiesen. Aufmerksamkeit weckt man insbesondere durch Polarisierung. Das Geschäftsmodell erlaubt es, Polarisierung zu monetarisieren. Für die Kollateralschäden der Polarisierung, Hass und Hetze, sind die Netzwerke nicht verantwortlich.[581] Das Plattformprivileg entlässt sie aus der Haftung. Sie verdienen ihr Geld damit, Porzellan zu zerschlagen, und der Gesetzgeber verpflichtet sie, die Scherben aufzukehren. Das ist das Wesen des NetzDG. Besser ist es, das Porzellan zu schützen.

Soweit Plattformen die Auswahlalgorithmen auf eine optimale Meinungsbildung hin ausrichten, ist gegen das Haftungsprivileg wenig einzuwenden. Das würde aber ein von Geschäftsinteressen unabhängiges Ranking der Inhalte voraussetzen. Der DSA verwendet als Überbegriff für das Ranking den Begriff des ›Empfehlungssystems‹. Ein Empfehlungssystem ist danach – verkürzt – ein vollständig oder teilweise verwendetes System, um den Nutzern bestimmte Informationen vorzuschlagen oder diese Informationen zu priorisieren, vgl. Art. 3 s) DSA. Eine solche für Empfehlungssysteme zuständige Unternehmenseinheit müsste organisatorisch vom Rest des Konzerns abgetrennt werden. Dass eine solche Trennung von Empfehlungssystemen und Unternehmen möglich ist, beweist die in der Presse geläufige konsequente Trennung von Redaktion und Verlag. In ihren Selbstbeschreibungen zur Funktionsweise ihrer Rankings erwecken selbst die Plattformen den Eindruck, dass Werbeinteressen keinen Einfluss auf die Anordnung der Inhalte hätten. Zumindest werden Werbeinteressen nicht als Kriterien der Selektion von Inhalten benannt.[582] Auch lasse sich das Ranking von Inhalten nicht durch Zahlungen beeinflussen, schreibt Instagram.[583] Eine Entkoppelung von Werbeinteressen und Algorithmen scheint also grundsätzlich möglich.

Für die praktische Gewährleistung dieser Neuausrichtung müssen vier Kriterien erfüllt sein. Zunächst bedarf es einer *Selbstverpflichtung* der Plattformen, der Meinungsbildung zu dienen, die eine *Einrichtung der freiwilligen Selbstkontrolle* überwacht. Da Plattformen in vielerlei Hinsicht mit Infrastruktur[584] vergleichbar sind, gilt für sie *keine Tendenzfreiheit*.[585] Die entsprechend notwendige unabhängige Redaktion sichert eine konsequente *Trennung* vom Konzern ab. Um eine bessere Kontrolle der Algorithmen zu ermöglichen, werden die Plattformen verpflichtet, die für das Ranking – also die Aggregation, Selektion und Präsentation – maßgeblichen Kriterien zu veröffentlichen, sowie der Wissenschaft Zugang zu den Algorithmen zu ermöglichen (*Transparenz*).

Selbstverpflichtung

Die Selbstverpflichtung der Presse ist der Pressekodex, der vom Presserat überwacht wird. Für die Fortgeltung des Plattformprivilegs ist den Plattformen aufzugeben, sich einer vergleichbaren Einrichtung anzuschließen, deren ›Kodex‹ sie verpflichtet, der Meinungsbildung zu dienen. Ein solcher Plattformrat nimmt Beschwerden an und überwacht die Einhaltung des Kodex. Das Dilemma besteht darin, dass es für Plattformen keine mit den »anerkannten journalistischen« (vgl. § 19 Abs. 1 S. 1 MStV) vergleichbaren Grundsätze gibt. Diese müssten sich erst herausbilden.[586]

Die Plattformökonomie ist geprägt von wenigen Unternehmen, die den Markt unter sich aufteilen. Eine marktbeherrschende Stellung eines einzelnen Unternehmens nennt man Monopol, eine marktbeherrschende Stellung einiger weniger Unternehmen nennt man Oligopol. Da hier wenige Unternehmen theoretisch in der Lage sind, ganze Debatten zu steuern und zu lenken, kann für die Plattformen im Gegensatz zur Presse keine Tendenzfreiheit gelten. Der Kodex muss eine Regelung zur Meinungsneutralität enthalten.

Trennung von Empfehlungssystemen und Inhaltemoderation vom Konzern

Die Selbstverpflichtung kann sich in der Praxis nur bewähren, wenn Intermediäre eine konsequente Trennung von Empfehlungssystemen und Inhaltemoderation einerseits und Restkonzern andererseits vollziehen. Nur so ist die Unabhängigkeit der Empfehlungssysteme gewährleistet. Vorbild ist die Trennung von Redaktion und Verlag, wie sie im Pressewesen üblich ist.[587] Was die Inhaltemoderation angeht, bietet sich der Meta-Konzern zur Orientierung an. Mit dem Oversight Board hat der Konzern bereits eine nach eigenen Angaben unabhängige Instanz geschaffen, die Entscheidungen über das Entfernen von Inhalten trifft.[588] Martin Andree fordert ebenfalls eine solche Trennung und schlägt vor, digitale Plattformen mit marktbeherrschender Stellung auf der Unternehmensebene in jeweils zwei Ebenen aufzubrechen, die dann separat den Verbreitungsweg einerseits und die Inhalte andererseits monetarisieren. So würde es dann z. B. eine Gesellschaft YouTube Platform Services und eine Gesellschaft YouTube Content Services geben.[589] Nach hiesigem Konzept überwacht diese Trennung nicht der Plattformrat. Es liegt im Interesse der Intermediäre, hier durchlässig zu bleiben und sich abzusprechen. Deshalb kontrollieren die Landesmedienanstalten die Einhaltung des Trennungsprinzips.

Transparenzpflichten zur Funktionsweise der Empfehlungssysteme und Inhaltemoderation

Bei den Transparenzpflichten muss das Rad nicht neu erfunden werden. Der Medienstaatsvertrag enthält bereits Transparenzpflichten für Medienintermediäre. So verlangt er von ihnen, folgende Informationen leicht wahrnehmbar, unmittelbar erreichbar und ständig verfügbar zu halten (§ 93 Abs. 1):

• die Kriterien, die über den Zugang eines Inhalts zu einem Medienintermediär und über den Verbleib entscheiden,

• die zentralen Kriterien einer Aggregation, Selektion und Präsentation von Inhalten und ihre Gewichtung einschließlich Informationen über die Funktionsweise der eingesetzten Algorithmen in verständlicher Sprache.

Die Plattformen bieten Informationen zum Ranking der Inhalte an. Wer www.twitter.com ansteuert, der findet unten auf der Seite den Link »MStV Transparenzangaben«.[590] Auf Instagram kommt man über zwei Klicks zu einer Seite, die mit »So funktioniert das Ranking von Inhalten auf Instagram« betitelt ist.[591] Inwieweit die tatsächlich bereit gehaltenen Informationen den Anforderungen des Medienstaatsvertrages entsprechen, steht auf einem anderen Blatt.

Der DSA enthält ebenfalls Transparenzanforderungen zur Funktionsweise von Online-Plattformen[592] bzw. des Rankings der Inhalte in Art. 27. In ihren AGB sollen Anbieter von Online-Plattformen, die Empfehlungssysteme verwenden, deren wichtigste Parameter offenlegen. Das sind insbesondere die Kriterien, die für die Bestimmung der Informationen, die dem Nutzer vorgeschlagen werden, am wichtigsten sind, sowie die Gründe für die relative Bedeutung dieser Parameter.

In den Art. 15 und 24 enthält der DSA weitere Berichtspflichten zur ›Inhaltemoderation‹. In den Begrifflichkeiten des DSA bezeichnet »Moderation von Inhalten«, »die – automatisierten oder nicht automatisierten – Tätigkeiten der Anbieter von Vermittlungsdiensten, mit denen insbesondere rechtswidrige Inhalte oder Informationen, die von Nutzern bereitgestellt werden und mit den allgemeinen Geschäftsbedingungen des Anbieters unvereinbar sind, erkannt, festgestellt und bekämpft werden sollen«. In der Sprache des DSA bezeichnet »Inhaltemoderation« also den Umgang mit rechtswidrigen Inhalten bzw. solchen, die gegen die Nutzungsbedingungen verstoßen.

Zusammenarbeit mit der Wissenschaft

Haben Falschmeldungen auf Facebook zum Wahlerfolg von Donald Trump beigetragen? Wie sehr hat Youtube Nutzer mit Verschwörungstheorien radikalisiert? Helfen schärfere Gesetze gegen Hass und Hetze in sozialen Netzwerken?[593]

Das fragt sich nicht nur die *Süddeutsche Zeitung*, die über das Projekt Social Science One berichtet. Social Science One ist ein bei der Universität Harvard angesiedeltes Konsortium gesellschaftswissenschaftlicher Forschungseinrichtungen. Hinter dem Projekt steht die Erkenntnis, dass in der heutigen Zeit aussagekräftige Forschungsdaten vor allem bei privaten Unternehmen oder Regierungen liegen. Social Science One bemüht sich um diese Datensätze und berät zu Partnerschaften von Industrie und Wissenschaft.[594]

Die Beratung ist nötig, denn die praktische Zusammenarbeit von Wissenschaft und Unternehmen gestaltet sich schwierig. Das liegt auch, aber nicht nur an der Zurückhaltung der Unternehmen. Social Science One entstand aus einer Zusammenarbeit mit Facebook. Diese verlief holprig: Nach einem anfänglichen Versprechen, Daten für die Erforschung der Auswirkungen von Social Media auf die Demokratie bereitzustellen, verzögerte Facebook den Zugang. Der Zuckerberg-Konzern begründete dies u. a. mit Verweis auf den Datenschutz.[595] Das klingt nach einer Ausrede, ist aber ein ernsthaftes Problem. Sinan Aral spricht von einem Transparenz-Paradox.[596] Datensätze enthalten Nutzerdaten, die Rückschlüsse auf die Identität und das Verhalten Einzelner erlauben. Insofern bedarf es einer vorherigen Anonymisierung der Daten, was technisch nicht ganz einfach ist. Aral schlägt ein Verfahren namens ›differential privacy‹ vor, bei dem es – grob vereinfacht – darum geht, Datensätze mit Informationen zu ergänzen, die einen Rückgriff auf die Identität Einzelner verhindern.[597]

Auch der Bundesgesetzgeber hat inzwischen reagiert und mittels § 5a) eine Forschungsklausel in das Netzwerkdurchsetzungsgesetz eingefügt.[598] Forscher können danach qualifizierte Auskünfte verlangen, über »den Einsatz und die konkrete Wirkweise von Verfahren zur automatisierten Erkennung von Inhalten, die entfernt oder gesperrt werden sollen [...]«, sowie »die Verbreitung von Inhalten, die Gegenstand von Beschwerden über rechtswidrige Inhalte waren oder die vom Anbieter entfernt oder gesperrt worden sind [...]«. Im Digital Services Act gibt es ebenfalls eine Klausel für den Datenzugang der Wissenschaft. Dieser Zugang ist – etwas versteckt – in Art. 40 Abs. 8 DSA geregelt.

Gesetzesvorschlag

Der Verfasser regt an, bei der Regulierung bei Artikel 6 des DSA anzusetzen. Im hier vorgeschlagenen Art. 6 Abs. 1a sind die Bedingungen festgelegt, die Hosting-Anbieter einhalten müssen, um von der Haftung für Nutzerinhalte freigestellt zu werden. Soweit der Vorschlag auf grundrechtliche Gewährleistungen Bezug nimmt, greift er auf Art. 11 der Charta der Grundrechte zurück, der auf europäischer Ebene die Meinungs- und Informationsfreiheit, einschließlich Medienfreiheit und -pluralismus schützt:

Artikel 6
Hosting
(1) [...]
(1a) Der Anbieter einer Online-Plattform haftet nicht für die im Auftrag eines Nutzers gespeicherten Informationen, sofern er neben den in Absatz 1 genannten Anforderungen

a) eine Selbstverpflichtung eingeht, die Empfehlungssysteme am Gewährleistungsgehalt der in Art. 11 der Charta verankerten Grundrechte auszurichten und sich zu diesem Zwecke einer Einrichtung der freiwilligen Selbstkontrolle anschließt,

b) die mit Empfehlungssystemen und Inhaltemoderation betrauten Abteilungen ausgliedert und deren Unabhängigkeit gewährleistet,

c) der Wissenschaft Zugang zu Daten und Algorithmen gewährt sowie

d) die Anforderungen der Art. 15, 24 und 27 einhält.

Das Nähere regeln die Mitgliedsstaaten.

Freilich, der Vorschlag erweckt den Anschein, als sei die vom Verfasser favorisierte Einschränkung des Haftungsprivilegs eine gesetzgeberische Kleinigkeit. Das ist sie natürlich nicht. Dem Verfasser geht es vor allem darum, medienpolitische Ziele in die Regulierung der Plattformen einzuflechten. Das geht am besten, indem der europäische Gesetzgeber bei Artikel 6 DSA ansetzt. »Das Nähere regeln die Mitgliedsstaaten« ist ein Satz, der den vielfältigen Herausforderungen, die mit einer Ermächtigung der Mitgliedsstaaten zur medienpolitischen Ausgestaltung der Plattformregulierung einhergehen, nicht gerecht wird. Wie z. B.

eine Einrichtung der freiwilligen Selbstkontrolle auszusehen hat und wie konkret der europäische Gesetzgeber das überhaupt vorgeben darf, ist eine hochkomplexe Rechtsfrage, bei der er es vor allem um die Abgrenzung der Zuständigkeiten von Union und Mitgliedsstaaten geht. In Deutschland gibt der Medienstaatsvertrag einen gesetzlichen Rahmen für die Selbstkontrolle journalistisch-redaktioneller Angebote vor, vgl. § 19 MStV. Daran könnte man sich orientieren. Auch könnten die Mitgliedsstaaten weitere Anbieter von Empfehlungssystemen zulassen, wie es Martin Andree vorschlägt.[599] Dann könnte z. B. der öffentlich-rechtliche Rundfunk Empfehlungssysteme für Twitter, Facebook und YouTube anbieten und diese an der Meinungsbildung ausrichten.[600] Mit der weitgehend bedingungslosen Haftungsfreistellung raubt der Unionsgesetzgeber den Mitgliedsstaaten medienpolitische Gestaltungsspielräume. Der Unionsgesetzgeber sollte diese Spielräume über die Einschränkung des Haftungsprivilegs zurückgeben.

d. Widerstand

Die Plattformkonzerne leisten bei jedwedem Angriff auf ihr Geschäftsmodell erbitterten Widerstand. Sie sitzen dabei oft am längeren Hebel, schöpfen sie doch im Gegensatz zu ihren Hauptkontrahenten, den Verlagen, aus beinahe unerschöpflichen Finanzquellen.

Im Gesetzgebungsprozess sind Verfahrensfehler tödlich. Diese schmerzhafte Erfahrung machten die Zeitungshäuser, als der EuGH das deutsche Leistungsschutzrecht für Presseverleger kippte. Die schwarz-gelbe Bundesregierung hatte 2013 in der Endphase der Legislaturperiode noch ein Leistungsschutzrecht für Presseverleger verabschiedet, dieses aber nicht bei der EU-Kommission notifiziert (d. h. förmlich angekündigt), wie es das

Europarecht[601] für »technische Vorschriften« vorschreibt. Aufgrund dieses Gesetzes verlangten die Verleger Lizenzzahlungen von Google für Verlagsinhalte, die Google in seinem ›News‹-Dienst anzeigt. Google weigerte sich und die Verlage reichten Ende 2014 Klage ein.[602] Das Landgericht Berlin hielt die Frage nach der Notifizierung für entscheidungserheblich und legte dem EuGH vor. Dieser entschied, dass es sich um eine technische Vorschrift handele, »deren Entwurf der Kommission gem. Art. 8 Abs. 1 UnterAbs. 1 der Richtlinie 98/34 vorab zu übermitteln ist.«[603] Die Verleger gaben den Prozess verloren und erklärten Klageverzicht.[604] ›Außer Spesen nichts gewesen.‹ Nach sechs Jahren Verfahren und entsprechenden Kosten.

Das Leistungsschutzrecht ist damit aber nicht tot. Im Gegenteil, es ist inzwischen europäisch geregelt und in Art. 15 der Urheberrechtsrichtlinie[605] verankert. Allerdings gelten Richtlinien im Gegensatz zu EU-Verordnungen nicht unmittelbar, sondern müssen erst in nationales Recht umgesetzt werden. In Deutschland wurde die Richtlinie durch das Gesetz über die urheberrechtliche Verantwortlichkeit von Diensteanbietern für das Teilen von Online-Inhalten (UrhDaG) umgesetzt, welches zum 1. August 2021 in Kraft trat.[606] Bisher ist jedoch nur wenig Werthaltiges für die Verlage beim Leistungsschutzrecht herausgekommen. 5,8 Millionen Euro muss Google als vorläufige Vergütung an die Verwertungsgesellschaft Corint Media, die nach eigenen Angaben etwa ein Drittel des Pressemarkts vertritt, zahlen. Das hat die Schiedsstelle beim Deutschen Patent- und Markenamt für einen Zeitraum von etwa 21 Monaten bestimmt, bevor die letztgültige Summe im Hauptverfahren festgesetzt wird.[607]

Weltweites Aufsehen erregte die Kontroverse zwischen Facebook und Australien. Facebook hatte die Nachrichten auf der Plattform ›abgeschaltet‹, nachdem Australien ein Gesetz angekündigt hatte, das Unternehmen wie Facebook verpflichtet hätte, mit publizistischen Medien über Vergütungen für Nachrichteninhalte zu verhandeln. Letzten Endes entschärfte die australische Regierung das Gesetz und Facebook schaltete die Nachrichten wieder an. Eine wesentliche Änderung besteht darin, dass Facebook nun einzeln mit seinen größten Kritikern über Vergütungen verhandeln darf.[608] Dasselbe Stück wird zurzeit in Kanada gespielt. Auch dort gibt es ein Leistungsschutzrecht und auch dort hat Facebook zunächst darauf reagiert, indem es das Verlinken von Nachrichtenartikeln verhindert.[609] Ausgang offen.

Dass die Plattformanbieter Nachrichtenmedien für Nachrichten vergüten, kommt inzwischen häufiger vor. Freilich tun sie das zu ihren eigenen Bedingungen. Bekanntestes Beispiel ist die Google News Initiative[610]. Ingo Dachwitz und Alexander Fanta haben die mit 300 Millionen Dollar ausgestattete Google News Initiative sowie ihren Vorgänger, die auf Europa begrenzte Digital News Initiative (DNI), für die Otto-Brenner-Stiftung untersucht. Die Verteilung des Geldes weise mehrere Schieflagen auf: »[D]er typische Profiteur des DNI-Fonds war ein etablierter, profitorientierter und westeuropäischer Verlag.«[611] Fanta und Dachwitz fassen ihre Ergebnisse in Thesen zusammen: Demnach sei die Medienförderung ein strategisches Instrument für die Zwecke des Konzerns. Das Geld wecke in den Redaktionen Sorgen vor korrumpierender Nähe, stärke das wirtschaftliche Ungleichgewicht zwischen den Medienhäusern und führe dazu, dass die Branche die Fähigkeit zur eigenständigen Selbstreflexion einbüßt. Zudem erkennen sie darin einen Versuch Googles, zur dominanten technologischen Plattform für das Nachrichtenökosystem zu werden. Fanta und Dachwitz fordern Transparenz: Es müsse offengelegt werden, wer wieviel Geld von Google bekomme. Ebenso fordern sie, dass es Alternativen zum Google-Geld brauche.[612]

Die Verlage als diejenigen außerpolitischen Akteure, die eigentlich das größte Interesse an einer Einhegung der großen Plattformkonzerne haben müssten, geraten in zunehmende Abhängigkeit ebenjener Konzerne. Und sie werden in ihrer Front gespalten, wenn die großen Plattformkonzerne mit einzelnen Medienunternehmen verhandeln. Bei Googles neuestem Streich, dem News Showcase, sind mit Ausnahme von Springer alle Branchengrößen dabei. Laut Google-Deutschland-Chef Philipp Justus handelt es sich dabei um »einen Dienst, in dem qualitativ hochwertige, journalistische Artikel dargestellt werden, für die Google Lizenzgebühren bezahlt.«[613] Weltweit will Google in einem Zeitraum von drei Jahren etwa 855 Millionen Euro an Verlage ausschütten.[614] Gern genommenes Geld, das den Forderungen nach einem harten Leistungsschutzrecht den Wind aus den Segeln nimmt. Das hat die Corint Media auf den Plan gerufen. Auf eine Beschwerde der Verwertungsgesellschaft hin untersucht das Bundeskartellamt, ob und inwieweit Google mit dem News Showcase seine Marktmacht missbraucht.[615] Ende 2022 wurde das Verfahren eingestellt, Google habe wesentliche Anpassungen zum Vorteil der Verlage vorgenommen.[616] Jetzt liegt der Ball bei der Medienaufsicht: Etwa 40 Verlage haben Beschwerde bei der Medienanstalt Hamburg/Schleswig-Holstein eingelegt. Ihre Online-Angebote würden beim Zugang zum Google News Showcase unzulässig diskriminiert.[617]

Dabei offenbaren die Leistungsschutzrechte das Dilemma, vor dem die Verlage stehen. Es sind ja nicht nur die Plattformkonzerne, die dagegen Widerstand leisten. Es ist auch eine Netzöffentlichkeit, die Angst davor hat, dass Leistungsschutzrechte die Verlinkung von Inhalten und damit eines der Kernelemente des Internets einschränken.[618] Zudem birgt auch die praktische Ausgestaltung des Leistungsschutzrechts Gefahren: Der (ehemalige) Vizepräsident des BDZV, Thomas Düffert, von der Madsack Mediengruppe, sieht eine Form von »Fehlsteuerung«, wenn fast alle Verwertungserlöse nach Klicks und Visits verteilt werden sollen.[619] Der jahrelange Prozess um das gescheiterte deutsche Leistungsschutzrecht, der den Verlagen neue Einnahmen sichern sollte, hat viel Zeit und Geld gekostet.

Der hiesige Vorschlag, das sogenannte ›Plattformprivileg‹ an eine Trennung der für Empfehlungssysteme und Inhaltemoderation zuständigen Abteilung und dem Restkonzern zu knüpfen, kann sich massiven Widerstands sicher sein. Er schränkt das Geschäftsmodell der großen Digitalkonzerne erheblich ein. Der Optimismus des Verfassers, diese Widerstände überwinden zu können, rührt von der Begründung her. Die grundrechtliche Dimension der Plattformregulierung kam bisher kaum zur Geltung. Schließlich gefährdet die bisherige Praxis der algorithmischen Kuratierung den demokratischen Meinungsbildungsprozess, wie es bei Dürig, Herzog und Scholz, einem Grundgesetzkommentar, heißt:

> Eine Bedrohung für den demokratischen Meinungsbildungsprozess stellt die zensurfreie Verbreitung von Information durch Suggestion dieser dar, bspw. durch Algorithmen, die die freie Meinungsbildung durch Kanalisierung und Reduktion von Informationen und Meinungen beeinflussen, diese unter Umständen sogar verhindern.[620]

Die Tatsache, dass Social-Media-Plattformen Beiträge dergestalt anzeigen dürfen, dass die Anbieter möglichst hohe Werbeeinnahmen erzielen, ist auch nicht mit der Funktionsgewährleistung der Presse zu vereinbaren, vgl. Abschnitt IV.[621] Es geht nicht um eine politische Wunschvorstellung, sondern um eine grundrechtliche Notwendigkeit. Das gilt nicht nur für die nationalstaatliche Ebene. Auch die Europäische Union kennt Schutzpflichten für eine vielfältige Medienlandschaft, vgl. Art. 11 Abs. 2 GrCH.[622]

Die Plattformkonzerne können sich nicht auf gleichberechtigte Grundrechte stützen. Auf ihren Beitrag zur Meinungsbildung können sie sich nicht berufen, solange sie diesen Beitrag ihren Geschäftsinteressen unterordnen. Das Plattformprivileg leitet sich weder in den USA noch in Europa aus der Verfassung bzw. den europäischen Verträgen ab, sondern ist einfachgesetzlich geregelt. Auf der europäischen Ebene ist es in einer Verordnung, also im Sekundärrecht, festgehalten. Denkbar wäre allein, eine Art Vertrauensschutz für den Erhalt des Privilegs anzuerkennen. Das scheint in Anbetracht der Skandale der letzten Jahre abwegig.

e. Prozessuales

Teilt man die hiesige Ansicht, dass das Plattformprivileg in seiner jetzigen Form Mediengrundrechte verletzt, stellt sich zwangsläufig die Frage, wie man es juristisch anfechten kann. Das digitale Dienste Gesetz (DSA) übernimmt das Haftungsprivileg der E-Commerce-Richtlinie und ersetzt diese. Der Unterschied zwischen einer Richtlinie und einer Verordnung besteht darin, dass die Richtlinie einer gesetzlichen Umsetzung in den Mitgliedsstaaten bedarf; eine Verordnung gilt direkt. Das hat Konsequenzen für den Rechtsweg. Eine EU-Verordnung kann direkt vor den europäischen Gerichten angefochten werden. Das geschieht mittels einer sogenannten ›Nichtigkeitsklage‹ nach Art. 263 Abs. 4 des Vertrages über die Arbeitsweise der europäischen Union (AEUV). Diese kann bis zu acht Wochen nach Veröffentlichung des Rechtsakts im Gesetzesblatt der Europäischen Union bei den europäischen Gerichten eingereicht werden. Die Frist ist verstrichen. Die Krux einer solchen Klage liegt aber ohnehin darin, dass die europäischen Gerichte die sogenannte ›Klagebefugnis‹ sehr restriktiv auslegen. Eine Klage ist nur dann zulässig, wenn der Kläger auch vom Rechtsakt betroffen ist. Im deutschen Recht reicht es – grob gesagt –, wenn ein Kläger zumindest die Möglichkeit einer Verletzung eigener Rechte geltend machen kann. Im europäischen Recht muss der Kläger ›individuell‹ betroffen sein. Und ›individuell‹ verstehen die europäischen Gerichte im Sinne von ›singulär‹.[623] Zugespitzt formuliert bedeutet das: Wessen Name nicht im Gesetz steht, der braucht sich keine Hoffnung machen, dass seine Nichtigkeitsklage die erste Prozesshürde überspringt. Der Verfasser hält es zwar nicht für ausgeschlossen, dass die europäischen Gerichte im konkreten Fall eine ›individuelle‹ Betroffenheit angenommen hätten, die bisherige Luxemburger Rechtsprechung gibt jedoch wenig Hoffnung auf Erfolg. Und rein praktisch hätte sich erst einmal ein Verlag finden müssen, der bereit gewesen wäre, sich mit den Plattformen und dem Europäischen Gesetzgeber anzulegen. Denn eine solche Klage wäre nicht nur eine Kampferklärung an die Digitalkonzerne, sondern auch ein Misstrauensvotum gegenüber dem europäischen Gesetzgeber.[624]

Wenn der direkte Weg, die Haftungsklausel anzufechten, ausgeschlossen ist, dann muss es der indirekte sein. Dafür bedarf es eines Rechtsstreits, zu dessen Entscheidung es gerade auf das Haftungsprivileg ankommt. Folgende hypothetische Fallkonstruktion: Der Verfasser wird ob seiner Ausführungen in diesem Buch auf Twitter als »geisteskranker narzisstischer Drecksack« geschmäht. Auf seinen Hinweis hin hat Twitter die beleidigenden Äußerungen entfernt, damit ist die Sache für den Verfasser aber noch nicht erledigt. Er fühlt sich in seiner Ehre gekränkt und will Schmerzensgeld. Das könnte er jetzt direkt vom Beleidiger verlangen, aber er könnte es auch von Twitter einfordern. Schließlich hat Twitter dem Beleidiger erst die Plattform für seine Beleidigung eröffnet und ist deshalb ebenso verantwortlich. Die Justiziarin von Twitter, die die auf Zahlung von Schmerzensgeld gerichtete Forderung bearbeitet, lächelt müde. Twitter kann sich auf das Haftungsprivileg des Art. 6 Abs. 1 DSA berufen. Das schreibt sie dem Verfasser auch. Der gibt sich ungerührt und erhebt Klage beim Amtsgericht München. Er trägt vor, das Haftungsprivileg sei nichtig, weil es gegen höherrangiges Recht verstoße. Namentlich die Medienfreiheiten aus Art. 11 Abs. 2 GrCH. Jetzt ist der Verfasser in der Hand des Gerichts. Das Gericht kann die Klage abweisen, weil es keinen Anlass sieht, an der Gültigkeit des Haftungsprivilegs zu zweifeln, oder aber es legt die Frage nach Art. 267 Abs. 1 Alt. b) AEUV dem EuGH vor. Tut es das nicht, muss der Verfasser Rechtsmittel einlegen und sich zu einer Instanz hochklagen, gegen deren Entscheidung keine Rechtsmittel mehr zulässig sind. Spätestens dann ist die Vorlage zum EuGH für das Gericht verpflichtend, vgl. Art. 267 Abs. 3 AEUV. Der Nachteil dieses Vorgehens besteht darin, dass erst einmal die Gerichte eines Mitgliedsstaates angerufen werden müssen, obwohl diese in der Sache gar kein Urteil fällen dürfen. Das kostet Zeit und Geld. Der Vorteil liegt darin, dass keine individuelle Betroffenheit iSd Art. 263 Abs. 4 AEUV geltend gemacht werden muss.

f.   Betrachtung

[D]as Wettbewerbsrecht ist der falsche Hebel, wenn man den Grundfehler korrigieren will, dass die Plattformen, anders als die klassischen Medien, für die Verbreitung von wahrheitssensiblen, also täuschungsanfälligen kommunikativen Inhalten keine Haftung übernehmen wollen.[625]

Das schreibt Jürgen Habermas im September 2022. Das Haftungsprivileg ist der Webfehler der Plattformregulierung. Frei von Haftung darf eine Plattform nur sein, wenn Empfehlungssysteme und Inhaltemoderation der freien Meinungsbildung dienen. Diese wesentliche Regulierungsanforderung ergibt sich vorrangig aus den Kommunikationsgrundrechten. Leider überbetont auch die europäische Union bei der Regulierung der Plattformen wirtschaftliche Aspekte. Für die europäischen Institutionen ist »die Ausbildung eines europäischen digitalen Marktes von zentraler Bedeutung. Die Ökonomie, nicht die Publizistik, ist der Treiber für die EU-Aktivitäten«[626], schreibt der Kommunikationswissenschaftler Otfried Jarren. Juristisch liegt das wohl in erster Linie daran, »dass es der EU zumindest im Zweifel an einer Kompetenz für Regelungen, deren Hauptzweck der Schutz des Pluralismus ist, fehlt.«[627] Nach Art. 114 des Vertrags über die Arbeitsweise der Europäischen Union (AEUV) ist es Aufgabe der Europäischen Institutionen, das Funktionieren des Binnenmarktes zu gewährleisten. Darauf kann die Europäische Union ihre Gesetzgebungskompetenz stützen.[628] Im Ergebnis führt das zu einer Vernachlässigung medienpolitischer Ziele. Das ist ein Problem.

So ganz sollte man den Wettbewerbsaspekt aber nicht beiseite wischen. Die Haftungsfreistellung für die Plattformen benachteiligt publizistische Medien auf den Leser- und Werbemärkten. Auch aus wettbewerbsrechtlichen Gesichtspunkten lässt sich für dessen Einschränkung streiten.

3. Ergebnis

Die schwierigen wirtschaftlichen Rahmenbedingungen des Journalismus und die Aufmerksamkeitsökonomie der Netzwerkplattformen beeinträchtigen die Funktionsfähigkeit des gesellschaftlichen Meinungsbildungsprozesses. Um die finanzielle Ausstattung der Presse und damit die Qualität ihrer Inhalte zu verbessern, schlägt der Verfasser vor, durch Preisanreize die Nachfrage anzukurbeln. Das geschieht zum einen durch eine vollständige Abschaffung der Mehrwertsteuer auf journalistisch-redaktionelle Bezahlangebote und zum anderen durch eine hälftige Erstattung von Abonnementkosten einer regionalen Tageszeitung durch das Finanzamt. Alternativ lässt sich eine Vergünstigung von Abonnements durch Gutscheine erreichen. Der Gesetzgeber sollte zudem den Aufbau einer gemeinsamen Anmeldeplattform der Verlage fördern.

Den durch die Aufmerksamkeitsökonomie entstehenden Verwerfungen im Meinungsbildungsprozess begegnet man am effektivsten durch eine Beschränkung des Haftungsprivilegs der Netzwerkplattformen für fremde Inhalte. In Zukunft sollte das Haftungsprivileg nur gelten, solange die Plattformen sich dem Dienst an der freien individuellen und öffentlichen Meinungsbildung verpflichten. In Anlehnung an die Trennung von Redaktion und Verlag in der Presse trennen die hinter den Plattformen stehenden Konzerne die für Empfehlungssysteme, also das Ranking von Inhalten, und die für die Moderation, insbesondere den Umgang mit potenziell illegalen Inhalten, zuständigen Abteilungen vom Rest des Anbieters. Nur dann ist eine Zukunft vorstellbar, in der die Darstellung der Inhalte nicht mehr den Gesetzen der Aufmerksamkeitsökonomie folgt.

TEIL VI
LÜCKEN, WEITERE FORSCHUNGSFRAGEN UND
ZUSAMMENFASSUNG

Im letzten Teil wirft dieses Buch einen Blick auf die unvermeidbaren Leerstellen der Untersuchung und sich daraus ergebenden Forschungsfragen (Unterabschnitt 1.). Es schließt mit einer kurzen Betrachtung der zentralen Ergebnisse (Unterabschnitt 2.).

1. Lücken und weitere Forschungsfragen

Bei allem Bemühen um eine umfassende Darstellung: Lücken lassen sich nicht vermeiden. Einige werden bereits bei der Lektüre aufgefallen sein, andere seien an dieser Stelle benannt. Die Erhebung der Werbeausgaben ist keine exakte Wissenschaft. Die Darstellung in Kapitel 1 ist gestützt auf Zahlen des Branchendienstes Insider Intelligence, der frühzeitig die digitalen Werbeausgaben in seine Berechnungen mit einbezogen hat. Allerdings weicht die Summe der Ausgaben erheblich von den Schätzungen des ZAW ab. Die Daten zu den Auflagezahlen bilden die Entwicklung der vergangenen Jahrzehnte aussagekräftig ab. Sie beinhalten zudem die E-Paper-Auflage, sodass prinzipiell ein lückenloser Übergang zum digitalen Zeitalter gewährleistet ist. Prinzipiell, weil es inzwischen eine weitere Kategorie gibt, die sich weder der Print-Auflage noch der E-Paper-Auflage ohne weiteres zurechnen lässt: Die des ›paid content‹, also der digitalen Bezahlinhalte, die nicht bereits in der E-Paper-Auflage enthalten sind. So bietet z. B. der *Berliner Tagesspiegel* ein Plus-Angebot für 15 Euro an, das Zugriff auf alle digitalen Plus-Artikel gewährt. Ein E-Paper-Abo beinhaltet dieses Plus-Angebot aber nicht. Die IVW bildet bisher nur wenige dieser Angebote ab.

Die Aussagekraft der Zahlen, die dieses Papier liefert, kann man teilweise mit guten Gründen in Zweifel ziehen, z. B. weil Nutzerbefragungen immer auf subjektiven Einschätzungen beruhen oder Online-Befragungen generell eher digitalaffine Menschen erfassen. Der Medienwissenschaftler Alexis von Mirbach merkt an, dass man aufgrund der Vielzahl der Befragungen zum Medienvertrauen als Interpret inzwischen selbst aussuchen könne, ob man steigendes, sinkendes oder stabiles Medienvertrauen in Deutschland erkennen mag.[629] Überhaupt: Ist es nicht zu kurz gegriffen, von hohen (oder niedrigen) Glaubwürdigkeitswerten auf eine entsprechende Qualität des Journalismus zu schließen?[630]

Wie viele Vollredaktionen es in Deutschland gibt, dazu hat der Verfasser keine Zahlen. Entsprechend kann er keine Entwicklung nachzeichnen. Freilich deutet alles darauf hin, dass es deutlich weniger sind als noch vor 20 Jahren. Eine amtliche Pressestatistik gibt es nicht mehr, eine nicht amtliche nach dem Tod Walter Schütz', der als ehemaliger Mitarbeiter des Bundespresseamts noch jahrelang eine solche führte, auch nicht mehr.[631] Und wie viel Zeit haben Journalisten durchschnittlich für einen Artikel? Gibt es dazu aktuelle Statistiken? Die letzte dem Verfasser bekannte Erhebung zu dieser Frage datiert von 2005.[632] Wie viele und welche Medien haben überhaupt den Pressekodex unterzeichnet? Zum jetzigen Zeitpunkt gibt es keine öffentlich zugängliche Liste.[633] Wie wirkt sich eigentlich das Klickverhalten im digitalen Raum auf die Auswahl der Artikel durch Redaktionen aus? Lässt sich der Eindruck, dass Journalisten überwiegend einen geistes- oder sozialwissenschaftlichen Studienhintergrund haben, empirisch belegen? Wenn ja, hat diese Vorprägung einen ›Bias‹ zugunsten bestimmter Themengebiete und Grundüberzeugungen zur Folge? Hat eine Personalwanderung von den Redaktionen hin zu den PR-Abteilungen der Konzerne stattgefunden und wenn ja, wie wirkt sich das auf den Meinungsbildungsprozess aus?[634]

Was das Verhältnis von Politik und Medien angeht, hätte der Verfasser gerne die Anzeigenzahlungen der Regierung an die Presse genauer untersucht. Der Branchendienst *Kress* berichtet, die Obrigkeit habe 2021 knapp 65 Millionen Euro für Printanzeigen etwa in Zeitungen ausgegeben, könne oder wolle aber nicht sagen, für welche konkret.[635] In Österreich wird ein Medientransparenzgesetz (Stichwort Inseratenkorruption) debattiert, das die Werbezahlungen des Staates nachvollziehbar machen soll.[636] Keine schlechte Idee, die auch für die hiesige Republik vorteilhaft wäre.

Eine direkte Presseförderung, wie sie in vielen europäischen Ländern üblich[637] ist, thematisiert dieses Buch ebenso wenig wie eine Stiftungsfinanzierung. Es verfolgt einen anderen Ansatz. Auch die Vereinbarkeit mit dem Europarecht, insbesondere die Frage, ob es sich bei der steuerlichen Begünstigung oder den Gutscheinen um eine verbotene Beihilfe handelt, spart dieses Werk aus. Der Verfasser hält zumindest die Ausnahmetatbestände des entsprechenden Artikels des Vertrages über die Arbeitsweise der europäischen Union für gegeben.[638] Mit dem öffentlich-rechtlichen Rundfunk setzt es sich allenfalls im Vorbeigehen auseinander. Auch den Konflikt mit den Verlagen, die ARD und ZDF für die Textlastigkeit ihrer Internetauftritte kritisieren, hat es lediglich gestreift. Auf die Leistungsschutzrechte der Presse hat dieses

Buch nur einen flüchtigen Blick geworfen, die kartellrechtliche Problematik, die mit der marktbeherrschenden Stellung der großen Digitalkonzerne einhergeht, hat es nur knapp behandelt. Die neu eingeführten Vorschriften des Medienstaatsvertrags bezüglich Transparenz und Diskriminierungsverboten bei Medienintermediären (§§ 91 ff. MStV) führen im Buch ein randständiges Dasein. Das liegt im Wesentlichen daran, dass der Digital Services Act (DSA) deren Geltung infrage stellt.

Dieses Buch liefert Vorschläge für eine Regulierung. Deren Anspruch ist weder der perfekte Paragraf, noch jede Eventualität abgedeckt zu haben, die den Gesetzgebungsprozess verkompliziert. Vielmehr geht es darum, die Möglichkeit aufzuzeigen, über das Steuerrecht bzw. Gutscheine die Nachfrage nach journalistischen Angeboten anzukurbeln. Bei der Plattformregulierung ist aufgezeigt worden, dass eine Trennung von Empfehlungssystemen und Inhaltemoderation einerseits und Konzerninteressen andererseits möglich ist und sich am besten mittels einer Verknüpfung mit dem sogenannten ›Plattformprivileg‹ durchsetzen lässt.

Der Vorschlag[639] der europäischen Kommission für ein sogenanntes ›Medienfreiheitsgesetz‹ wird nicht behandelt, denn dieser adressiert weder die Funktionsweise der Plattformen noch die Finanzierungskrise der publizistischen Medien. Inwieweit der DSA, das europäische Gesetz über digitale Dienste, sich in der Praxis bewährt, kann zum jetzigen Zeitpunkt noch nicht abgeschätzt werden. Zweifel sind berechtigt, denn das Haftungsprivileg der Plattformen bleibt bestehen. Zudem hat der europäische Gesetzgeber zwar ebenfalls die Meinungsbildung im Blick, die Gesetzgebungskompetenzen der Europäischen Union zielen jedoch in erster Linie auf eine Verwirklichung des Binnenmarkts ab. Das führt zu einer stärkeren wirtschaftlichen Sichtweise auf die Regulierung der Digitalkonzerne. Hier steht dagegen die Meinungsbildung an erster Stelle.

2. Zusammenfassung

›In Deutschland kann man seine Meinung nicht frei äußern‹, lautet ein unter Kritikern des demokratischen Gemeinwesens beliebter Vorwurf. Der Satz ist unpräzise und pauschal, hat aber mehr als einen wahren Kern. Frei eine Meinung äußern kann nur, wer sie sich vorher frei gebildet hat. Dieser Prozess der freien Meinungsbildung wird von Jahr zu Jahr dysfunktionaler. Diese Dysfunktionalitäten zu belegen und Lösungen aufzuzeigen, ist das Anliegen dieses Buchs.

Entsprechend hat es sich zunächst mit der empirischen Wirklichkeit der gesellschaftlichen Meinungsbildung befasst. Aufgrund des Auflagenschwunds auf den Publikumsmärkten bricht der Presse die eine Säule ihres Geschäftsmodells weg. Die zweite Säule, die Werbefinanzierung, ist ebenso porös. Werbegelder werden zunehmend im digitalen Raum ausgegeben, fließen dort aber schon jetzt zu mehr als zwei Dritteln allein den digitalen Platzhirschen Google und Facebook zu. Der Lokaljournalismus ist von dieser Entwicklung besonders stark betroffen.

Jüngere Bevölkerungsgruppen informieren sich vornehmlich im digitalen Raum, dort inzwischen mehrheitlich bei den sogenannten ›sozialen Medien‹. Damit haben diese die ›traditionellen‹ Medien bei der Nachrichtennutzung in der jüngeren Bevölkerungsgruppe überholt. Als Hauptnachrichtenquelle nutzt nur rund ein Zehntel der Bevölkerung Social Media. Deutlich abgenommen hat in der jüngeren Vergangenheit jedoch die Textnutzung. Der Rundfunkbeitrag wirkt sich negativ auf die – ohnehin schwach ausgeprägte – Bereitschaft aus, für digitalen Journalismus zu zahlen.

Der zweite Teil hat die Funktion des Journalismus in der Demokratie aus der juristischen und medienwissenschaftlichen Perspektive erläutert. Das Recht und auch die Medienwissenschaft setzen als selbstverständlich voraus, dass dem Journalismus in der

Demokratie eine ›konstituierende‹ Aufgabe bzw. Funktion zukommt. Im Folgenden wurde geprüft, inwieweit die digitalen Intermediäre diese Funktion erfüllen können. Das Ergebnis lautet, dass Intermediäre aufgrund ihrer wirtschaftlichen Ausrichtung die Funktion des Journalismus nicht erfüllen können, selbst wenn sie zunehmend dessen Platz in der Öffentlichkeit einnehmen.

Eine Bedrohung für Journalismus und die freie gesellschaftliche Meinungsbildung stellt die entgrenzte Öffentlichkeitsarbeit staatlicher Stellen dar, die im Zentrum des dritten Teils steht. Der Staat hat sich inzwischen zu einem Medienanbieter aufgeschwungen und rechtfertigt dies pauschal und ohne nähere Begründung mit seiner Pflicht zur Information der Bevölkerung. In der Praxis steht jedoch die Imagepflege von Regierung, Amtsinhabern und den hinter der Regierung stehenden Parteien im Vordergrund, wie dieses Buch unter Verweis auf die Aktivitäten des Bundespresseamts dargestellt hat.

Der vierte Teil hat die verfassungsrechtlichen Konsequenzen des geschwächten Geschäftsmodells und der veränderten Mediennutzung dargelegt. Aus dem Grundgesetz ergibt sich zunächst ein allgemeiner Anspruch auf Rahmenbedingungen, die es der Presse erlauben, ihre vom Grundgesetz vorausgesetzte Funktion zu erfüllen. Die aktuellen Rahmenbedingungen der Presse lassen das nicht zu, sodass die sogenannte ›Funktionsgewährleistung‹ der Presse greift. Ohne funktionierende Presse keine funktionierende bzw. freie individuelle und öffentliche Meinungsbildung. Leidet dieser Prozess unter Dysfunktionalitäten, die logische Folge einer Schwächung der publizistischen Medien sind, ergibt sich auch aus dieser Rechtsposition eine Pflicht des Staates, für Rahmenbedingungen zu sorgen, die einen ›integren‹ Meinungsbildungsprozess ermöglichen. Wirkt der Rundfunkbeitrag sich negativ auf die Zahlungsbereitschaft für digitalen Journalismus aus, hat das ebenso einen – wie auch immer gearteten – Ausgleichsanspruch der Presse zur Folge.

Schließlich unterscheiden sich Presse und Rundfunk nicht in ihrer Funktion, sondern nur in der Art und Weise, wie sie diese Funktion erfüllen. Eine Hierarchie zwischen Presse und Rundfunk besteht nicht, sodass der Rundfunk eigentlich gegenüber der Presse nicht privilegiert werden darf.

Der fünfte Teil hat Vorschläge gemacht, wie der Staat die Funktion der Presse für den Meinungsbildungsprozess gewährleisten kann, ohne seinerseits Presse- und Meinungsbildungsfreiheit zu verletzen. Dieses Buch schlägt vor, insbesondere Lokalzeitungsabonnements zu privilegieren. Die Förderung erfolgt technologieneutral. Meinungsneutrale Kriterien, die eine Förderung ohne willkürliche Einflussnahme ermöglichen, hat die Rechtsprechung in den vergangenen Jahrzehnten entwickelt. Teil v unterbreitet einen Gesetzesvorschlag.

In Bezug auf die Intermediäre ergibt sich eine zentrale Forderung aus den Kommunikationsgrundrechten. Das Plattformprivileg muss – zumindest in seiner jetzigen Form – fallen. Es darf nur gewährt werden, solange sichergestellt ist, dass die Plattformen der individuellen und öffentlichen Meinungsbildung dienen. Das setzt zunächst eine Trennung der für Empfehlungssysteme und Inhaltemoderation zuständigen Abteilung vom Rest der Konzerne voraus. Dass eine solche Trennung möglich ist, beweist die seit Jahrzehnten geläufige Trennung von Verlag und Redaktion bei der Presse.

Teil vi resümiert unvermeidliche Schwächen. Für manche Bereiche hätte sich der Verfasser bessere Daten gewünscht, zum Beispiel zur zahlenmäßigen Entwicklung der angestellten und freien Journalisten in Deutschland. Und natürlich beruht die Darstellung auf einer subjektiven Auswahl. Der Verfasser hat sich bemüht, Probleme in Bezug auf ihre gesellschaftliche Relevanz auszuwählen und möglichst viele verschiedene Perspektiven einzubeziehen. Aber dem Einzelnen sind Grenzen bei der Wahrnehmung der Welt gesetzt.

Was bleibt als Schlusswort? Die Besonderheit dieser Analyse besteht darin, dass sie die Entwicklungen auf dem Pressemarkt unter dem Gesichtspunkt verfassungsrechtlicher Gewährleistungen betrachtet. Die Stärke des Rechts in einem Rechtsstaat ist seine *Verbindlichkeit*. Ist die verfassungsrechtliche Funktionsgewährleistung der Presse anerkannt, hat dies unmittelbare praktische Auswirkungen auf die *Möglichkeiten* des Journalismus, sich für eine Verbesserung seiner Rahmenbedingungen einzusetzen. Aber *einsetzen* muss er sich, diese Aufgabe nimmt ihm niemand ab. Hier liegt die Krux: Die Medienbranche, die tagtäglich die Geschehnisse in der Welt beobachtet und kommentiert, tut sich sehr schwer damit, eine kritische Beobachterposition sich selbst gegenüber einzunehmen. Entsprechend fehlt es trotz großem Engagement Einzelner an so etwas wie einer kritischen Masse, die eine nachhaltige Entwicklung zum Besseren anstößt.

Für all diejenigen, die unter dem diffusen Gefühl leiden, dass hierzulande schon seit einiger Zeit etwas grundsätzlich schiefläuft, bietet dieses Buch Erklärungsansätze und konkrete Handlungsempfehlungen. Leider läuft die Meinungsbildung, die schlechthin konstituierend für die Demokratie ist, von Jahr zu Jahr dysfunktionaler ab. Das wirkt sich auf die Fähigkeit demokratisch verfasster Gesellschaften aus, ihre Probleme zu lösen und ihre Herausforderungen zu bewältigen. Die konkreteste aller Handlungsempfehlungen lautet: Zahlen Sie für Journalismus. Wer nicht bereit ist, für Qualität zu zahlen, kann auch keine Qualität erwarten.

Endnoten

1   DÜRRENMATT, »Nachrichten über den Stand des Zeitungswesens in der Steinzeit«, in: DÜRRENMATT, *Gesammelte Werke in sieben Bänden*, Band V, S. 149.

2   EIDGENÖSSISCHE MEDIENKOMMISSION, *Geschäftsreglement der Eidgenössischen Medienkommission gestützt auf Ziffer 5 der Verfügung vom 21. November 2012 über die Einsetzung der Eidgenössischen Medienkommission.*

3   United Nations Educational, Scientific and Cultural Organization, World Press Freedom Day 2021. Information as a public good. 30 years of the Windhoek declaration.

4   SPD, BÜNDNIS 90/DIE GRÜNEN, FDP, *Koalitionsvertrag 2021-2025*, S. 99.

5   Wer mit den Entwicklungen auf den Medienmärkten sowie insbesondere den Ergebnissen des Reuters Digital News Reports vertraut ist, mag gleich zum Ergebnis auf Seite 51 blättern.

6   WYSS/KEEL, *EMEK 2016*, S. 6 m.w.N.

7   LOBIGS, *EMEK 2017.*

8   LOBIGS, *EMEK 2017*, S. 3.

9   *Insider Intelligence*, Excel-Datei »western-europe-ad-spending-2023«.

10 Vgl. MÖBUS /HEFFLER, *Media Perspektiven 2020*, 379 (379).

11 *Insider Intelligence*, Excel-Datei »western-europe-ad-spending-2023«.

12 Die von Insider Intelligence geschätzten Zahlen liegen deutlich unter denen, die der ZAW erhebt. Für 2022 gibt der ZAW Nettowerbeeinnahmen von etwa 25,7 Milliarden, für 2021 ca. 25,8 Milliarden Euro an. Die ZAW-Zahlen sind abrufbar unter: https://zaw.de/werbemarkt-2022-im-plus-aber-viele-offene-baustellen-2023-startet-schwach-und-zusaetzlich-mit-politischen-abwaertsrisiken/, soweit nicht anders angegeben, wurden alle Links zuletzt am 16.08.2023 abgerufen.

13 Zahlen von Destatis abrufbar unter: https://www-genesis.destatis.de/genesis/onli ne?sequenz=tabelleErgebnis&selectionname=61111-0001&startjahr=1991#abreadcr umb.

14 RÖPER, in: *Media Perspektiven 2022*, 295 (301).

15 THOMSEN/ANDREE, *Atlas der digitalen Welt*, S. 28.

16 ANDREE, Standpunkt: Digitale Monopole – Risiko für die Mediendemokratie, in: *Medienwirtschaft* 2022, 22 (23).

17 LOBIGS, EMEK *2017*, S. 52.

18 Die Daten zum Lesermarkt stammen von den Verlegerverbänden sowie der Informationsgemeinschaft zur Feststellung der Verbreitung von Werbeträgern e.V. (IVW). Die IVW ist, so die Selbstbeschreibung auf ihrer Website, eine »staatlich unabhängige, nicht kommerzielle und neutrale Prüfinstitution für den deutschen Werbeträgermarkt. Die Tätigkeit der IVW steht unter der gemeinsamen Aufsicht der Medienanbieter, Media- und Werbeagenturen und Werbungtreibenden, die als Verkäufer, Mittler und Käufer von Werbeträgerleistungen am Markt aufeinandertreffen.« Die IVW stellt Verbreitungsdaten der Werbeträger zur Verfügung. Entsprechend dokumentiert sie die Auflagen der Presse, aber auch die Abrufe digitaler Angebote.

19 KELLER/EGGERT, *Zur wirtschaftlichen Lage der deutschen Zeitungen 2023*, S. 7.

20 KELLER/EGGERT, *Zur wirtschaftlichen Lage der deutschen Zeitungen 2023*, S. 32, https://www.bdzv.de/fileadmin/content/7_Alle_Themen/Marktdaten/2023/Branchenbeitrag_2023/230831_BZDV_Branchenbeitrag2023.pdf.

21 IVW, *Auflagenliste 2/2003*.

22 IVW, *Auflagenliste 2/2023*.

23 IVW, *»Gemischte Bilanz am Pressemarkt im Corona-Lockdown«*, Pressemitteilung v. 21.07.2020.

24 IVW, *Auflagenliste 2/2003*.

25 IVW, *Auflagenliste 2/2023*.

26 Eine regelmäßige Auswertung der IVW-Zahlen zu digitalen Bezahlangeboten bietet Medieninsider, z. B.: DUSCH, »Paid-Content-IVW im April: Bild, Welt und sz stagnieren, FAZ verliert«, in: *Medieninsider* v. 17.05.2023; sofern bei Presseartikeln die Seitenangabe fehlt, handelt es sich um ein Online-Medium oder die Online-Ausgabe.

27 KELLER/EGGERT, *Zur wirtschaftlichen Lage der deutschen Zeitungen*, 2023, S. 5f./24, https://www.bdzv.de/fileadmin/content/7_Alle_Themen/Marktdaten/2023/Branchenbeitrag_2023/230831_BZDV_Branchenbeitrag2023.pdf

28 »Pageimpression«, in: *Duden*.

29 »Visit«, in: *Duden*.

30 BIRKHÄUSER, »FAQ: PI, Visit und Kategorien-Visit«, in: *IVW-Blog* v. 25.08.2020.

31 Zur Berechnung: Der Verfasser hat die Zahlen der IVW jeweils zum Monat Juni als Excel-Datei heruntergeladen. Bei Angeboten mit mehreren Unterkategorien enthielt die Excel-Datei zusätzlich eine Kategorie ›Gesamt‹ für die Summe der einzelnen Unterkategorien (z. B. ›Mobil‹ oder ›Online‹). Die ›Gesamt‹-Zahlen hat der Verfasser entfernt und vom Rest eine Summe gebildet.

32 ANDREE, Standpunkt: Digitale Monopole – Risiko für die Mediendemokratie, in: *Medienwirtschaft* 2022, 22 (25).

33 Zahlen für die Branche insgesamt bzw. für Publikums- und Wochenzeitungen liegen nicht vor.

34 KELLER/EGGERT, *Zur wirtschaftlichen Lage der deutschen Zeitungen*, 2023, S. 12, https://www.bdzv.de/fileadmin/content/7_Alle_Themen/Marktdaten/2023/Branchenbeitrag_2023/230831_BZDV_Branchenbeitrag2023.pdf

35 RÖPER, in: *Media Perspektiven* 2020, 331 (331); In einer Folgeuntersuchung zur Konzentration der Presse schreibt Röper, die Marktanteile seien weitestgehend konstant geblieben: RÖPER, in: *Media Perspektiven* 2022, 295 (317).

36 RÖPER, in: *Media Perspektiven* 2020, 331 (350).

37 BUNDESKARTELLAMT, »*Bundeskartellamt gibt Übernahme der Mitteldeutsche Zeitung durch die Bauer Media Group frei*«, Pressemitteilung v. 13.02.2020.

38 »In eigener Sache«, in: *Mitteldeutsche Zeitung* v. 24.02.2023, S. 2.

39 RÖPER, in: *Media Perspektiven* 2020, 331 (351).

40 RÖPER, in: *Media Perspektiven* 2022, 295 (317).

41 DIW ECON GMBH, *Die Situation der lokalen Presse in Deutschland und ihre Herausforderungen im Zeitalter der Digitalisierung*, S. 50.

42 BGH, Urteil v. 20. Dezember 2018 – I ZR 112/17 –, juris Tz. 32.

43 MEYEN, Am Sterbebett, in: MIRBACH/MEYEN, *Das Elend der Medien*, Köln 2021, S. 86 (87f.).

44 STATISTISCHES BUNDESAMT, *Gemeinden nach Bundesländern und Einwohnergrößenklassen am 31.12.2021.*

45 STATISTISCHES BUNDESAMT, *Kreisfreie Städte und Landkreise nach Fläche, Bevölkerung und Bevölkerungsdichte am 31.12.2021.*

46 83.237.124 Einwohner geteilt durch 10.789 Gemeinden ergibt etwa 7715 Einwohner pro Gemeinde. Die Zahl 10.789 setzt sich zusammen aus den 10.785 Gemeinden der Flächenländer und den vier Gemeinden der Stadtstaaten (Berlin: 1, Bremen: 2, Hamburg: 1).

47 Der Landkreis Stendal deckt den östlichen, der Altmarkkreis Salzwedel den westlichen Teil der historischen Region Altmark ab.

48 EINHEITSGEMEINDE STADT TANGERHÜTTE, »*Stabile Geburtenzahlen und niedrige Sterberate*«, Pressemitteilung v. 12.01.2021.

49 Impressum abrufbar unter: https://www.volksstimme.de/impressum.

50 Impressum abrufbar unter: https://www.az-online.de/ueber-uns/impressum/.

51 Zahlen und Berechnungen auf Grundlage der IVW-Auflagenlisten.

52 KELLER/EGGERT, *Zur wirtschaftlichen Lage der deutschen Zeitungen 2021*, S. 47.

53 Die Daten wurden auf Basis von Online-Access-Panels und Telefoninterviews erhoben. Für Einzelheiten zur Datengrundlage wird auf jeweiligen Studien verwiesen.

54 Studie und Zahlen abrufbar unter: https://www.ard-zdf-onlinestudie.de/files/2022/ARD_ZDF_Onlinestudie_2022_Publikationscharts.pdf [25.10.2023].

55 SCHULTZ u. a., in: *Media Perspektiven* 8/2023, 1 (15).

56 Der Verfasser hätte die Studienfrage mit ›Teils teils‹ beantwortet. Nicht, weil er dem Journalismus, sondern weil er den Strukturen des heutigen Journalismus misstraut.

57 SCHULTZ u. a., in: *Media Perspektiven* 2020, 322 (322).

58 JAKOBS u. a., in: *Media Perspektiven* 2021, 152 (153).

59 BEHRE/HÖLIG/MÖLLER, *Reuters DNR 2023. Ergebnisse für Deutschland*, S. 32.

60 SCHULTZ u. a., in: *Media Perspektiven* 8/2023, 1 (12).

61 Etwaige Auswirkungen des Kaufs Twitters durch Elon Musk im Jahr 2023 berücksichtigen die Daten dementsprechend nicht.

62 KELM u. a., in: *Media Perspektiven* 10/2023, 1 (6).

63 BÖHMERMANN, Gefolgt von niemandem, dem du folgst, S. 6; ausführlich zur Rolle von Twitter für die Politik: FELDENKIRCHEN/MEDICK, »Politischer Burn-out«, in: *Der Spiegel* v. 25.09.2021, S. 12.

64 SCHULZE, »›Themen setzen‹, Für Politikberater Martin Fuchs ist Twitter unverzichtbar«, in: *Taz* v. 08.01.2019, S. 3.

65 BOIE, »Editiorial«, in: *WamS* v. 18.10.2020, S. 2.

66 VITZTHUM, »›Wir müssen den Mars erreichen wollen‹«, in: *Welt* v. 10.03.2018, S. 10.

67 HÖLIG, in: *M&K* 2018, 140 (143).

68 HÖLIG, in: *M&K* 2018, 140 (159).

69 HÖLIG, in: *M&K* 2018, 140 (159) m.w.N.

70 QUADBECK, »Kevin Kühnert zieht sich von Twitter zurück: Diskussionskultur führe zu ›Irrtümern in politischen Entscheidungen‹«, in: RND v. 12.09.2022.

71 Kritisch bezüglich der Aussagekraft der Zahlen: SCHADE, »Die Sache mit der Methodik: So sind die Zahlen im Digital News Report zu lesen«, in: *Medieninsider* v. 16.06.2023.

72 O'BRIEN/WELLBROCK/BUSCHOW, »Free or Nothing«, in: WELLBROCK/BUSCHOW, *Money for nothing and content for free*, S. 47 (65).

73 FUNKE MEDIENGRUPPE, »FUNKE Medien Thüringen stellt Zustellung der Ostthüringer Zeitung in unwirtschaftlichen Gebieten von Greiz ein und fördert Digitalisierung auf dem Land«, Pressemitteilung v. 07.03.2023.

74 MADSACK MEDIENGRUPPE, »MADSACK geht innovativen Schritt auf dem Weg zur Digitalisierung regionaler und lokaler Medien: Der Landkreis Prignitz in Brandenburg wird zur Zukunftsregion für digitalen Lokaljournalismus in Deutschland«, Pressemitteilung v. 09.05.2023.

75 BARTL, »Digitalisierung des ländlichen Raums: Das kam bei Funkes Modellprojekt in Thüringen heraus«, in: *Kress* v. 25.05.2023.

76 HANFELD, »Massaker bei der ›Bild‹«, in: FAZ v. 20.06.2023, S. 13.

77 Siehe Teil V 2.

78 RUSS-MOHL, Domänenkompetenz in der Aufmerksamkeitsökonomie, in: TURNER/RUSS-MOHL (Hrsg.), *Deep Journalism*, S. 47.

79 Vgl. TURNER, Deep Journalism. Eine Chance für Qualitätsmedien, in: TURNER/RUSS-MOHL (Hrsg.), *Deep Journalism*, S. 37.

80 BUSCHOW, Medienwirtschaftliche Potenziale, gesellschaftliche Risiken, in: TURNER/RUSS-MOHL (Hrsg.), *Deep Journalism*, S. 81.

81 TURNER/RUSS-MOHL, Deep Journalism und was ihn ausmacht, in: TURNER/RUSS-MOHL (Hrsg.), *Deep Journalism*, S. 18.

82 Vgl. BVerfGE 80, 124-137, juris Tz. 31.

83 BVerfGE 8, 104-122, juris Tz. 32.

84 BVerfGE 20, 56-119, juris Tz. 115.

85 BVerfGE 90, 60-107, juris Tz. 140; BVerfG, Beschluss v. 20. Juli 2021 − 1 BvR 2756/20 −, juris Tz. 77; siehe auch: HEIDTKE, *Meinungsbildung und Medienintermediäre*, S. 55ff.

86 BVerfGE 52, 283-303, juris Tz. 39.

87 BVerfGE 20, 162-230, juris Tz. 36.

88 BVerfGE 91, 125-139, juris Tz. 35 m.w.N

89 PAULUS/NÖLSCHER, in: ZUM 2017, 177 (178) m.w.N.

90 BVerfGE 74, 297-357, juris Tz. 132.

91 PAPIER/SCHRÖDER, in: *epd medien* Nr. 60 2010, S. 17.

92 Vgl. PAULUS/NÖLSCHER, in: ZUM 2017, 177 (178).

93 PAULUS/NÖLSCHER, in: ZUM 2017, 177 (179).

94 GRABENWARTER, in: DÜRIG/HERZOG/SCHOLZ, GG Art. 5 Abs. 1, Abs. 2, Tz. 251f., 651; FIEDLER, in: *AfP* 2011, 15 (15); KÜHLING, in: GERSDORF/PAAL, *BeckOk Informations- und Medienrecht*, Art. 5, Tz. 64; MÖLLERS, *Zur Vereinbarkeit des von der juris GmbH betriebenen digitalen Magazins Libra mit dem verfassungsrechtlichen Grundsatz der Staats- freiheit der Presse*, S. 8f.

95 BVerfGE 152, 152-215, juris Tz. 94 f.; vgl. CORNILS u. a., *Möglichkeiten öffentlicher För- derung von Lokal- und Regionaljournalismus bei Wahrung der Staatsferne*, S. 100f.

96 BVerfGE 90, 60-107, juris Tz. 140.

97 BVerfGE 119, 181-246, Tz. 116.

98 REZO, »*Die Zerstörung der CDU*«, YouTube-Video v. 18.05.2019. Abrufbar unter: htt- ps://archiv.cdu.de/artikel/offene-antwort-rezo-wie-wir-die-sache-sehen [23.5.2019]

99 CDU, »*Offene Antwort an Rezo: Wie wir die Sache sehen*«.

100 Statt vieler: AHLERS, »Selbstzerstörung«, in: *Nordwest-Zeitung* v. 24.05.2019, S. 4.

101 AMANN/DELEJA-HOTKO, »Chance vertan«, in: *Der Spiegel* v. 25.05.2019, S. 37.

102 BVerfGE 121, 30-69, juris Tz. 93 m.w.N.

103 PAULUS/NÖLSCHER, in: ZUM 2017, 177 (178f.).

104 BVerfGE 12, 205-264, juris Tz. 184.

105 BVerfGE 121, 30-69, juris Tz. 95.

106 BVerfGE 121, 30-69, juris Tz. 96f. m.w.N.

107 BVerfGE 20, 162-230, juris Tz. 36.

108 BGH v. 20.12.2018 – I ZR 112/17, AfP 2019, 146, Tz. 18 m.w.N.

109 Nämlich § 2 Abs. 3 Nr. 4 RStV a.F.

110 Nach der Gesetzesbegründung solle die Aufnahme »vielmehr lediglich deutlich herausstellen, dass dem Rundfunkbegriff nur solche Phänomene unterfallen, die geeignet sind, die vom Bundesverfassungsgericht als Wesensmerkmale des Rundfunks benannten Elemente der Aktualität, Suggestivkraft und Breitenwir- kung auch tatsächlich zu entfalten«, S. 6 m.w.N., Bayerischer Landtag Drucksache 18/7640, S. 81.

111 Hier verweist die Begründung auf Art. 1 Abs. 1 Buchstabe c der AVMD-Richtlinie.

112 Bayerischer Landtag Drucksache 18/7640, S. 81.

113 HELD, in: BINDER/VESTING, *Beck'scher Kommentar zum Rundfunkrecht*, RStV § 54, Tz. 48 m.w.N.

114 KÜHLING, in: ZUM 2021, 461 (462).

115 Mit Bescheid vom 28.06.2023 haben die Medienanstalt Hamburg/Schleswig- Holstein beanstandet, dass YouTube den Transparenzangaben nicht gerecht wird: KOMMISSION FÜR ZULASSUNG UND AUFSICHT, »*Medienaufsicht fordert Nachbesserung der Transparenzangaben bei YouTube*«, Pressemitteilung v. 04.07.2023.

116 Passage abrufbar unter: https://www.presserat.de.

117 Selbstbeschreibung abrufbar unter: https://www.presserat.de/aufgaben-organisa- tion.html.

118 Der Pressekodex ist abrufbar unter: https://www.presserat.de/pressekodex.html.

119 »Übermedien unterwirft sich dem Presserat«, in: *Übermedien* v. 06.07.2021.

120 Wann eine Einrichtung anzuerkennen ist, regeln die Absätze 4 – 8 des § 19 MStV.

121 NEUBERGER, EMEK 2017, S. 1.

122 EIDGENÖSSISCHE MEDIENKOMMISSION, *Geschäftsreglement der Eidgenössischen Medienkommission gestützt auf Ziffer 5 der Verfügung vom 21. November 2012 über die Ein- setzung der Eidgenössischen Medienkommission.*

123 WYSS/KEEL, *EMEK 2016*, S. 2.

124 WYSS/KEEL, *EMEK 2016*, S. 4 m.w.N.

125 Der Duden nennt ›Erzählung‹ und ›Bericht‹ als Synonyme.

126 WYSS/KEEL, *EMEK 2016*, S. 5.

127 Eine ausführliche Darstellung der verschiedenen Journalismustheorien bieten: LÖFFELHOLZ/ROTHENBERGER, *Handbuch Journalismustheorien*.

128 PLUMPE, Systemtheoretische und konstruktivistische Medientheorien, in: SCHRÖTER, *Handbuch Medienwissenschaft*, S. 123 (129).

129 HALLER, Journalismustheorie und journalistische Praxis, in: LÖFFELHOLZ/ROTHENBERGER, *Handbuch Journalismustheorien*, S. 131-147.

130 RICO JONES, *Digitale Kommunikation 2018*, S. 4.

131 BVerfGE 149, 222-293, juris Tz. 79; BVerfG, Beschluss v. 20. Juli 2021 – 1 BvR 2756/20 –, juris Tz. 80.

132 BVerfGE 149, 222-293, juris Tz. 80 m.w.N.; BVerfG, Beschluss v. 20. Juli 2021 – 1 BvR 2756/20 –, juris Tz. 81.

133 CORNILS, in: *AfP* 2018, 377 (378).

134 JARREN, Plattformen als neue Institutionen und ihre Bedeutung für die gesellschaftliche Information und Kommunikation, in: *Kooperative Medienplattformen in einer künftigen Medienordnung*, S. 42 (44).

135 LISCHKA, in: *AfP* 2018, 388, (389f.).

136 Vgl. SUNSTEIN, »Is Social Media Good or Bad for Democracy?«, in: *Sur International Journal on Human rights*, Issue 15 2018, 83 (85).

137 Eingehend zum Phänomen ›Fake News‹: HOLZNAGEL, in: *MMR* 2018, 18-22.

138 Vgl. RICO JONES, *Digitale Kommunikation 2018*, S. 4.

139 Teil III 3. behandelt die Urteile genauer.

140 WU, *The Attention Merchants*, S. 17f.

141 Aral ist Professor für IT und Marketing am Massachusetts Institute of Technology.

142 ARAL, *The Hype Machine*, S. 51ff.; siehe auch: SMITH, *Traffic*, S. 241ff.

143 EICHLER, *Journalismus in sozialen Netzwerken. ARD und ZDF im Bann der Algorithmen?*, S. 87.

144 Siehe auch: HABERMAS, *Ein neuer Strukturwandel der Öffentlichkeit und die deliberative Politik*, S. 53ff.

145 Siehe auch: PFISTER, *Ein falsches Wort*, S. 110, 231.

146 POLLMER, »Rauf und Rüber«, in: *Süddeutsche Zeitung* v. 08.07.2023, S. 40.

147 BVerfGE 20, 56-119, juris Tz. 117.

148 BGH v. 20.12.2018 – I ZR 112/17, *AfP* 2019, 146; In einem ähnlich gelagerten Fall untersagte das OLG Nürnberg die Verbreitung eines Gemeindeblatts: OLG Nürnberg v. 25.06.2019 – 3 U 821/18, *AfP* 2019, 337.

149 Vgl. BGH v. 20.12.2018 – I ZR 112/17, *AfP* 2019, 146 (151).

150 LG Dortmund v. 08.11.2019 – 3 O 262/17, *AfP* 2019, 532.

151 OLG Hamm v. 10.6.2021 – 4 U 1/20, *AfP* 2021, S. 348.

152 BGH v. 14.07.2022 – I ZR 97/21, Tz. 39 m.w.N.

153 LG München v. 17.11.2020 - 33 O 16274/19, *AfP* 2021, 76.

154 OLG München v. 30.09.2021 - Az. 6 U 6754/20.

155 BGH v. 13.07.2023 – I ZR 152/21

156 LG München v. 24.04.2020 – 37 O 4665/19, *AfP* 2020, 253 (254).

157 *Bundesgesundheitsministerium*, »Verlässliche Gesundheitsinfos leichter finden«, Pressemitteilung v. 10.11.2020.

158 VDZ, »*Kooperation von Google und Bundesgesundheitsministerium diskriminiert Verlagsangebote*«, Pressemitteilung v. 11.11.2020.

159 BDZV, »*Zeitungsverleger kritisieren Gesundheitsministerium*«, Pressemitteilung v. 11.11.2020.

160 LG München v. 10.02.2021 – 37 O 15721/20.

161 LG München v. 10.02.2021 – 37 O 15720/20, *AfP* 2021, 171.

162 *Kommission für Zulassung und Aufsicht*, »*Neue Vorschriften zur Diskriminierungsfreiheit: ZAK entscheidet die ersten Fälle*«, Pressemitteilung v. 16.06.2021.

163 *dpa*, »Google zieht Berufung gegen Urteil zu Bund-Gesundheitsportal zurück«, in: *Handelsblatt* v. 09.04.2021.

164 LG Bonn v. 28.06.2023 – 1 O 79/21 (nicht rechtskräftig).

165 NEUBERGER, in: *AfP* 2009, 537 (539).

166 So hat z. B. der deutsche Fußball-Nationalspieler Toni Kroos über 41,5 Millionen Follower auf Instagram, https://www.instagram.com/toni.kr8s/; der Schauspieler Elyas M'Barek verfügt immerhin über 3,5 Millionen Follower, https://www.instagram.com/elyas_mbarek/.

167 JARASS, in: JARASS/PIEROTH, *Grundgesetz*, Art. 65, Tz. 8.

168 LADEUR, in: DÖV 2002, 1 (4).

169 *Integrationsbeauftragte des Bundes, Konzept zur Erprobung von Social Media*, S. 21f.

170 BVerwGE 159, 327-337, juris Tz. 28.

171 BGH, Urteil v. 20. Dezember 2018 – I ZR 112/17 –, juris Tz. 19.

172 Vgl. FRIEHE, Facebook, Twitter und Regierung, in: UHLE (Hrsg.), *Information und Einflussnahme*, S. 92f.

173 Bayerischer Verfassungsgerichtshof, Entscheidung v. 03. Dezember 2019 – Vf. 6-VIII-17 –, juris Tz. 198 m.w.N.

174 KLOEPFER, *Grundrechte als Entstehenssicherung und Bestandsschutz*, S. 57; weitere Nachweise zur Meinungsbildungsfreiheit: GRABENWARTER, in: DÜRIG/HERZOG/SCHOLZ, GG Art. 5 Abs. 1, Abs. 2, Tz. 75f.; KLEIN/SCHWARZ, in: DÜRIG/HERZOG/SCHOLZ, GG Art. 41, Tz. 124; HARDING, *Staatliche Öffentlichkeitsarbeit in sozialen Netzwerken*, S. 205f.

175 BVerfGE 8, 104-122, juris Tz. 32.

176 Verwaltungsgericht Berlin, Beschluss v. 18.09.2019 – VG 2 K 189.19.

177 Dass das Bundespresseamt die Interviews der Bundeskanzlerin nicht gesondert erfasst, überrascht. Schließlich gibt es im Aktenplan des Bundespresseamts sogar ein Aktenplankennzeichen (31412) für die Pressekonferenzen und Interviews des Bundeskanzlers, wie der Verfasser bei einer jüngeren Recherche herausfand.

178 Protokoll der nichtöffentlichen Sitzung im Verfahren VG 2 K 189.19 vor dem Verwaltungsgericht Berlin am 18.09.2019.

179 *Tagesspiegel* und NDR berichteten darüber: MÜLLER-NEUHOF, »Merkel zieht sich zurück – von den Medien«, in: *Tagesspiegel* v. 31.10.2019; ALTLAND/KUKRAL, »Merkel auf Tauchstation«, in: *Zapp Medienmagazin* v. 06.11.2019.

180 Auch Volker Thoms, Chefredakteur des Magazins *Pressesprecher*, widmet sich den Interviews der Kanzlerin: THOMS, »Mit wem die Kanzlerin spricht«, in: *Politik und Kommunikation* I/2021, S. 34-37.

181 Ein Beispiel für ein fälschlich zugeordnetes Interview ist eine (satirische) Collage aus Zitaten von Kanzlerin Merkel und Bundesinnenminister Seehofer, die die *Taz* zusammenstellte: MAIER/SCHULTE, »»Politik ist immer Emotion«*«*, in: *Taz* v. 26.08.2018.

182 Der Verfasser hat die aufgelisteten Presse-Interviews der Bundeskanzlerin mittels der Pressesuchmaschine ›Genios‹ und den gängigen Internetsuchmaschinen überprüft und um Dopplungen sowie fälschlich zugeordnete Treffer bereinigt. Dopplungen entstanden z. B. durch Interviews mit dem Redaktionsnetzwerk Deutschland. Das RND führt Interviews für alle Zeitungen der Madsack-Gruppe, sodass es zu Mehrfachnennungen einzelner Interviews kam. Für die in der Auflistung genannten Rundfunk-Interviews war diese Bereinigung leider nicht möglich. Genios listet Rundfunkinterviews nicht auf und auch eine allgemeine Internetrecherche verlief regelmäßig im Sande. Allerdings sind Rundfunkinterviews, die ein und demselben Datum zugeordnet sind, im Gegensatz zu den Presse-Interviews eine Seltenheit. Der Verfasser geht davon aus, dass die tatsächliche Zahl der Rundfunk-Interviews nur unwesentlich unterhalb der Summe der aufgelisteten Interviews liegt. Seit 2019 führt der Verfasser eine eigene Statistik und ergänzt sie laufend. Unbereinigt wies sie für das Jahr 2018 nur noch 22 Interviews auf. Im Wahljahr 2017 waren es 78, 2016 immerhin 51 (2015/39, 2014/44, 2013/81). Das Bundespresseamt führt das gegenüber dem NDR darauf zurück, dass die Kanzlerin nicht mehr Parteivorsitzende der CDU gewesen sei und sich deshalb aus Wahlkämpfen herausgehalten habe. Allerdings gab Merkel den Parteivorsitz erst im Dezember 2018 ab.

183 Selbstbeschreibung der Bundespressekonferenz, abrufbar unter: https://www.bundespressekonferenz.de/verein/der-verein.

184 BVerwG, Urteil vom 03.12.1971 – I C 30.71, uris Tz. 40.

185 MARTENSTEIN, »Ich habe Fragen, Frau Merkel«, in: *Tagesspiegel* v. 04.04.2021, S. 1.

186 HENSEL, »Parität erscheint mir logisch«, in: *Die Zeit* v. 24.01.2019, S. 4.

187 FRIED/KORNELIUS, »Gewissheiten gelten nicht mehr«, in: *Süddeutsche Zeitung* v. 16.05.2019, S. 10/11.

188 FRIED/KORNELIUS/OLTERMANN, »Merkel: Europe must unite to stand up to China, Russia and US«, in: *The Guardian* v. 15.05.2019.

189 RETTIG/MECKEL, »Der Mensch muss die Oberhand behalten«, in: *Handelsblatt* v. 21.06.2019, S. 10.

190 PÖLZER/BASSEWITZ, »Was kommt da noch auf uns zu. Frau KLIMA-KANZLERIN?«, in: *Bunte* v. 10.10.2019, S. 36.

191 AMANN/GATHMANN, »In Westdeutschland lebten nicht nur Mutbolzen«, in: *Der Spiegel* v. 05.11.2019.

192 FRIED/GAMMELIN, »Angela Merkel über den Osten«, in: *Süddeutsche Zeitung* v. 09.11.2019, S. 60.

193 ULRICH, »Afrika – ›mehr Chancen als Risiken‹«, in: *Tagesschau* v. 19.11.2019.

194 »Exclusive: Angela Merkel sits down with Amanpour«, in: *Amanpour* v. 27.05.2019.

195 FULBRIGHT GERMANY, »*Fulbright Prize for International Understanding an Dr. Angela Merkel verliehen*«, Pressemitteilung v. 29.01.2019.

196 BARBER, »Angela Merkel warns EU: ›Brexit is a wake-up call‹«, in: *Financial Times* v. 16.01.2020.

197 HASSEL/BECKER, »›Farbe bekennen‹ mit Bundeskanzlerin Angela Merkel«, in: *Farbe bekennen* v. 04.06.2020.

198 SCHAUSTEN/FREY, »Ich werde unruhig«, in: ZDF *Heute* v. 04.06.2020.

199 AUGUSTIN u. a., »Merkel: ›Finde es schön, dass eine Ostdeutsche Kanzlerin werden konnte‹«, in: *Redaktionsnetzwerk Deutschland* v. 03.10.2020.

200 CANKAT/POYE, »Die Bundeskanzlerin Dr. Angela Merkel im exklusiven Interview beim deutsch-türkischsprachigen Radiosender Metropol FM«, in: *Metropol FM* v. 07.12.2020.

201 »Brauchen wir einen Regierungszug, Frau Bundeskanzlerin?«, in: DB *Mobil* v. Januar 2021, S. 30.

202 HASSEL/BECKER, »›Farbe bekennen‹ mit Bundeskanzlerin Angela Merkel«, in: *Farbe bekennen* v. 02.02.2021.

203 LUDOWIG/BLOME, »Die Corona-Krise hält Kanzlerin Angela Merkel nachts wach«, in: RTL *News* v. 04.02.2021.

204 SLOMKA, »Impfstoff-Management: Merkel räumt Fehler ein«, in: *heute* v. 12.02.2021.

205 KOHLER/LOHSE, »Merkel: Eine Öffnungsstrategie mit Schnelltests wird es noch im März geben«, in: FAZ v. 24.02.2021.

206 KÖHR, »ARD-Brennpunkt«, in: ARD v. 24.03.2021.

207 Auf *Fragdenstaat* lassen sich interne Dokumente zur ›Osterruhe‹ einsehen. Das Bundeskanzleramt lehnte den Informationsfreiheitsantrag zunächst ab, gab aber nach Widerspruch und Klage die Dokumente heraus. Der Vorgang ist abrufbar unter: https://fragdenstaat.de/anfrage/prufung-und-kommunikation-zur-osterruhe-am-grundonnerstag-und-karsamstag/#nachricht-651049.

208 WILL, »Anne Will«, in: ARD v. 28.03.2021.

209 HASSEL/CICHOWICZ, »WDR Europaforum: Kanzlerin Angela Merkel im Interview«, in: ARD v. 20.05.2021

210 MECKEL/STEINACKER, »Jetzt braucht das Land etwas Neues«, in: *Handelsblatt* v. 10.09.2021, S. 62.

211 GAMMELIN/FRIED/KRACH, »Ich weiß, was wir geschafft haben«, in: *Süddeutsche Zeitung* v. 23.10.2021, S. 11f.

212 HAUPT/KOHLER, »Es ist richtig, dass jetzt ein anderer übernimmt«, in: FAS v. 31.10.2021.

213 HOFFMANN, »DW-Exklusiv-Interview: Angela Merkel zieht Bilanz ihrer Amtszeit«, in: *Deutsche Welle* v. 07.11.2021.

214 RINKE, »Das Interview mit Bundeskanzlerin Merkel im Wortlaut«, in: Reuters v. 17.11.2021.

215 WILL, »Anne Will«, in: ARD v. 28.03.2021., ab ca. Min. 6:45.

216 HENSEL, »Mein Angela-Merkel-Gefühl«, in: *Zeit für Sachsen* v. 31.10.2018, S. 14.

217 LOHSE, »Sie hat recht behalten«, in: FAZ v. 13.12.2020.

218 LOHSE, »›Was wollen wir denn noch rummeckern?‹«, in: FAZ v. 21.01.2021.

219 Z.B. LOHSE, »Merkels Plan für Merkel«, in: FAZ v. 25.01.2021.

220 ALTENBOCKUM, »Merkels Schule«, in: FAZ v. 17.12.2020, S. 1.

221 KOHLER/FRANKENBERGER/ALTENBOCKUM, »Ich werde keine Scheinlösungen vorschlagen«, in: FAZ v. 17.10.2015, S. 5.

222 Vgl. WIEDUWILT, »Die Autorisierung von Interviews: ein Machtkampf«, in: *Übermedien* v. 06.10.2021.

223 BANNAS, »Blick für Schwächen«, in: FAZ v. 19.11.2021; siehe auch: GEYER, »Mit Lob und Tadel: Steffen Seibert verabschiedet sich als Rekordregierungssprecher«, in: RND v. 06.12.2021.

224 BUNDESPRESSEAMT, *Mitschrift der Bundespressekonferenz v. 21.01.2021.*

225 ZIEDLER, »Merkel erklärt sich, zumindest ein bisschen«, in: *Badische Zeitung* v. 22.01.2021, S. 3.

226 DECKER, »Vor der berühmten blauen Wand«, in: *Lübecker Nachrichten* v. 24.01.2021, S. 14.

227 DPA, »Merkel kämpft um Vertrauen der Bevölkerung«, in: *Mittelbayerische Zeitung* v. 09.02.2021.

228 EMONTS, »Wie im Fernsehen, nur eine Spur witziger«, in: *Süddeutsche Zeitung* v. 08.05.2019.

229 So Nicola Balkenhol auf der Digitalmesse re:publica, Video der Diskussion abrufbar unter: https://18.re-publica.com/de/session/durfen-was-macht-regierung-auf-facebook-co, ab ca. Min. 47:25.

230 STERZ, »Christoph Sterz im Gespräch mit Nikolaus Blome«, in: *Deutschlandfunk* v. 29.03.2021.

231 Bei Pressebegegnungen im Kanzleramt während Staatsbesuchen heiße es oft, dass nur noch Zeit für drei Fragen sei, schreibt die Deutschland-Korrespondentin des *Standard*: BAUMANN, »Deutsche Regierungen haben seit 1949 ein gemeinsames Sprachrohr«, in: *Der Standard* v. 02.01.2018, S. 6.

232 IDRIES, »Merz und das Verhältnis von Politik und Presse«, in: *Aachener Zeitung* v. 17.02.2021, S. 3.

233 Dieses ist abrufbar unter: https://www.youtube.com/watch?v=DR7yTERXi8Q.

234 Abrufbar unter: https://twitter.com/RegSprecher [16.09.2021].

235 Abrufbar unter: https://www.facebook.com/Bundesregierung/ [16.09.2021].

236 Abrufbar unter: https://www.instagram.com/bundeskanzlerin/ [16.09.2021].

237 BT Drucksache 19/23142, S. 11.

238 BVerfG, Beschluss des Zweiten Senats v. 22. Juli 2021 - 2 BvC 8/21 -, Tz. 36.

239 BT-Drs. 18/6609, S. 1.

240 Siehe zusätzlich: BT-Drs. 19/2714, S. 1; BT-Drs. 19/4796, S. 25; *Bundespresseamt, E-Mail an Jan Böhmermann zur Öffentlichkeitsarbeit aus 2018*; BT-Drucksache 19/21143, S. 3.

241 BT-Drs. 18/6609, S. 5, Antwort auf die Fragen 17 und 18. *Bundespresseamt, Schreiben an den Verfasser v. 28.03. und 02.06.2017*; *Bundespresseamt, Bescheid vom 06.09.2021 (Aktenzeichen: 30003#00010#0003)*.

242 BVerfGE 44, 125-197, juris Tz. 63.

243 BVerfGE 154, 320-353, juris Tz. 34.

244 BVerfGE 154, 320-353, juris Tz. 65.

245 FRIEHE, Anm. zu BVerfGE 154, 320-353, NJW 2020, 2103 (2104); eingehend zur Regierungskommunikation auf Social-Media-Plattformen: FRIEHE, Facebook, Twitter und Regierung, in: UHLE (Hrsg.), *Information und Einflussnahme*, S. 81-120.

246 BVerfGE 154, 320-353, juris Tz. 34.

247 BVerfGE 154, 320-353, juris Tz. 51.

248 BVerfGE 154, 320-353, juris Tz. 66 ff.

249 »Abseits ist, wenn der Schiri pfeift«, heißt es im Fußball. Für das Recht gilt: »Verfassungswidrig ist, was ein Gericht für verfassungswidrig befindet.« Viele Diskussionen über die Rechts- und Verfassungswidrigkeit von Gesetzen oder dem Handeln der Politik kranken daran, dass diese simple Tatsache des Rechtslebens nicht beachtet wird. Wer der Auffassung ist, der Staat breche Regeln, muss klagen. Allein die Justiz kann Rechtsstreitigkeiten verbindlich klären.

250 Verwaltungsgericht Berlin, Az: VG 6 K 406.19; siehe auch: MÜLLER-NEUHOF, »Merkel hier, Merkel da«, in: *Tagesspiegel* v. 17.12.2019, S. 6; RAHMLOW, »Hermann von Engelbrechten-Ilow im Gespräch mit Axel Rahmlow«, in: *Deutschlandfunk* v. 17.12.2019; BREYTON, »Achtung, Reklame«, in: *WamS* v. 01.03.2020, S. 2.

251 Dieser war abrufbar unter: https://www.bundesregierung.de/breg-de/service/
archiv/archiv-podacasts, abgerufen am 23.04.2022; siehe auch die Projektbeschrei-
bung der Kommunikationsberatung RCC, die den ursprünglichen Podcast konzi-
piert hat, abrufbar unter: https://rcc.de/portfolio-items/die-kanzlerin-direkt/.

252 BÖRNER, »Zwei Pfarrerstöchter treffen sich zum Gespräch«, in: *Ostthüringer Zeitung*
v. 27.10.2017, S. 17; PREUTH, »Menslagerin interviewt Angela Merkel«, in: *Bersenbrücker Kreisblatt* v. 24.8.2017, S. 15.

253 Das Hochkantformat eignet sich besser für die Wiedergabe auf Smartphones.

254 BT-*Drucksache 20/6676*, Anlage 1 S. 31f.; ein Blick in die Meta-Werbebibliothek legt
nahe, dass die Summe auch die Bewerbung des Podcasts »aus Regierungskreisen«
enthält.

255 Bzw. sie waren es bis zum Amtsantritt von Olaf Scholz. Aktuell hält die Mediathek
nur Inhalte aus dessen Amtszeit bereit, diese sind abrufbar unter: https://www.
bundesregierung.de/breg-de/mediathek.

256 Wie z. B. am 28.05.2021 vom Global Solutions Summit in Berlin auf Facebook oder
am 31.05.2021 vom Deutsch-Französischen Ministerrat auf Twitter.

257 Ein Piktogram ist etwa die am 27. Mai auf Twitter veröffentlichte Kartenansicht
von Deutschland und Norwegen, auf der die beiden Länder durch eine gestrichelte
grüne Linie, die das Stromkabel *Nordlink* symbolisiert, verbunden sind. Am linken
Bildrand sind stichpunktartig Informationen zu dem Projekt aufgeführt, https://
twitter.com/RegSprecher/status/1397932894551740420/photo/1. Ein weiteres
Beispiel ist das Piktogram zur Reform der Pflege v. 02.06.2021, das unter der Überschrift »Verbesserungen, die die Pflege stärken« in ›Bullet-Points‹ positive Aspekte
der geplanten Pflegereform hervorhebt, abrufbar unter: https://twitter.com/RegS-
precher/status/1400114640227610627/photo/1.

258 BUNDESPRESSEAMT, »*Die Kanzlerin im Gespräch mit Kunst- und Kulturschaffenden*«,
Video v. 27.04.2021.

259 KILB, »Die Inszenierung des Kümmerns«, in: *FAZ* v. 27.04.2021; Der Bürgerdialog
wurde auch von publizistischen Medien übertragen. So stellte der Verfasser durch
eine kurze Recherche während des Bürgerdialogs fest, dass u. a. der *Spiegel*, das Redaktionsnetzwerk Deutschland, die *Welt* und die *Bild* live übertrugen.

260 BVerfGE 44, 125-197, juris Tz. 196.

261 Instagram-Beitrag v. 25.04.2017, abrufbar unter: https://www.instagram.com/p/
BTUN3FvFoJQ/.

262 FAUS u. a., *Aus Fehlern lernen*, S. 78; ähnlich wie Schulz erging es auch Armin Laschet
im Wahlkampf 2021: WEISS, »Lässt Laschet Bürger im Regen stehen? Ein Foto und
seine Geschichte«, in: *Tagesspiegel* v. 07.08.2021.

263 Instagram-Beitrag v. 13.07.2017, abrufbar unter: https://www.instagram.com/p/
BWfyj7Jl5zn/.

264 Tweet v. 09.06.2018, abrufbar unter: https://twitter.com/regsprecher/status/10054
75391920844801?lang=de.

265 ZIPS, »Wer steht hier im Mittelpunkt?«, in: *Süddeutsche Zeitung* v. 11.06.2018;
SCHEER, »Alles eine Frage der Perspektive«, in: *FAZ* v. 11.06.2018.

266 Im Wortlaut schreibt Trump: »I have a great relationship with Angela Merkel of
Germany, but the Fake News Media only shows the bad photos (implying anger) of
negotiating an agreement - where I am asking for things that no other American
President would ask for!«, Tweet vom 15.06.2018, abrufbar: https://twitter.com/
realDonaldTrump/status/1007745343306584064.

267 MCGEE, »Angela Merkel warns against dark forces on the rise in Europe«, in: CNN v. 29.05.2019.

268 Tweet v. 23.09.2019, abrufbar unter: https://twitter.com/RegSprecher/status/1176155528189362179.

269 THUNBERG, »Six Months on a Planet in a Crisis: Greta Thunberg's Travel Diary from the U.S. to Davos«, in: Time v. 10.07.2020.

270 Mit Ausnahme des Bildes vom Weltfrauengipfel im April 2017 hält die Nachrichtenagentur Reuters alle Bilder in seiner Datenbank vor (Ergebnis einer Suche auf www.reuters.com v. 07.06.2021).

271 WIEDUWILT, »Ein Bild lügt mehr als tausend Worte«, in: Übermedien v. 10.08.2021; VITZTHUM, »Die Macht über die Bilder«, in: Passauer Neue Presse v. 02.08.2023, S. 3.

272 PÖLZER/BASSEWITZ, »Was kommt da noch auf uns zu, Frau KLIMA-KANZLERIN?«, in: Bunte v. 10.10.2019, S. 36 ff.; Ein weiteres Beispiel für die Darstellung eines Regierungsbildes, bei dem lediglich die Agentur in der Bildzeile genannt wird: RND, »Politische Entscheidungen im Schatten der WM«, in: Redaktionsnetzwerk Deutschland v. 15.06.2018.

273 dpa Pictures Alliance hält für nicht registrierte Nutzer keine Suchfunktion bereit (Ergebnis einer Suche auf https://www.picture-alliance.com v. 07.06.2021); Auch die FAZ veröffentlichte das Bild, gab als Quelle aber Reuters an: https://www.faz.net/aktuell/wirtschaft/klima-energie-und-umwelt/merkel-trifft-sich-mit-greta-thunberg-und-luisa-neubauer-16904920/kanzlerin-angela-merkel-und-16904936.html.

274 SCHOMBURG/MYKHALCHYSHYN/HERBER, Angela Merkel, in: Birkner, Medienkanzler: Politische Kommunikation in der Kanzlerdemokratie, S. 285f. m.w.N.; siehe auch: WAIS, »Ohne große Worte«, in: Main-Post v. 24.07.2021, S. 34; ISMAR, »Der Wortschatz«, in: Tagesspiegel v. 06.07.2021, S. 3; von »Hofpropaganda« spricht auch der Spiegel, der in einem aktuellen Beitrag die PR auf Länderebene beleuchtet: BARTSCH u. a., »Dienstbare Geister«, in: Der Spiegel v. 05.08.2023, S. 36.

275 BUNDESPRESSEAMT, »Schwarzrotgold. Das Magazin der Bundesregierung«.

276 BT-Drucksache 19/31689, S. 2.

277 BUNDESPRESSEAMT, Bescheid vom 12.04.2021.

278 BT-Drucksache 19/18296, S. 1f.; kritisch hierzu: SCHOENMAKERS, »Renaissance der Propaganda«, in: Cicero v. 17.09.2021.

279 KASSECKERT, »Die Öffentlichkeitsarbeit der Bundesregierung«, in: DSi kompakt v. Februar 2023, S. 2.

280 BVerfGE 44, 125-197, juris Tz. 84.

281 BUNDESPRESSEAMT, Öffentlichkeitsarbeit der Bundesregierung. Zeitraum: 1. Juli bis 31. Dezember 2020.

282 KASSECKERT, »Die Öffentlichkeitsarbeit der Bundesregierung«, in: DSi kompakt v. Februar 2023, S. 10.

283 BUNDESRECHNUNGSHOF, »Fraktionsfinanzierung: lückenhafte Regeln, fehlende Sanktionen«, Pressemitteilung v. 12.01.2021.

284 Offenlegung: Der Verfasser ist Mitglied der FDP.

285 Vgl. BENDER, »Youtuber gesucht«, in: FAS v. 06.08.2023, S. 8.

286 Siehe dazu: PANTELOURIS, »Robert Habeck ist Gold, aber gute Kommunikation ist noch keine gute Politik«, in: Übermedien v. 03.05.2022.

287 Vgl. MANDELARTZ, in: DÖV 2009, 509 (515).

288 Vgl. FRIEHE, Facebook, Twitter und Regierung, in: UHLE (Hrsg.), *Information und Einflussnahme*, S. 94f.; BARTSCH u. a., »Dienstbare Geister«, in: *Der Spiegel* v. 05.08.2023, S. 36.

289 BUNDESPRESSEAMT, »Die Ansprache der Bundeskanzlerin«, in: *ARD Extra* v. 18.03.2020.

290 DPA, »TV-Jahr 2020: Quotenkönigin Angela Merkel«, in: *Süddeutsche Zeitung* v. 30.12.2020.

291 BVerfGE 105, 279-312, juris Tz. 75; BVerfGE 105, 252-279, juris Tz. 54.

292 BVerfGE 105, 279-312, juris Tz. 75; BVerfGE 105, 252-279, juris Tz. 54.

293 MÜLLER-NEUHOF, »Kanzleramt hält Protokolle der Corona-Gipfel geheim«, in: *Tagesspiegel* v. 02.03.2021; Auf *Fragdenstaat.de* ist eine ähnlich lautende IFG-Anfrage öffentlich, bei der das Kanzleramt aber behauptete, für die Beratungen am 01.02.21, 10.02.21 und 03.03.21 wurden gar keine Protokolle gefertigt: BUNDESKANZLERAMT, *Bescheid v. 23.03.2021*.

294 MÜLLER-NEUHOF, »Protokolle der Corona-Gipfel dürfen öffentlich werden«, in: *Der Tagesspiegel* v. 30.06.2022.

295 GLOGER/MASCOLO, »Pandemie versus Politik«, in: *Die Zeit* v. 11.03.2021, S. 8.

296 Robin Alexander beschreibt in seinem Buch *Machtverfall* an vielen Stellen, wie Politiker Informationen durchstechen, um damit Einfluss auf die Meinungsbildung zu nehmen. Eine Drohung Markus Söders innerhalb der Bund-Länder-Konferenzen habe z. B. nicht auf seine Kollegen, sondern auf die ›Live-Berichterstattung‹ bei Bild abgezielt, die ihn daraufhin als entschlossenen Corona-Bekämpfer gewürdigt habe: ALEXANDER, *Machtverfall*, S. 237.

297 RATH, »Informationen in den Vordergrund«, in: *Taz* v. 19.11.2020, S. 18.

298 VG Berlin, Urteil v. 13.11.2020 - VG 27 K 34.17; kritisch gegenüber dem Urteil: MÜLLER, »Das Ende der Vertraulichkeit«, in: *FAZ* v. 28.11.2020.

299 BVerwGE 166, 303-320, juris Tz. 39f.

300 BVerwG, Urteil v. 08.07.2021 – 6 A 10.20 –, Tz. 39ff.

301 OVG Berlin-Brandenburg, Urteil vom 8. Juni 2022 – OVG 6 B 1/21 –, Tz. 58f.

302 BVerwG, Beschluss v. 09.06.2023 – 10 B 8.22 –.

303 Ob Verfassungsbeschwerde eingelegt wurde, entzieht sich der Kenntnis des Verfassers.

304 VG Berlin v. 13.11.2020 - VG 27 K 34.17.

305 DUDIN, »Tweet an ›Klaus‹. Wie die Ampelregierung kommuniziert«, in: *epd medien* v. 16.12.22.

306 KUBICKI, »Eine Aufarbeitung ist dringend nötig«, in: *Berliner Zeitung* v. 10.12.2022, S. 29; der *Tagesspiegel* hat hier ebenfalls auf Informationen geklagt, das VG Berlin (Az. 27 L 2/21) sowie das OVG Berlin-Brandenburg (Az. 6 S 15/21) schmetterten das Auskunftsbegehren jedoch ab, siehe: MÜLLER-NEUHOF, »Gesteuerte Pandemie-Berichterstattung?«, in: *Tagesspiegel* v. 13.12.2022.

307 ALEXANDER, *Die Getriebenen*, S. 5.

308 BECKER/HORNIG, »Regieren nach Zahlen«, in: *Der Spiegel* v. 8.9.2014, S. 20.

309 Die Umfragen sind abrufbar unter: https://www.gesis.org/angebot/daten-analysieren/weitere-sekundaerdaten/ausgewaehlte-nationale-daten/bundespresseamt/.

310 Das Portal *Fragdenstaat* dokumentiert die »Ergebnisse aus der Meinungsforschung. Diese sind abrufbar unter: https://fragdenstaat.de/blog/2021/06/30/wochenberichte-bundespresseamt/; *Zeit Online* hat die Berichte datenjournalistisch ausgewertet: HERONYMUS u. a., »Was Angela Merkel umtreibt«, in: *Zeit Online* v. 30.06.2021.

311 Bgbl. Jahrgang 2005 Teil I Nr. 57, ausgegeben zu Bonn am 13. September 2005, S. 2722ff.

312 IFG und presserechtlicher Auskunftsanspruch unterscheiden sich in einem zentralen Punkt: Mittels des IFG kann man Dokumente, aber keine Auskünfte, mittels des presserechtlichen Auskunftsanspruchs Auskünfte, aber keine Dokumente verlangen.

313 BVerwGE 146, 56-67, juris Tz. 22.

314 BVerwGE 154, 222-231, juris Tz. 13.

315 Der Verfasser ist Volljurist, d. h. er hat beide juristischen Staatsexamina absolviert. Die Ausbildung zum Volljuristen dauert in der Regel zwischen sieben und zehn Jahren. Selbst vor dem Hintergrund seiner Ausbildung erforderte es für ihn einiges an Aufwand, sich in die Problematik des »verfassungsrechtlichen Presseauskunftsanspruchs« einzuarbeiten. Ein Gesetz würde, selbst wenn es nur einen Mindeststandard festschreibt, für mehr Klarheit sorgen und Journalisten die Befassung mit ihren Ansprüchen erleichtern.

316 DJV u. a., »Appell von Verbänden, Sendern und Verlegern: Medienauskunftsgesetz jetzt!«, Dokument v. 10.12.2019.

317 CDU, CSU UND SPD, Koalitionsvertrag v. 07.02.2018, Tz. 670f.

318 Entsprechend fordert die Deutsche Journalist.nnen- und Journalisten Union von den Ampelparteien, ein Presseauskunftsrecht auf Bundesebene einzuführen: DJU, »Koalitionsverhandlungen: Pressefreiheit und Medienvielfalt stärken!«, Pressemitteilung v. 07.11.2021.

319 § 7 Abs. 5 S. 2 IFG schreibt vor, dass der Informationszugang innerhalb eines Monats erfolgen soll. Das ›soll‹ ist entscheidend, da sich daraus keine Verbindlichkeit ableiten lässt. Verbindlich ist nur die Dreimonatsfrist des § 75 VwGO. Legt der Antragssteller Widerspruch ein, hat die Behörde noch einmal drei Monate Zeit für ihre Antwort. Ein reguläres IFG-Verfahren kann also bis zu sechs Monaten dauern.

320 Ausführlich zum Verhältnis von Auskunftsanspruch und IFG: GURLIT, in: AfP 2020, 9-20.

321 Diese ist abrufbar unter: https://www.bmi.bund.de/SharedDocs/downloads/DE/veroeffentlichungen/themen/ministeri.um/registraturrichtlinie.pdf?__blob=publicationFile&v=6.

322 BUNDESKANZLERAMT, Bescheid vom 10.06.2021.

323 Ausführlich zur SMS-Kommunikation der Kanzlerin berichtet die Süddeutsche Zeitung. Dem Bundesarchiv seien bisher keine SMS als »Teil ihrer Unterlagen zur Übernahme angeboten« worden: BEISEL u. a. »Handy-Jahre einer Kanzlerin«, in: Süddeutsche Zeitung v. 03.09.2021, S. 8.

324 SEMSROTT, E-Mail an das Bundeskanzleramt v. 14.6.2021.

325 Die Teleologie ist eine juristische Auslegungsmethode, die nach dem Zweck eines Gesetzes fragt. Eine ›teleologische Reduktion‹ beschränkt die Anwendung einer Norm, wenn Systematik und Zweck einer Regelung dies entgegen dem Wortlaut nahelegen.

326 VG Berlin v. 26.08.2020 – 2 K 163.18, juris Tz. 18 m.w.N.

327 BVerwG v. 28.10.2021 – 10 C 3.20, Tz. 14ff.

328 SCHWEPPE/BEWARDER, »Regieren ohne Spuren«, in: WamS v. 07.01.2018, S. 9; siehe auch: BEWARDER, »Merkels Leerjahre«, in: Welt v. 15.09.2021, S. 9.

329 PARTSCH, in: PARTSCH, BArchG, Einleitung Tz. 101.

330 TILLACK, »Bundesregierung löscht Mails von Kanzler und Ministern«, in: *WamS* v. 25.12.2022, S. 4; siehe auch Tillacks Folgerecherche, die weitere Beispiele für Postfachlöschungen thematisiert: TILLACK, »Opposition will E-Mails von Kanzler Scholz rekonstruieren«, in: *Welt* v. 26.05.2023.

331 BANNAS, »Das komplizierte Verhältnis von Politikern und Journalisten«, in: FAZ v. 31.3.2018, S.10.

332 ISMAR, »Der Wortschatz«, in: *Tagesspiegel* v. 06.07.2021, S. 3.

333 DUDIN, »Tweet an ›Klaus‹. Wie die Ampelregierung kommuniziert«, in: *epd medien* v. 16.12.22; siehe auch: DJV, »*Journalisten sind keine Bittsteller*«, Pressemitteilung v. 21.12.22.

334 BUSCHMANN, »Wer Informationen bunkert, sperrt die Demokratie aus«, in: FAZ v. 14.3.2019, S. 7.

335 DUDIN, »Tweet an ›Klaus‹. Wie die Ampelregierung kommuniziert«, in: *epd medien* v. 16.12.22.

336 BUNDESPRESSEAMT, *Mitschrift der Bundespressekonferenz v. 11.08.22.*

337 Das ist der wesentliche Unterschied zu seiner Vorgängerin. Auch Dokumentar-filmer Lamby erzählt, mit Merkel habe er irgendwann nur noch 15 Minuten, mit Scholz hingegen sehr häufig sprechen können: Sädler, »Merkel wollte irgendwann nur noch 15 Minuten mit mir sprechen«, in: *Welt* v. 02.10.2023.

338 ERB, »Im Dienste ihres Kanzlers«, in: *Taz* v. 27.01.2023; *Erb*, »1.130,50 Euro für Zer-vakis«, in: *Taz* v. 28.02.2023, S. 18.

339 PILARCZYK, »In guten, sicheren Händen. Leider«, in: *Der Spiegel* v. 12.05.2021.

340 BT-*Drucksache 20/5822.*

341 Instagram-Beitrag v. 16.11.2022, abrufbar unter: https://www.instagram.com/p/ClBi-_XKagM/.

342 TIEDE, »Experten bewerten historisches G20-Bild mit Scholz«, in: *Bild* v. 18.11.22.

343 Dieser ist abrufbar unter: https://www.bundesregierung.de/breg-de/mediathek/ kanzler-kompakt.

344 THIELE, »Oliver Schröm im Interview mit Ulrich Thiele«, in: *Cicero* v. 14.10.2022, ab ca. Minute 47.

345 VG Berlin v. 24.03.2023 – Az. VG 27 L 379/22; MÜLLER-NEUHOF, »Heimliche Einflussnahme: Scholz' ›Spin-Doktor‹ schuldet Erklärungen«, in: *Tagesspiegel* v. 31.03.2023.

346 OVG Berlin-Brandenburg v. 15.06.2023 – Az. OVG 6 S 15/23; MÜLLER-NEUHOF, »Journalisten-Diffamierung in Cum-ex-Affäre«, in: *Tagesspiegel* v. 20.06.2023.

347 Überhaupt das OVG Berlin-Brandenburg: Von den 33 Medienauskunftsverfahren gegen Bundesbehörden, die es zwischen dem 01.01.2018 und dem 15.06.2023 zu entscheiden hatte, beschied es nur vier im Sinne der Medien.

348 Siehe dazu: PANTELOURIS, »Robert Habeck ist Gold, aber gute Kommunikation ist noch keine gute Politik«, in: *Übermedien* v. 03.05.2022.

349 Instagram-Beitrag v. 26.04.2022, abrufbar unter: https://www.instagram.com/p/ CcootWvoY2g/.

350 Video abrufbar über: *Bild,* »Habecks emotionale Begründung für schwere Waffen«, in: *Bild* v. 28.04.22.

351 MEDIASRES, »Mehr Instagram, weniger Pressearbeit: Die Informationspolitik der Regierung«, in: *Deutschlandfunk* v. 02.01.2023, ab. ca. Minute 5:35.

352 GRÄBER, »Einsicht in Habecks Atom-Akten: Gericht lehnt Eilantrag ab«, in: *Cicero* v. 26.11.2022.

353 Ehemals abrufbar unter: https://www.libra-rechtsbriefing.de/ueber-libra/ [11.01.2023].

354 BUNDESMINISTERIUM DER FINANZEN, *Beteiligungsbericht des Bundes 2021*, S. 300.

355 ZENTHÖFER, »Bundesregierung finanziert Juristenmedium ›Libra‹«, in: *FAZ* v. 20.12.2022.

356 BT-Drucksache 20/5129, S. 30.

357 ZENTHÖFER, »Immer wieder Buschmann«, in: *FAZ* v. 11.01.2023, S. 13.

358 MÜLLER, »›Eklatanter Verfassungsverstoß‹«, in: *FAZ* v. 16.01.2023, S. 4.

359 MÖLLERS, *Zur Vereinbarkeit des von der juris GmbH betriebenen digitalen Magazins Libra mit dem verfassungsrechtlichen Grundsatz der Staatsfreiheit der Presse.*

360 ZENTHÖFER, »Libra« verstößt gegen Verfassung«, in: *FAZ* v. 04.03.2023, S. 15.

361 CONRAD, »Unzulässige Einwirkung auf den Wahlkampf«, in: *LTO* v. 07.02.2023.

362 BT-*Drucksache 20/7867.*

363 Abrufbar unter: https://www.bundesregierung.de/breg-de/mediathek/audio-podcast-der-bundesregierung.

364 Abrufbar unter: https://www.bundesfinanzministerium.de/Web/DE/Service/Mediathek/mediathek.html.

365 Abrufbar unter: https://www.bmj.de/DE/Themen/FokusThemen/JetztErstRecht/JetztErstRecht_node.html.

366 Abrufbar unter: https://www.bmas.de/DE/Service/Mediathek/Videos/videos.html.

367 RAINER, »Rohrpost auf die Ohren«, in: *Der Spiegel* v. 07.04.2023.

368 So kritisiert der DJV »die Praxis der Bundesregierung, gegenüber Journalisten nur noch Statements abzugeben und keine Fragen mehr zuzulassen als ›kommunikative Einbahnstraße‹«, DJV, »Wir sind keine Mikrofonhalter«, Pressemitteilung v. 31.08.2023.

369 BUNDESPRESSEAMT, *Öffentlichkeitsmaßnahmen der Bundesregierung 2022*; siehe auch: BT-*Drucksache 20/7867,* die auch Zahlen zur Reichweite enthält.

370 BUNDESMINISTERIUM DES INNERN, *Liste der Beauftragten der Bundesregierung, der Bundesbeauftragten sowie der Koordinatoren / Koordinatorinnen der Bundesregierung nach § 21 Abs. 3 Gemeinsame Geschäftsordnung der Bundesministerien* (GGO), Stand 12.01.2023.

371 Wobei die ›42‹ wohl doch nicht der Grund für die zahlreichen Beauftragten ist, Stand 15.05.2023 war die Riege bereits auf 43 angewachsen.

372 BT-*Drucksache 20/3141,* S. 43 sowie Anlage 1.

373 DEROUAUX/LEISTER, »Keiner weiß was, niemand redet«, in: *T-Online* v. 14.11.2022.

374 Zitat abrufbar unter: https://www.bmfsfj.de/bmfsfj/ministerium/behoerden-beauftragte-beiraete-gremien/queer-beauftragter-der-bundesregierung-194278.

375 HÜMPEL u. a., »Wie ARD und ZDF unsere Kinder indoktrinieren«, in: *Welt* v. 01.06.2022.

376 LEHMANN, »Homo- und Transfeindlichkeit ist keine Meinung – sondern Menschenfeindlichkeit«, in: *Welt* v. 07.06.2022.

377 BVerwGE 159, 327-337, juris Tz. 29.

378 Twitter-Konto abrufbar unter: https://twitter.com/svenlehmann.

379 BEHMANN, »Schlossherr versus Staatssekretär – Fürst will richterlichen Beistand suchen«, in: *Schaumburger Zeitung/Schaumburg-Lippische Landeszeitung* v. 05.01.2023.

380 Thread abrufbar unter: https://twitter.com/svenlehmann/status/1606591931483652097.

381 Siehe CONRAD u. a., *Handbuch Öffentlich-rechtliches Äußerungsrecht*, C.H. Beck 2022, § 10 Tz. 152.

382 Zitat abrufbar unter: https://libmod.de.

383 Fallstudie und Zitat abrufbar unter: https://gegneranalyse.de/fallstudie-1-nachdenkseiten/#intro.

384 BT-Drucksache 20/3660, S. 3; Matthias Meisner, einer der Autoren der Studie, erwidert in einem Beitrag für ein Branchenmagazin die Kritik: MEISNER, »Verkehrte Parallelmedienwelt«, in: *Journalist* v. Januar/Februar 2023, S. 48ff.

385 Siehe dazu: BVerwG, Urteil v. 27.03.1992 – 7 C 21/90, NJW 1992, 2496 (2499).

386 BT-*Drucksache 20/3660*, S. 3; BVerfGE 113, 63 – 88.

387 BT-*Drucksache 20/3660*, S. 6.

388 BT-*Drucksache 20/3660*, S. 7.

389 BT-*Drucksache 20/3660*, Anlage 1.

390 *Bundeshaushaltsplan*, Kapitel 0432, Titel 68506.

391 Abrufbar unter: https://de.wikipedia.org/wiki/Progressives_Zentrum.

392 So z. B. MARGUIER, »Warum die Grünen von den Krawallen profitieren«, in: *Cicero* v. 05.01.2023.

393 Z.B., indem man zum Zeitpunkt der Bewilligung diese Informationen in eine zentrale Maske eingibt.

394 Konkret: § 26 Abs. 3 Nr. 2.

395 BR-*Drucksache 684/22*, Entwurf S. 5.

396 Vgl. § 4 Abs. 1 S. 2 des Entwurfs.

397 LITSCHKO, »Ampel verabschiedet Demokratiefördergesetz«, in: *Taz* v. 15.12.2022, S. 6.

398 BR-*Drucksache 684/22*, Entwurf S. 14.

399 Zu Demokratieprinzip und Menschenwürde: BVerfGE 123, 267-437, juris Tz. 211; siehe auch: Rux, in: EPPING/HILLGRUBER, Art. 20, Tz. 55.

400 GRZESZICK, in: DÜRIG/HERZOG/SCHOLZ, Art. 20 II, Tz. 17.

401 HEINE, »Erinnerung aus Krähwinkels Schreckenstagen«, in: *Heine*, Werke, S. 472f.

402 BÖCKENFÖRDE, *Recht, Staat, Freiheit*, S. 112.

403 Vgl. »Beutelsbacher Konsens«, in: *bpb* v. 07.04.2011.

404 »Beutelsbacher Konsens«, in: *bpb* v. 07.04.2011.

405 BR-*Drucksache 684/22*, Entwurf S. 6.

406 »Beutelsbacher Konsens«, in: *bpb* v. 07.04.2011.

407 Vgl. § 2 Nr. 8 des Entwurfs.

408 Vgl. § 2 Nr. 9 des Entwurfs.

409 Vgl. § 8 Abs. 2 des Entwurfs.

410 SPD, BÜNDNIS 90/DIE GRÜNEN, FDP, *Koalitionsvertrag 2021-2025*, S. 9.

411 TILLACK, »Die Ampel versprach Transparenz, aber in den Ministerien wird gemauert«, in: *Welt* v. 06.01.2023; Folgerecherche zum Transparenzgesetz: TILLACK, »›Das Ministerium ist in der Bringschuld‹ – Grüne kritisieren Faeser«, in: *Welt* v. 01.06.2023.

412 BT-*Drucksache 20/6782*, Anlage; siehe auch: MÜLLER-NEUHOF, »Mauerndes Kanzleramt«, in: *Tagesspiegel* v. 22.05.23.

413 TILLACK, »So halten Berliner Ministerien brisante Informationen zurück«, in: *Welt* v. 13.01.2023.

414 Vgl. BVerwG, Urteil v. 3. November 2011 – 7 C 4/11, juris Tz. 35.

415 SPD, BÜNDNIS 90/DIE GRÜNEN, FDP, *Koalitionsvertrag 2021-2025*, S. 99.

416 HECKER, DVBl 2006, 1416-1419.

417 WITTROCK, »Regierung will Auskunftspflicht einschränken«, in: *Der Spiegel* v. 17.02.2013.

418 BUNDESPRESSEAMT, »*Demokratie braucht freie Presse*«, Podcast v. 16.05.2020.

419 BT-*Drucksache 19/29416*, S. 2.

420 BT-*Drucksache 19/29416*, S. 4.

421 DJV, »*Mehr Engagement gefordert*«, Pressemitteilung v. 26.05.2021.

422 SCHARRER, »Der Markt für Online-Werbung ist in eine komplette Schieflage geraten«, in: *Print & More* 2/2021.

423 ALEXANDER, *Die Getriebenen*, S. 88.

424 MÜLLER-NEUHOF, Der Staat und sein Senf, in: *Tagesspiegel* v. 17.2.2019, S. 7.

425 DJV, *Aufnahmerichtlinien des DJV in der Fassung vom 01.06.2015*; Höre auch: *Kretschmer,* »Die Newsrooms der Republik – Verlautbarung statt Journalismus«, in: *SWR2* v. 30.09.2019; TURNER, »Ohne Regionalzeitungen geht nichts«, in: *FAZ* v. 01.12.2020.

426 So der Bundesvorsitzende des DJV, Frank Überall, gegenüber dem *Tagesspiegel*: MÜLLER-NEUHOF, »Merkel zieht sich zurück – von den Medien«, in: *Tagesspiegel* v. 31.10.2019.

427 Eingehend zur Frage des Rechtswegs: FABI/STRUSS, in: *GRUR 2020*, 144-152.

428 Bei den eidgenössischen Medienhäusern herrscht deutlich mehr Problembewusstsein. Deren Sprachrohr kritisiert den geplanten Ausbau der Kommunikation des Schweizer Bundesrates über Social Media und begründet dies mit der Sorge um den Meinungsbildungsprozess: SCHWEIZER MEDIEN, »*Behördenkommunikation: Sorge um den Meinungsbildungsprozess*«, Pressemitteilung v. 29.06.2021.

429 Insofern ist es folgerichtig, dass EuGH jüngst urteilte, dass das Bundeskartellamt im Rahmen seiner kartellrechtlichen Missbrauchsaufsicht grundsätzlich auch Datenschutzverstöße feststellen darf: EuGH, Urteil v. 04.07.2023 – C252/21 –, Tz. 62.

430 *Lijnden*, »Der EuGH will den Datenschutz mit harter Hand durchsetzen«, in: *FAZ* v. 09.01.2020.

431 EuGH, Urteil v. 05. Juni 2018 – C-210/16 –.

432 BVerwG, Urteil v. 11. September 2019 – BVerwG 6 C 15.18 –, Tz. 23.

433 Bundesdatenschutzbeauftragter, Rundschreiben an behördliche Datenschutzbeauftragte der obersten Bundesbehörden v. 20.05.2019.

434 CHRIST, »Behörden ziehen sich aus sozialen Medien zurück«, in: *Tagesspiegel* v. 08.01.2020.

435 BUNDESMINISTERIUM DER JUSTIZ, E-*Mail v. 04.06.2020 an den Verfasser*.

436 BUNDESDATENSCHUTZBEAUFTRAGTEE, *Rundschreiben an alle Bundesministerien und obersten Bundesbehörden v. 16.06.2021*.

437 BUNDESPRESSEAMT, *Mitschrift der Bundespressekonferenz v. 11.04.2022*.

438 BUNDESDATENSCHUTZBEAUFTRAGTER, »*BfDI untersagt Betrieb der Fanpage der Bundesregierung*«, Pressemitteilung v. 22.02.2023.

439 HEISE, Facebook-Seite der Bundesregierung: Bundespresseamt will Verbot prüfen lassen, in: *Heise* v. 17.03.2023.

440 Siehe hierzu: FRIEHE, Anm. zu BVerfGE 154, 320-353, NJW 2020, 2103-2104.

441 Vgl. JARREN, Plattformen als neue Institutionen und ihre Bedeutung für die gesellschaftliche Information und Kommunikation, in: *Kooperative Medienplattformen in einer künftigen Medienordnung*, S. 42 (52).

442 FRIEHE, Facebook, Twitter und Regierung, in: UHLE (Hrsg.), *Information und Einflussnahme*, S. 113.

443 Ausführlich behandelt den Vorbehalt des Gesetzes bei staatlicher Öffentlichkeits-arbeit in sozialen Netzwerken: HARDING, *Staatliche Öffentlichkeitsarbeit in sozialen Netzwerken*, S. 170ff. sowie S. 219ff.

444 Zuletzt hat er die Migrationsbeauftragte der Bundesregierung auf Herausgabe einer ungeschwärzten »Machbarkeitsstudie Social Media« verklagt. Nach Klage-erhebung hat die Migrationsbeauftragte die Studie herausgegeben. Ein Bericht des Verfassers zum Verfahren ist einsehbar unter: ENGELBRECHTEN-ILOW, »Genese einer Klage: Wie man die Bundesregierung vor Gericht besiegt«, in: *Fragdenstaat* v. 13.01.2022.

445 BVerfGE 20, 162-230, juris Tz. 38.

446 BVerfGE 20, 162-230, juris Tz. 37.

447 PAULUS/NÖLSCHER, in: ZUM 2017, 177 (179).

448 Für den Überblick zur objektiv-rechtlichen Dimension der Presse: *Grabenwarter*, in: DÜRIG/HERZOG/SCHOLZ, Grundgesetz, Art. 5 Abs. 1, Abs. 2 Tz. 353-363.

449 Vgl. CORNILS, in: BURKHARDT, *Löffler Presserecht*, § 1 LPG Tz. 134.

450 BVerfGE 20, 162-230, juris Tz. 38.

451 BGH Urteil v. 20.11.2003 – I ZR 151/01, *AfP* 2004, 258 (259).

452 BGH Urteil v. 20.11.2003 – I ZR 151/01, *AfP* 2004, 258 (259); ebenso BGH Urteil v. 29.10.2009 – I ZR 188/07, *AfP* 2010, 241 (242 f.).

453 BGH Urteil v. 20.11.2003 – I ZR 151/01, *AfP* 2004, 258 (260 m.w.N.).

454 GARMISSEN, »Wie man eine Zombie-Zeitung füllt«, in: *Übermedien* v. 24.02.2020.

455 GRIMM, »Drei Buchstaben – ein Netzwerk: Das ist die RND«, in: RND v. 03.09.2019.

456 Selbstbeschreibung der Funke Mediengruppe, abrufbar unter: https://www.waz.de/zentralredaktion/.

457 RÖPER, in: *Media Perspektiven* 2020, 331 (332); siehe Abschnitt I 1. d).

458 LADEUR, in: *Publizistik* 2000, 442 (445); Ladeur geht es um die »institutionelle Wiedereinführung eines Mechanismus zur Erzeugung von Qualitätserwartungen und der Beobachtung ihrer Erfüllung auf dem Hintergrund der nur begrenzten Selbststeuerungsfähigkeit der Medien über den Markt« (S. 451). Dabei wollte er Qualität nicht von einem wie auch immer gearteten Ziel herleiten, sondern von Prozessen. So könnte es z. B. Subventionen für die Erprobung von Systemen zur Qualitätskontrolle geben (Evaluationen, Auditing) oder die Gewährung von Haf-tungsprivilegien an das Vorhandensein solcher Prozesse knüpfen.

459 LADEUR, in: *Publizistik* 2000, 442 (447); mit gleicher Stoßrichtung: LADEUR, in: AfP 2012, 420 (422).

460 Für den Überblick: Cornils, in: BURKHARDT, *Löffler Presserecht*, § 1 LPG Tz. 134ff.; sie-he auch: DI FABIO, in: MMR *Beilage* 2016, 1 (7).

461 BVerfGE 73, 118-205, juris Tz. 150 m.w.N.; ebenfalls die Funktionsgewährleistung der Presse anerkennend BVerfGE 101, 361-396, juris Tz. 96; siehe auch: KÜBLER, *Postzeitungsdienst und Verfassung*, S. 47.

462 BVerfGE 73, 118-205, juris Tz. 152.

463 Siehe dazu: TURNER, »Ohne Regionalzeitungen geht nichts«, in: FAZ v. 01.12.2020.

464 BVerfGE 52, 283-303, juris Tz. 39.

465 BVerfGE 52, 283-303, juris Tz. 39 m.w.N.

466 PAULUS/NÖLSCHER, Rundfunkbegriff und Staatsferne im Konvergenzzeitalter, in: ZUM 2017, 177 (180).

467 IVW Auflagenlisten; siehe Teil I. 1. b).

468 POLLERT u. a., »Marktversagen«, in: *Duden Wirtschaft von A bis Z*.

469 Vgl. POLLERT u. a., »öffentliche Güter«, in: *Duden Wirtschaft von A bis Z*.

470 WELLBROCK, »Wie Digitalisierung und Corona endlich das Marktversagen im Journalismus offenbaren«, in: *Horizont* v. 27.04.2020, wobei nicht jede Form des Journalismus gesellschaftlich nützlich, also meritorisch ist, nur ist die Abgrenzung des »nützlichen« vom »unnützen«, demeritorischen Journalismus juristisch kaum trennscharf möglich (dazu V 1.); zur volkswirtschaftlichen Einordnung siehe auch: DACHWITZ/FANTA, *Medienmäzen Google*, Otto Brenner Stiftung, 2020, S. 8ff.

471 KÜBLER, *Postzeitungsdienst und Verfassung*, S. 51f.

472 BUNDESMINISTERIUM FÜR POST UND TELEKOMMUNIKATION, zitiert nach: KÜBLER, *Postzeitungsdienst und Verfassung*, S. 52.

473 MEIER/WINTERBAUER, Die Medienwoche, in: *Welt/Meedia* v. 07.12.2019.

474 HALLER, *Die »Flüchtlingskrise« in den Medien*, S. 133.

475 Zu den Hauptakteuren zählt Haller Helfergruppen, freie Träger und Initianten, die sich in erster Linie um Flüchtlinge kümmerten Diese Gruppe habe lediglich 3,5 Prozent aller relevanten Personen in den redaktionellen Beiträgen ausgemacht. Fachleute und Experten, die über akute Problemfelder (Umgang mit Fremdenhass, ethnische Besonderheiten, Ehe- und Familienrecht in islamischen Gesellschaften etc.) seien praktisch nicht vorgekommen.

476 HALLER, *Die »Flüchtlingskrise« in den Medien*, S. 133 m.w. N.

477 HALLER, *Die »Flüchtlingskrise« in den Medien*, S. 138.

478 MAURER/REINEMANN/KRUSCHINSKI, *Einseitig, unkritisch, regierungsnah?*, S. 5.

479 HALLER, *Zwischen »Flüchtlingskrise« und »Migrationspakt«*, S. 61f.

480 HALLER, *Zwischen »Flüchtlingskrise« und »Migrationspakt«*, S. 62.

481 Vgl. LADEUR, in: *Publizistik* 2000, 442 (442).

482 KÜBLER, *Postzeitungsdienst und Verfassung*, S. 68.

483 LG Potsdam v. 25.07.2018 - 2 O 105/17, *AfP* 2018, 459.

484 »rbb geht auf Verlage zu«, in: *rbb Abendschau* v. 17.12.2021.

485 BVerfGE 73, 118-205, juris Tz. 152.

486 So z. B. HANFELD, »Vor der großen Bescherung?«, in: *FAZ* v. 04.08.2021.

487 TIESCHKY, »220-Millionen-Presseförderung gescheitert«, in: *Süddeutsche Zeitung* v. 27.04.2021.

488 BVerfGE 36, 321-342.

489 BVerfGE 36, 321-342, juris Tz. 46.

490 BVerfGE 36, 321-342, juris Tz. 49.

491 BVerfGE 36, 321-342, juris Tz. 64.

492 BVerfGE 36, 321-342, juris Tz. 69; BVerfGE 20, 162-230, juris Tz. 36.

493 BVerfGE 36, 321-342, juris Tz. 70.

494 Statt vieler: SCHÖNAUER, »Dämon Knallpresse: ›Die Aktuelle‹ schenkt Camilla einen ein«, in: *Übermedien* v. 02.03.2017.

495 Zur historischen Entwicklung des Postzeitungsdiensts: KÜBLER, *Postzeitungsdienst und Verfassung*, S. 11ff.

496 Die Postzeitungsordnung lebt seit der Privatisierung der Deutschen Bundespost in den Allgemeinen Geschäftsbedingungen der Deutschen Pressepost (AGB PrD) fort, siehe: INITIATIVE TAGESZEITUNG, »Postzeitungsdienst«, in: *Initiative Tageszeitung*.

497 BVerfGE 80, 124-137, juris Tz. 2.

498 BVerfGE 80, 124-137, juris Tz. 10.

499 BVerfGE 80, 124-137, juris Tz. 29.

500 BVerfGE 80, 124-137, juris Tz. 30.

501 BVerfGE 80, 124-137, juris Tz. 31 m.w.N.

502 Zu etwaigen Förderkriterien siehe auch: CORNILS/GESSINGER, in: AfP 2021, 285 (288ff.).

503 Der Pressekodex ist abrufbar unter: https://www.presserat.de/pressekodex.html.

504 Vgl. Abschnitt II 1. b).

505 Siehe oben II. 1. d).

506 Siehe oben V 1. a).

507 BGH Urteil v. 20.11.2003 – I ZR 151/01, AfP 2004, S. 258, 260; ebenso BGH Urteil v. 29.10.2009 – I ZR 188/07, AfP 2010, S. 241, 242 f.

508 Siehe oben I 4) a).

509 Beispiele für dieses reichweitenorientierte Geschäftsmodell sind die Portale www. focus.de und www.merkur.de.

510 DÜRRENMATT, »Nachrichten über den Stand des Zeitungswesens in der Steinzeit«, in: Dürrenmatt, Gesammelte Werke in sieben Bänden, Band V, S. 149 (152).

511 HALLER, Die »Flüchtlingskrise« in den Medien, S. 132.

512 WIEDERHOLD, in: BeckOK BGB 59. Ed. 2021, BGB § 556 b, Tz. 10.

513 RAABE, »Tageszeitung«, in: BENTELE/BROSIUS/JARREN, Lexikon Kommunikation- und Medienwissenschaft, S. 335f.

514 RAABE, »Universalität«, in: BENTELE/BROSIUS/JARREN, Lexikon Kommunikation- und Medienwissenschaft, S. 346.

515 Die Aussetzung erfolgte durch die Verordnung zur Änderung statistischer Rechtsvorschriften (Statistikänderungsverordnung -StatÄndV) vom 20. November 1996 (BGBl I S. 1904).

516 STATISTISCHES BUNDESAMT, Wirtschaft und Statistik 7/1996, S. 445.

517 GAO/LEE/MURPHY, in: Journal of Financial Economics 2020, 445-467; siehe auch: WELTER, »Verschwendung gedeiht in der Dunkelheit«, in: Blogbeitrag v. 17.06.2018.

518 Deren Reporter Bob Woodward und Carl Bernstein deckten die Watergate-Affäre auf. Diese Recherche sei ein herausragendes Beispiel dafür, »wie wichtig es für den investigativen Journalismus ist, langfristig genügend Ressourcen zur Verfügung zu haben«, schreibt Manfred Redelfs. Das Reporterteam habe die Freiheit erhalten, »über Monate an einer Geschichte dranzubleiben und jeder noch so kleinen Spur nachzugehen«: REDELFS, »Was wusste der Präsident?«, in: HALLER/HÖMBERG, »Ich lass mir den Mund nicht verbieten«, S. 238 (240).

519 KÜBLER/GOODMAN, Newspaper markets and municipial politics, in: Journal of Elections, Public Opinion and Parties, Volume 29 Issue 1, S. 1 (16).

520 So Karl-Heinz Ladeur, der damit aber nicht auf eine Nachfrageförderung, sondern auf eine Verbesserung journalistischer Standards durch »Prozeduralisierung« abzielt. Vgl. LADEUR, in: Publizistik 2000, 442 (448).

521 BVerfGE 36, 321-342, juris Tz. 69.

522 Nummer 49 b) spricht von »Zeitungen und andere[n] periodische[n] Druckschriften, auch mit Bildern oder Werbung enthaltend«. Grundsätzlich stellt sich die Frage, ob man auch im Steuerrecht mit dem Begriff des journalistisch-redaktionellen arbeitet.

523 Richtlinie 2006/112/EG des Rates vom 28. November 2006 über das gemeinsame Mehrwertsteuersystem.

524 BRANDL, in: Blümich, EStG, EStG § 34g Tz. 3.

525 Im RFinStV ist noch 17,50 € die Rede. Aufgrund eines Beschlusses des BVerfG v. 20.07.2021 (1 BvR 2756/20, 2775/20 und 2777/20) gilt aktuell der von 15 der 16 Bundesländer beschlossene Betrag von 18,36 €.

526 EMEK, *Rückhalt für den Journalismus*, S. 16; ebenfalls Gutscheine vorschlagend: WELLBROCK, *»Wie Digitalisierung und Corona endlich das Marktversagen im Journalismus offenbaren«*.

527 ARD ZDF DEUTSCHLANDRADIO BEITRAGSSERVICE, *Jahresbericht 2021*, S. 12.

528 Vgl. *Haushaltsgesetz 2021*, § 1 Abs. 1.

529 TURNER, »Ein Gutschein für die Tageszeitung«, in: *Der Spiegel* v. 29.04.2020.

530 SPD, BÜNDNIS 90/DIE GRÜNEN, FDP, *Koalitionsvertrag 2021-2025*, S. 100.

531 TIESCHKY, »220-Millionen-Presseförderung gescheitert«, in: *Süddeutsche Zeitung* v. 27.04.2021.

532 NIEDERPRÜM u. a., *Erforderlichkeit und Möglichkeit einer Bundesförderung für die Pressewirtschaft*, S. 114.

533 Zitat abrufbar unter: https://www.bmwk.de/Redaktion/DE/Publikationen/Technologie/erforderlichkeit-und-moeglichkeit-einer-bundesfoerderung-fuer-die-pressewirtschaft.html.

534 FUNKE MEDIENGRUPPE, *»FUNKE Medien Thüringen stellt Zustellung der Ostthüringer Zeitung in unwirtschaftlichen Gebieten von Greiz ein und fördert Digitalisierung auf dem Land«*, Pressemitteilung v. 07.03.2023.

535 WEBERLING, *Rechtmäßigkeit einer Subventionierung der morgendlichen Zustellung von Abonnement-Zeitungen*, S. 13.

536 WEBERLING, *Rechtmäßigkeit einer Subventionierung der morgendlichen Zustellung von Abonnement-Zeitungen*, S. 12.

537 Berechnungsgrundlage: STATISTISCHES BUNDESAMT, *Kreisfreie Städte und Landkreise nach Fläche, Bevölkerung und Bevölkerungsdichte am 31.12.2021*.

538 BUSCHOW/WELLBROCK, »Förderung der digitalen Transformation des Journalismus: Zur gescheiterten Bundespresseförderung sowie geeigneteren Wegen der öffentlichen Unterstützung von Innovationen im Journalismus«, in: KRETZSCHMAR/ NÖLLEKE/SEHL (Hrsg.), *Innovationen im Journalismus*, Springer VS (Preprint), S. 7.

539 So im Wesentlichen die Beschreibung des Gesamtverbands Pressegrosshandel, abrufbar unter: https://www.pressegrosso.de/branche/essentials.

540 BVerfGE 77, 346–359, 1. Leitsatz.

541 BVerfGE 77, 346–359, juris Tz. 27.

542 vgl. CORNILS, in: BURKHARDT, *Löffler Presserecht*, § 1 LPG Tz. 159.

543 BGH, Urteil vom 6. Oktober 2015 – KZR 17/14; OLG Düsseldorf, Urteil vom 26.02.2014 – VI – U (Kart) 7/12; LG Köln, Urteil vom 14.02.2012 – 88 O (Kart) 17/11.

544 BGH, Urteil vom 6. Oktober 2015 – KZR 17/14, Tz. 21.

545 BGH, Urteil vom 6. Oktober 2015 – KZR 17/14, Tz. 58.

546 Ziffer 3.4 (a) der Vereinbarung über gebührenpflichtige Apps (Anhang 2 und 3 der Apple Developer Program-Lizenzvereinbarung), abrufbar unter: https://developer.apple.com/support/downloads/terms/schedules/Schedule-2-and-3-20220225-English.pdf.

547 Information abrufbar unter: https://support.google.com/googleplay/android-developer/answer/112622?hl=de.

548 Abrufbar unter: https://netid.de.

549 REIDEL, »CH Media und NZZ treten OneLog bei«, in: *Horizont* v. 11.01.2023.

550 Abrufbar unter: https://onelog.ch/de/.

551 MEDIENMANAGER, »Kooperativ die Digitalisierung stemmen: Medien-Login-Plattform MediaKey«, in: *MedienManager* v. 29.11.2022, S. 4.

552 MOZART, »Worauf stellen sich Werbungtreibende und Agenturen ein?«, in: *Werben & Verkaufen* v. 22.02.2023, S. 48-50.

553 JARREN, »Strategie gesucht. Qualitätsjournalismus unter digitalen Bedingungen«, in: *epd medien* v. 10.03.2023.

554 Siehe oben V 1. a).

555 Siehe oben IV 1. b).

556 BECKER, »Mehr Mut!«, in: FAZ v. 18.02.23.

557 LIPINSKI, »Kehren Sie in den BDZV zurück, Frau Becker!«, in: *Meedia* v. 22.02.2023.

558 PIMPL, »Darum geht es beim großen Reformzoff«, in: *Horizont* v. 05.09.2021.

559 Homepage abrufbar unter: https://www.republic.de.

560 AXEL SPRINGER SE, »*Media Impact und Ad Alliance bauen Vermarktungskooperation aus*«, Pressemitteilung v. 28.10.2020.

561 LIPINSKI, »Warum sich Funke und Burda mit der Vermarkterfusion nur Zeit kaufen«, in: *Meedia* v. 24.10.2022.

562 WELLBROCK u. a., *Coopetition is King*, S. 21f.

563 WELLBROCK u. a., *Coopetition is King*, S. 29ff.

564 PIMPL, »Die Presse muss unteilbar bleiben«, in: Horizont v. 20.04.2023, S. 16.

565 WELLBROCK u. a., *Coopetition is King*, S. 17.

566 TURNER, »Die Spaltung ist der Kern der Sozialen Medien«, in: *Welt* v. 14.11.2019.

567 Section 230 Buchstabe c Ziffer 1 bestimmt: »No provider or user of an interactive computer service shall be treated as the publisher or speaker of any information provided by another information content provider.«, abrufbar unter: https://uscode.house.gov/view.xhtml?req=(title:47%20section:230%20edition:prelim).

568 ARAL, *The Hype Machine*, S. 316.

569 Richtlinie 2000/31/EG des Europäischen Parlaments und des Rates v. 8. Juni 2000 über bestimmte rechtliche Aspekte der Dienste der Informationsgesellschaft, insbesondere des elektronischen Geschäftsverkehrs, im Binnenmarkt (»Richtlinie über den elektronischen Geschäftsverkehr«).

570 VERORDNUNG (EU) 2022/2065 DES EUROPÄISCHEN PARLAMENTS UND DES RATES vom 19. Oktober 2022 über einen Binnenmarkt für digitale Dienste und zur Änderung der Richtlinie 2000/31/EG (Gesetz über digitale Dienste); einen Überblick zum DSA bieten: RAUE/HEESEN, in: NJW 2022, 3537-3543.

571 So zumindest § 8 I Telemediengesetz, der wohl durch den Digital Services Act obsolet wird.

572 So § 10 I Telemediengesetz, der wohl aufgrund des DSA ebenfalls überflüssig geworden ist.

573 Ausführlich zur (Störer-)Haftung der Plattformen: WAGNER, GRUR 2020, 329-338.

574 Was sie auch ohne Rücksicht auf die Konsequenzen für das Gemeinwohl tun, wie die jüngsten Aussagen der Whistleblowerin Frances Haugen belegen. Siehe dazu: KÜCHEMANN, »Moralisch bankrott«, in: FAZ v. 04.10.2021.

575 In der Kommunikationswissenschaft wird hier eher von *Gemeinwohlorientierung* gesprochen.

576 ARAL, *The Hype Machine*, S. 317.

577 Zur Content-ID: WAGNER, in: GRUR 2020, 329 (333).

578 Zu den Konsequenzen der Reform: BEUTH, »Was sich jetzt mit dem Uploadfilter-Gesetz ändert«, in: *Der Spiegel* v. 01.08.2021.

579 Zum Zweck der übersichtlichen Darstellung ist das Modell stark vereinfacht. Polarisierung in dem Sinne, dass es unterschiedliche und teils auch gegensätzliche Positionen gibt, ist der Normalfall einer Gesellschaft. Verständigung setzt voraus, dass ein Austausch, d. h. eine Vermittlung zwischen gegensätzlichen Positionen, stattfindet. Polarisierung in diesem Modell bedeutet, dass sich die Positionen unversöhnlich gegenüberstehen, eine Vermittlung gerade nicht stattfindet.

580 Wobei unklar ist, welche Teile des NetzDG nach Inkrafttreten des DSA ihre Gültigkeit verlieren.

581 In der Volkswirtschaftslehre spricht man hier von externen Effekten, schließlich wälzen die Plattformen die sozialen Kosten ihrer Angebote auf die Gesellschaft ab, externalisieren sie sozusagen, vgl. POLLERT u. a., »externe Effekte«, in: *Duden Wirtschaft von A bis Z*.

582 GOOGLE, »*Die Grundpfeiler der Google Suche*«; FACEBOOK, »*Wie funktioniert das Feed Ranking auf Facebook?*«; TWITTER, »*Über deine Startseiten-Timeline auf Twitter*«; YOUTUBE, »*Empfohlene Videos*«.

583 INSTAGRAM, »*So funktioniert das Ranking von Inhalten auf Instagram*«.

584 Ausführlich zum Infrastrukturaspekt: JARREN, Plattformen als neue Institutionen und ihre Bedeutung für die gesellschaftliche Information und Kommunikation, in: *Kooperative Medienplattformen in einer künftigen Medienordnung*, S. 42 (55ff.).

585 Mit Tendenzfreiheit ist die publizistische Ausrichtung einer Zeitung gemeint. Die *Taz* z. B. versteht sich als linke Tageszeitung und vertritt eine entsprechende Blattlinie; vgl. BVerfGE 52, 283-303, juris Tz. 39; GRABENWARTER, in: DÜRIG/HERZOG/SCHOLZ, Art. 5 I, Tz. 314.

586 Wie solche Grundsätze aussehen könnten, ist nachzulesen bei: NEUBERGER, Kommunikationswissenschaftliche Perspektive: Konzeption einer gemeinwohlorientierten und kooperativen Medienplattform, in: *Kooperative Medienplattformen in einer künftigen Medienordnung*, S. 63 (81ff.); siehe auch: LADEUR, Helmut Ridders Konzeption der Meinungsfreiheit als Prozessgrundrecht und ihre Bedeutung für den Wandel der Medienordnung, in: FEICHTNER/WIHL (Hrsg.), *Gesamtverfassung*, S. 199ff.

587 Siehe z. B. Ziffer 1, *Transparenz-Richtlinien für die redaktionelle Unabhängigkeit des Tagesspiegel* v. 12.11.2015.

588 Internet-Auftritt abrufbar unter: https://www.oversightboard.com.

589 ANDREE, Standpunkt: Digitale Monopole – Risiko für die Mediendemokratie, in: *Medienwirtschaft* 2022, 22 (27).

590 Abrufbar unter: https://help.twitter.com/de/using-twitter/twitter-timeline.

591 Abrufbar unter: https://www.facebook.com/help/instagram/4185332254915923?ref=ipl&helpref=faq_content.

592 Die »Online-Plattform« ist in Art. 3 i) DSA legaldefiniert.

593 HOPPENSTEDT, »Facebook schimmerlos«, in: *Süddeutsche Zeitung* v. 08.10.2019, S. 11.

594 Selbstbeschreibung von Social Science One, abrufbar unter: https://socialscience.one/our-mission.

595 ARAL, *The Hype Machine*, S. 311.

596 ARAL, *The Hype Machine*, S. 273ff.

597 Aral bezieht sich hier auf die Forschung von Aaron Roth, Ko-Autor des Buchs *The Ethical Algorithm*, der mit seinem Team Richtlinien zur Umsetzung von differential-privacy-Verfahren entwickelt.

598 BGBl. Jahrgang 2021 Teil I Nr. 29, ausgegeben zu Bonn am 9. Juni 2021, S. 1436 ff.; siehe auch: SCHMOLL, »Algorithmus für Hass und Hetze«, in: *FAZ* v. 21.05.2021, S. 8.

599 ANDREE, Standpunkt: Digitale Monopole – Risiko für die Mediendemokratie, in: *Medienwirtschaft* 2022, 22 (27).

600 Für eine Erweiterung des Auftrags des öffentlich-rechtlichen Rundfunks um die Netzkommunikation wirbt Otfried Jarren: JARREN, »High-Choice-Media-Environment«, in: *epd medien* v. 19.05.2023, S. 28-32.

601 Konkret: Art 1 Abs. 11 iVm Art. 8 Abs 1 UnterAbs. 1 der Richtlinie 98/34/EG in der durch die Richtlinie 98/48 geänderten Fassung.

602 VG MEDIA, »*Erste Entscheidung zum Presse-Leistungsschutzrecht*«, Pressemitteilung v. 24.05.2015.

603 Urteil des EuGH vom 12.09.2019 – C-299/17-, Tz. 40.

604 VG MEDIA, »*Nach Versäumnis der Bundesregierung: Landgericht Berlin sieht nach unterlassener Notifizierung Unanwendbarkeit des Presseleistungsschutzrechts*«, Pressemitteilung v. 04.06.2020.

605 RICHTLINIE (EU) 2019/790 DES EUROPÄISCHEN PARLAMENTS UND DES RATES vom 17. April 2019 über das Urheberrecht und die verwandten Schutzrechte im digitalen Binnenmarkt und zur Änderung der Richtlinien 96/9/EG und 2001/29/EG.

606 Julia Möller-Klapperich bespricht das Gesetz in der *AfP*: MÖLLER-KLAPPERICH, in: *AfP* 2021, 384-391.

607 CORINT MEDIA, »*Google soll im ersten Schritt 5,8 Mio. Euro an Corint Media zahlen*«, Pressemitteilung v. 17.03.2023.

608 »Facebook and Australia both claim Victory as they end their spat, in: *The Economist* v. 24.02.2021.

609 HANFELD, »Ein Land kämpft für seine freien Medien«, in: *FAZ* v. 05.08.2023.

610 Selbstbeschreibung abrufbar unter: https://newsinitiative.withgoogle.com/de-de/.

611 DACHWITZ/FANTA, *Medienmäzen Google*, S. 101.

612 DACHWITZ/FANTA, *Medienmäzen Google*, S. 103ff.

613 JUSTUS, »*Weltweite Premiere: Google News Showcase geht in Deutschland mit über 50 Publikationen von 20 Verlagspartnern an den Start*«, Pressemitteilung v. 01.10.2020

614 BORGERS, »Google News Showcase«, in: *Deutschlandfunk* v. 07.10.2021.

615 BUNDESKARTELLAMT, »*Bundeskartellamt prüft Google News Showcase*«, Pressemitteilung v. 04.06.2021.

616 BUNDESKARTELLAMT, »*Verbesserungen für Verlage bei Nutzung von Google News Showcase*«, Pressemitteilung v. 21.12.2023.

617 BOCK, »Verleger beschweren sich über Google«, in: *Allgemeine Laber Zeitung* v. 16.03.2023, S. 35.

618 So FANTA, »News Showcase ist Googles strategische Meisterleistung«, in: *Netzpolitik* v. 30.10.2020.

619 DPA, »Für journalistische Inhalte zahlen«, in: *Hamburger Abendblatt* v. 18.06.2021, S. 21.

620 KLEIN/SCHWARZ, in: DÜRIG/HERZOG/SCHOLZ, GG Art. 41, Tz. 124.

621 In Betracht kommt auch eine Verletzung der sogenannten ›Meinungsbildungsfreiheit‹. Eine tiefergehende Untersuchung dieses Grundrechts führt an dieser Stelle jedoch zu weit.

622 Zur unionsgrundrechtlichen Gewährleistung der Pressefreiheit: CORNILS, in: *Löffler Presserecht*, LPG § 1, Tz. 85 ff.

623 WINTER, EuR 2022, 367 (368).

624 Der Verfasser hat – erfolglos – einige Verlage und Verbände angeschrieben, um sie von der Erhebung einer Nichtigkeitsklage zu überzeugen.

625 HABERMAS, *Ein neuer Strukturwandel der Öffentlichkeit und die deliberative Politik*, S. 66.

626 JARREN, Europäische Harmonisierung? Initiativen zur Regulierung des Medienmarkts, in: *epd medien* v. 21.10.2022, S. 12.

627 COLE/UKROW/ETTELDORF, *Zur Kompetenzverteilung zwischen der Europäischen Kommission und den Mitgliedsstaaten im Mediensektor*, S. 188.

628 Vgl. CORNILS, *Designing Plattform Governance: A normative perspective on needs, strategies, and tools to regulate intermediaries*, S. 82.

629 MIRBACH, Jenseits von Gut und Böse, in: MIRBACH/MEYEN, *Das Elend der Medien*, S. 24.

630 So auch BORCHARDT, »Warum Vertrauen in Medien als Messgröße wenig nützt«, in: *Medieninsider* v. 27.06.2023.

631 FASEL, »Herr Schütz zählt Zeitungen«, in: *WamS* v. 10.06.2012 (NRW-Ausgabe), S. 7; HAGENBERG-MILIU, »Der Vater der Pressestatistik Walter J. Schütz«, in: *Bonner General Anzeiger* v. 24.07.2012, S. 14; »Trauer um ›Mister Tageszeitung‹ Walter J. Schütz«, in: *Bonner General Anzeiger* v. 29.11.2013, S. 20.

632 WEISCHENBERG/MALIK/SCHOLL, in: *Media Perspektiven* 2006, 346 (354).

633 MÖLLER/HAMELEERS/FERREAU, *Typen von Desinformation und Misinformation*, S. 80.

634 Vgl. REKER, Den Trampelpfad des Mainstreams verlassen, in: TURNER/RUSS-MOHL (Hrsg.), *Deep Journalism*, S. 261ff.

635 OPPONG, »Überraschender Geldsegen für die Medien· So viele Millionen gaben Spahn und Lauterbach für ihre Corona-Kampagnen aus«, in: *Kress* v. 22.03.2022.

636 HELMBERGER-FLECKL, Tiefenbohrung in Österreich. Die *Furche* als Beispiel, in: TURNER/RUSS-MOHL (Hrsg.), *Deep Journalism*, S. 235.

637 Ausführlich dazu: CORNILS u.a., Möglichkeiten öffentlicher Förderung von Lokal- und Regionaljournalismus bei Wahrung der Staatsferne; Kurzfassung des vorgenannten Gutachtens: CORNILS/GESSINGER, in: *AfP* 2021, S. 285-293; siehe auch: COLE/UKROW/ETTELDORF, *Zur Kompetenzverteilung zwischen der Europäischen Kommission und der Mitgliedsstaaten im Mediensektor*, S. 91.

638 Die (Un-)Zulässigkeit von Beihilfen regelt Art. 107 AEUV; ausführlich dazu: CORNILS u.a., *Möglichkeiten öffentlicher Förderung von Lokal- und Regionaljournalismus bei Wahrung der Staatsferne*, S. 121ff.

639 Informationen dazu abrufbar unter: https://www.consilium.europa.eu/de/policies/media-freedom-eu/#act.

Literaturverzeichnis[1]

AHLERS, CHRISTIAN: »Selbstzerstörung«, in: *Nordwest-Zeitung* vom 24.05.2019, S. 4.

ALEXANDER, ROBIN: *Machtverfall*. München 2021.

ALEXANDER, ROBIN: *Die Getriebenen*. München 2017.

ALTENBOCKUM, JASPER VON: »Merkels Schule«, in: *Frankfurter Allgemeine Zeitung* vom 17.12.2020, S. 1.

ALTLAND, NILS; KUKRAL, TIM: »Merkel auf Tauchstation«, in: *Zapp Medienmagazin* vom 06.11.2019, abrufbar unter: https://www.youtube.com/watch?v=LfU6mEfDlGY.

AMANN, MELANIE; DELEJA-HOTKO, VERA: »Chance vertan«, in: *Der Spiegel* vom 25.05.2019, S. 37.

AMANN, MELANIE; GATHMANN, FLORIAN: »In Westdeutschland lebten nicht nur Mutbolzen«, in: *Der Spiegel* vom 05.11.2019, abrufbar unter: https://www.spiegel.de/politik/deutschland/angela-merkel-zum-mauerfall-in-westdeutschland-lebten-nicht-nur-mutbolzen-a-1294911.html.

AMANPOUR, CHRISTIANE: »Exclusive: Angela Merkel sits down with Amanpour«, in: *Amanpour* vom 27.05.2019, abrufbar

---

1   Die angegebenen Links wurden zuletzt Mitte August 2023 überprüft.

unter: https://edition.cnn.com/videos/world/2019/05/28/
angela-merkel-amanpour-full.cnn.

ANDREE, MARTIN: Standpunkt: Digitale Monopole – Risiko für
die Mediendemokratie, in: *Medienwirtschaft* 2022, S. 22-30.

ARAL, SINAN: *The Hype Machine. How Social Media Disrupts Our
Elections, Our Economy and Our Health – and How We Must Adapt.*
London 2020.

ARD ZDF DEUTSCHLANDRADIO BEITRAGSSERVICE: *Jahresbericht
2021*, abrufbar unter: https://www.rundfunkbeitrag.de/e175/
e8056/Jahresbericht_2021.pdf.

AUGUSTIN, HARTMUT; BIRGEL, DIRK; EBEL, ANDREAS;
EMENDÖRFER, JAN; FENSKE, MARCO; LOHMAR, HENRY; SUPPA,
HANNAH: »Merkel: ›Finde es schön, dass eine Ostdeutsche
Kanzlerin werden konnte‹«, in: *Redaktionsnetzwerk Deutschland*
vom 03.10.2020, abrufbar unter: https://www.rnd.de/politik/
merkel-im-interview-zur-wiedervereinigung-finde-es-
schon-dass-eine-ostdeutsche-kanzlerin-werden-konnte-
BZQJTAZVUFB3XNNGQHSA7KUIGA.html.

AXEL SPRINGER: »Media Impact und Ad Alliance bauen
Vermarktungskooperation aus«. Pressemitteilung vom
28.10.2020.

BANNAS, GÜNTER: »Blick für Schwächen«, in: *Frankfurter
Allgemeine Zeitung* vom 19.11.2021, abrufbar unter: https://
www.faz.net/aktuell/feuilleton/debatten/angela-merkel-ihr-
faible-fuer-schwaechen-anderer-politiker-17640758.html.

BANNAS, GÜNTER: »Das komplizierte Verhältnis von Politikern
und Journalisten«, in: *Frankfurter Allgemeine Zeitung* vom
31.3.2018, S.10.

BARBER, LIONEL: »Angela Merkel warns EU: ›Brexit is a wake-
up call‹«, in: *Financial Times* vom 16.01.2020, abrufbar unter:
https://www.ft.com/content/a6785028-35f1-11ea-a6d3-
9a26f8c3cba4.

BARTL, MARC: »Digitalisierung des ländlichen Raums: Das kam bei Funkes Modellprojekt in Thüringen heraus«, in: *Kress* vom 25.05.2023, abrufbar unter: https://kress.de/news/beitrag/145410-digitalisierung-des-laendlichen-raums-das-kam-bei-funkes-modellprojekt-in-thueringen-heraus.html.

BARTSCH, MATTHIAS; MAXWILL, PETER; WINTER, STEFFEN; ZIEGLER, JEAN-PIERRE: »Dienstbare Geister«, in: *Der Spiegel* vom 05.08.2023, S. 36.

BAUMANN, BIRGIT: »Deutsche Regierungen haben seit 1949 ein gemeinsames Sprachrohr«, in: *Der Standard* vom 02.01.2018, S. 6.

BDZV: »Zeitungsverleger kritisieren Gesundheitsministerium«, Pressemitteilung vom 11.11.2020.

BECKER, JULIA: »Mehr Mut!«, in: *Frankfurter Allgemeine Zeitung* vom 18.02.23, abrufbar unter: https://www.faz.net/aktuell/feuilleton/medien/julia-becker-von-der-funke-mediengruppe-zu-gruner-jahr-18687207.html.

BECKER, SVEN; HORNIG, FRANK: »Regieren nach Zahlen«, in: *Der Spiegel* vom 08.09.2014, S. 20.

BEHMANN, LEONHARD: »Schlossherr versus Staatssekretär – Fürst will richterlichen Beistand suchen«, in: *Schaumburger Zeitung/Schaumburg-Lippische Landeszeitung* vom 05.01.2023, abrufbar unter: https://www.szlz.de/region/bueckeburg_artikel,-schlossherr-versus-staatssekretaer-fuerst-will-richterlichen-beistand-suchen-_arid,2783882.html.

BEHRE, JULIA; HÖLIG, SASCHA; MÖLLER, JUDITH: *Reuters Institute Digital News Report 2023: Ergebnisse für Deutschland*, Hans-Bredow-Institut 2023.

BEISEL, KAROLINE; BULLION, CONSTANZE VON; FRITZSCHE, LARA; MEIER, NICOLA: »Handy-Jahre einer Kanzlerin«, in: *Süddeutsche Zeitung* vom 03.09.2021, S. 8-17.

BENDER, JUSTUS: »Youtuber gesucht«, in: FAS vom 06.08.2023,
S. 8.

BENTELE, GÜNTER/BROSIUS, HANS-BERND/JARREN, OTFRIED
(Hrsg.): *Lexikon Kommunikations- und Medienwissenschaft*,
2. Auflage Wiesbaden 2013.

BEUTH, PATRICK: »Was sich jetzt mit dem Uploadfilter-Gesetz
ändert«, in: *Der Spiegel* vom 01.08.2021, abrufbar unter: https://
www.spiegel.de/netzwelt/web/urheberrecht-was-sich-jetzt-
mit-dem-uploadfilter-gesetz-aendert-a-82670dc4-5398-4f68-
a36b-022d47388455.

BEWARDER, MANUEL: »Merkels Leerjahre«, in: *Welt* vom
15.09.2021, S. 9.

BILD: »Habecks emotionale Begründung für schwere Waffen«,
in: *Bild* vom 28.04.22, abrufbar unter: https://www.bild.
de/politik/inland/politik-inland/video-von-robert-habeck-
emotionale-begruendung-fuer-schwere-waffen-79910692.
bild.html.

BINDER, REINHART; VESTING, THOMAS (Hrsg.): *Beck'scher
Kommentar zum Rundfunkrecht*, 4. Auflage 2018.

BIRKHÄUSER, SARAH: »FAQ: PI, Visit und Kategorien-Visit«, in:
IVW-Blog vom 25.08.2020, abrufbar unter: https://blog.ivw-
digital.de/faq-pi-visit-kategorien-visit/.

BOCK, CHRISTOF: »Verleger beschweren sich über Google«, in:
Allgemeine Laber Zeitung vom 16.03.2023, S. 35.

BÖCKENFÖRDE, ERNST-WOLFGANG: *Recht, Staat, Freiheit.*
Erweiterte Ausgabe. Frankfurt/M. 2006.

BÖHMERMANN, JAN: Gefolgt von niemandem, dem du folgst:
Twitter-Tagebuch. 2009-2020, 6. Auflage Köln 2020.

BOIE, JOHANNES: »Editiorial«, in: *Welt am Sonntag* vom
18.10.2020, S. 2.

BORCHARDT, ALEXANDRA: »Warum Vertrauen in Medien als
Messgröße wenig nützt«, in: *Medieninsider* vom 27.06.2023,
abrufbar unter: https://medieninsider.com/kolumne-

alexandra-borchardt-warum-vertrauen-in-medien-als-
messgroesse-wenig-nuetzt/17325/.

BORGERS, MICHAEL: »,Google News Showcase'«, in:
Deutschlandfunk vom 07.10.2021, abrufbar unter: https://
www.deutschlandfunk.de/google-news-showcase-investition-
in-journalismus-oder-100.html.

BÖRNER, NORMAN: »Zwei Pfarrerstöchter treffen sich zum
Gespräch«, in: *Ostthüringer Zeitung* vom 27.10.2017, S. 17.

BREUNIG, CHRISTIAN; HANDEL, MARLENE; KESSLER,
BERNHARD: Ergebnisse der ARD/ZDF-Langzeitstudie,
Massenkommunikation 1964-2020: Mediennutzung im
Langzeitvergleich, in: *Media Perspektiven* 2020, S. 410-432.

BREYTON, RICARDA: »Achtung, Reklame«, in: *Welt am Sonntag*
vom 01.03.2020, S. 2.

BUNDESDATENSCHUTZBEAUFTRAGTER: *Rundschreiben an
behördliche Datenschutzbeauftragte der obersten Bundesbehörden
vom 20.05.2019*, abrufbar unter:https://www.bfdi.bund.de/
SharedDocs/Downloads/DE/DokumenteBfDI/Rundschreiben/
Allgemein/2019/Rundschreiben-Facebook-Fanpage.pdf?__
blob=publicationFile&v=3.

BUNDESDATENSCHUTZBEAUFTRAGTER: *Rundschreiben an alle
Bundesministerien und obersten Bundesbehörden vom 16.06.2021*,
abrufbar unter: https://www.bfdi.bund.de/SharedDocs/
Downloads/DE/DokumenteBfDI/Rundschreiben/
Allgemein/2021/Facebook-Auftritte-Bund.pdf?__
blob=publicationFile&v=1.

BUNDESDATENSCHUTZBEAUFTRAGTER: »*BfDI untersagt Betrieb der
Fanpage der Bundesregierung*«, Pressemitteilung vom 22.02.2023.

BUNDESGESUNDHEITSMINISTERIUM: »*Verlässliche
Gesundheitsinfos leichter finden*«, Pressemitteilung vom
10.11.2020.

BUNDESKANZLERAMT: *Bescheid vom 23.03.2021*, abrufbar unter:
https://fragdenstaat.de/anfrage/protokolle-und-video-

mitschnitte-der-ministerprasidentenkonferenzen-zu-corona/#nachricht-581482.

BUNDESKANZLERAMT: *Bescheid vom 10.06.2021*, abrufbar unter: https://fragdenstaat.de/anfrage/korrespondenz-mit-mitgliedern-des-bundestags/#nachricht-597141.

BUNDESKARTELLAMT: »*Bundeskartellamt gibt Übernahme der Mitteldeutsche Zeitung durch die Bauer Media Group frei*«, Pressemitteilung vom 13.02.2020.

BUNDESKARTELLAMT: »*Bundeskartellamt prüft Google News Showcase*«, Pressemitteilung vom 04.06.2021.

BUNDESKARTELLAMT: »*Verbesserungen für Verlage bei Nutzung von Google News Showcase*«, Pressemitteilung v. 21.12.2023.

BUNDESMINISTERIUM DER FINANZEN: *Beteiligungsbericht des Bundes 2021*, abrufbar unter: https://www.bundesfinanzministerium.de/Content/DE/Standardartikel/Themen/Bundesvermoegen/Privatisierungs_und_Beteiligungspolitik/Beteiligungspolitik/Beteiligungsberichte/beteiligungsbericht-des-bundes-2021.html.

BUNDESMINISTERIUM DER JUSTIZ UND FÜR VERBRAUCHERSCHUTZ: *E-Mail vom 04.06.2020*, abrufbar unter: https://fragdenstaat.de/anfrage/prufung-der-datenschutzrechtlichen-zulassigkeit-behordlicher-social-media-auftritte/.

BUNDESMINISTERIUM DES INNERN UND FÜR DIE HEIMAT: *Liste der Beauftragten der Bundesregierung, der Bundesbeauftragten sowie der Koordinatoren / Koordinatorinnen der Bundesregierung nach § 21 Abs. 3 Gemeinsame Geschäftsordnung der Bundesministerien (GGO)*, Stand 12.01.2023.

BUNDESPRESSEAMT: *Mitschrift der Bundespressekonferenz vom 19.07.2019*, abrufbar unter: https://www.bundeskanzlerin.de/bkin-de/aktuelles/sommerpressekonferenz-von-bundeskanzlerin-merkel-1649802.

BUNDESPRESSEAMT: *Öffentlichkeitsmaßnahmen der Bundesregierung 2022*, abrufbar unter: https://www.bundesregierung.de/ resource/blob/975918/2198600/9916549afeca32fe18f391ae8aace 8e3/2023-06-26-oea-bericht-data.pdf

BUNDESPRESSEAMT: *Öffentlichkeitsarbeit der Bundesregierung.* Zeitraum: 1. Juli bis 31. Dezember 2020.

BUNDESPRESSEAMT: *Mitschrift der Bundespressekonferenz vom 11.03.2020*, abrufbar unter: https://www.bundeskanzlerin.de/ bkin-de/aktuelles/pressekonferenz-von-bundeskanzlerin-merkel-bundesgesundheitsminister-spahn-und-rki-chef-wieler-1729940.

BUNDESPRESSEAMT: *Mitschrift der Bundespressekonferenz vom 28.08.2020*, abrufbar unter: https://www.bundesregierung. de/breg-de/suche/pressekonferenz-von-bundeskanzlerin-merkel-am-28-august-2020-1781008.

BUNDESPRESSEAMT: *Mitschrift der Bundespressekonferenz vom 02.11.2020*, abrufbar unter: https://www.bundesregierung.de/ breg-de/aktuelles/pressekonferenz-von-bundeskanzlerin-merkel-zur-corona-pandemie-1807048.

BUNDESPRESSEAMT: *Bescheid vom 12.04.2021*, abrufbar unter: https://fragdenstaat.de/anfrage/antrag-nach-dem-ifguigvig-kosten-schwarzrotgold/#nachricht-586503.

BUNDESPRESSEAMT: *Mitschrift der Bundespressekonferenz vom 21.01.2021*, abrufbar unter: https://www.bundesregierung.de/ breg-de/aktuelles/pressekonferenz-von-bundeskanzlerin-merkel-zur-aktuellen-lage-1841788.

BUNDESPRESSEAMT: *E-Mail an Jan Böhmermann zur Öffentlichkeitsarbeit aus 2018*, abrufbar unter: https:// fragdenstaat.de/anfrage/antwort-an-jan-bohermann-wegen-seiner-fragen-zum-thema-offentlichkeitsarbeit-des-bundesregierung/.

BUNDESPRESSEAMT: »Die Ansprache der Bundeskanzlerin«, in: ARD *Extra* vom 18.03.2020, abrufbar unter: https://www.

daserste.de/information/nachrichten-wetter/ard-extra/
videos/angela-merkel-corona-fernsehansprache-100.html.

BUNDESPRESSEAMT: *Schreiben an den Verfasser vom 28.03. und
02.06.2017.*

BUNDESPRESSEAMT: *Bescheid vom 06.09.2021,* abrufbar unter:
https://fragdenstaat.de/anfrage/social-media-119/626592/
anhang/IFG-BescheidNAME_geschwaerzt.pdf.

BUNDESPRESSEAMT: *»Die Kanzlerin im Gespräch mit Kunst- und
Kulturschaffenden«,* Video vom 27.04.2021, abrufbar unter:
https://www.facebook.com/Bundesregierung/videos/die-
kanzlerin-im-gespr%C3%A4ch-mit-kunst-und-kulturschaffen
den/1612685885590987/.

BUNDESPRESSEAMT: *»Demokratie braucht freie Presse«,* Podcast
vom 16.05.2020, abrufbar unter: https://www.youtube.com/
watch?v=7RGopq2w3DQ.

BUNDESPRESSEAMT: *»Schwarzrotgold. Das Magazin der
Bundesregierung«,* abrufbar unter: https://www.
bundesregierung.de/statisch/schwarzrotgold-1901/.

BUNDESPRESSEAMT: *Mitschrift der Bundespressekonferenz
vom 11.04.2022,* abrufbar unter: https://www.
bundesregierung.de/breg-de/aktuelles/pressekonferenzen/
regierungspressekonferenz-vom-11-april-2022-2025110

BUNDESPRESSEAMT: *Mitschrift der Bundespressekonferenz vom
11.08.2022,* abrufbar unter: https://www.bundesregierung.de/
breg-de/suche/pressekonferenz-von-bundeskanzler-scholz-
zu-aktuellen-themen-der-innen-und-aussenpolitik-2071394.

BUNDESPRESSEAMT: *Bundespresseamt, Mitschrift der
Bundespressekonferenz vom 22.07.2021,* abrufbar unter:
https://www.bundeskanzlerin.de/bkin-de/aktuelles/
pressekonferenz-von-bundeskanzlerin-merkel-zu-aktuellen-
themen-der-innen-und-aussenpolitik-1944938.

BUNDESPRESSEAMT: Die Ansprache der Bundeskanzlerin,
in: ARD *Extra* vom 18.03.2021, abrufbar unter: https://www.

daserste.de/information/nachrichten-wetter/ard-extra/
videos/angela-merkel-corona-fernsehansprache-100.html.

BUNDESPRESSEAMT: »*Merkel: Demokratie braucht freie
Presse*«, abrufbar unter: https://www.youtube.com/
watch?v=7RGopq2w3DQ.

BUNDESRECHNUNGSHOF: *Fraktionsfinanzierung: lückenhafte
Regeln, fehlende Sanktionen*, Pressemitteilung vom 12.01.2021.

BUNDESZENTRALE FÜR POLITISCHE BILDUNG (BPB):
»Beutelsbacher Konsens«, in: *bpb* vom 07.04.2011, abrufbar
unter: https://www.bpb.de/die-bpb/ueber-uns/auftrag/51310/
beutelsbacher-konsens/.

BURKHARDT, EMANUEL (Hrsg.): *Löffler Presserecht*, 7. Aufl. 2023.

BUSCHMANN, MARCO: »Wer Informationen bunkert, sperrt
die Demokratie aus«, in: *Frankfurter Allgemeine Zeitung* vom
14.3.2019, S. 7.

BUSCHOW, CHRISTOPHER: Medienwirtschaftliche Potenziale,
gesellschaftliche Risiken, in: TURNER, SEBASTIAN; RUSS-
MOHL, STEPHAN (Hrsg.): *Deep Journalism*. Köln 2023, S. 69-85.

BUSCHOW, CHRISTOPHER; WELLBROCK, CHRISTIAN: *Money
for nothing and content for free? Zahlungsbereitschaft für
digitaljournalistische Inhalte*, Whitepaper für die Landesanstalt
für Medien NRW, 2020.

BUSCHOW, CHRISTOPHER; WELLBROCK, CHRISTIAN: »Förderung
der digitalen Transformation des Journalismus: Zur
gescheiterten Bundespresseförderung sowie geeigneteren
Wegen der öffentlichen Unterstützung von Innovationen im
Journalismus«, in: KRETZSCHMAR, SONJA; NÖLLEKE, DANIEL;
SEHL, ANNIKA (Hrsg.): *Innovationen im Journalismus*. Springer
VS (Preprint), S. 7.

CANKAT, ASLI; POYE, FERHAD,: »Die Bundeskanzlerin Dr.
Angela Merkel im exklusiven Interview beim deutsch-
türkischsprachigen Radiosender Metropol FM«, in: *Metropol*

FM vom 07.12.2020, abrufbar unter: https://www.youtube.
com/watch?v=-QyvZFTtjLk

CDU: »*Offene Antwort an Rezo: Wie wir die Sache sehen*«, abrufbar
unter: https://archiv.cdu.de/system/tdf/media/dokumente/
wie-wir-die-sache-sehen.pdf.

CDU, CSU UND SPD: *Koalitionsvertrag vom 07.02.2018*, abrufbar
unter: https://www.csu.de/common/csu/content/csu/
hauptnavigation/politik/beschluesse/Koalitionsvertrag_2018_
BF.pdf.

CHRIST, SEBASTIAN: »Behörden ziehen sich aus sozialen Medien
zurück«, in: *Der Tagesspiegel* vom 08.01.2020, abrufbar unter:
https://www.tagesspiegel.de/themen/agenda/unklarheit-
ueber-datenschutz-und-meinungsfreiheit-behoerden-ziehen-
sich-aus-sozialen-medien-zurueck/25393444.html.

COLE, MARK; UKROW, JÖRG; ETTELDORF, CHRISTINA: *Zur
Kompetenzverteilung zwischen der Europäischen Kommission und
den Mitgliedsstaaten im Mediensektor: Eine Untersuchung unter
Berücksichtigung medienvielfaltsbezogener Maßnahmen, Institut für
Europäisches Medienrecht*, November 2020.

CONRAD, CHRISTIAN: »Unzulässige Einwirkung auf den
Wahlkampf«, in: LTO vom 07.02.2023, abrufbar unter:
https://www.lto.de/recht/hintergruende/h/nancy-faeser-
innenministerin-spitzenkandidatin-landtagswahl-hessen-
spd-twitter-umwidmung-amtlicher-in-privater-account-
unzulaessige-einwirkung-auf-wahlkampf/

CONRAD, CHRISTIAN; GRÜNEWALD, STEFANIE; KALSCHEUER,
FIETE; MILKER, JENS: *Handbuch Öffentlich-rechtliches
Äußerungsrecht*. C.H. Beck 2022.

CORINT MEDIA: »*Google soll im ersten Schritt 5,8 Mio. Euro an Corint
Media zahlen*«, Pressemitteilung vom 17.03.2023.

CORNILS, MATTHIAS: Vielfaltssicherung bei Telemedien, in: *AfP*
2018, 377-386.

CORNILS, MATTHIAS: Designing platform governance: A normative perspective on needs, strategies, and tools to regulate intermediaries, in: *Algorithm Watch*, Mai 2020

CORNILS, MATTHIAS; DOGRUEL, LEYLA; GESSINGER, KATRIN; SCHNEIDERS, PASCAL: *Möglichkeiten öffentlicher Förderung von Lokal- und Regionaljournalismus bei Wahrung der Staatsferne, Gutachten im Auftrag der Bundestagsfraktion Bündnis 90/Die Grünen*, 2021.

CORNILS, MATTHIAS; GESSINGER, KATRIN: Möglichkeiten öffentlicher Förderung von Lokal- und Regionaljournalismus unter Wahrung der Staatsferne, in: *AfP* 2021, 285-293.

DACHWITZ, INGO; FANTA, ALEXANDER: »*Medienmäzen Google*«, Otto Brenner Stiftung, Frankfurt/M. 2020.

DB MOBIL: »Brauchen wir einen Regierungszug, Frau Bundeskanzlerin? in: DB *Mobil* vom Januar 2021, S. 30.

DECKER, MARKUS: »Vor der berühmten blauen Wand«, in: *Lübecker Nachrichten* vom 24.01.2021, S. 4.

DEROUAUX, CARL; LEISTER, ANNIKA: »Keiner weiß was, niemand redet«, in: *T-Online* von 14.11.2022, abrufbar unter: https://www.t-online.de/nachrichten/deutschland/innenpolitik/id_100078470/22-millionen-euro-fuer-beauftragte-verheimlicht-uns-die-regierung-etwas-.html

DEUTSCHE JOURNALISTINNEN- UND JOURNALISTEN-UNION (DJU): »*Koalitionsverhandlungen: Pressefreiheit und Medienvielfalt stärken!*«, Pressemitteilung vom 07.11.2021.

DEUTSCHE PRESSE AGENTUR (DPA): »Google zieht Berufung gegen Urteil zu Bund-Gesundheitsportal zurück«, in: *Handelsblatt.com* vom 09.04.2021, abrufbar unter: https://www.handelsblatt.com/technik/it-internet/rechtsstreit-google-zieht-berufung-gegen-urteil-zu-bund-gesundheitsportal-zurueck/27080374.html?ticket=ST-12155930-2ZvGiXmxZyfTtwmu5SDx-ap3.

DEUTSCHE PRESSE AGENTUR (DPA): »Für journalistische Inhalte zahlen«, in: *Hamburger Abendblatt* vom 18.06.2021, S. 21.

DEUTSCHE PRESSE AGENTUR (DPA): »Merkel kämpft um Vertrauen der Bevölkerung«, in: *Mittelbayerische Zeitung* vom 09.02.2021, abrufbar unter: https://bib-voebb.genios.de/document/MIB__of9f3d4a750af577daba048a190a914f25f07 2d2.

DEUTSCHE PRESSE AGENTUR (DPA): »TV-Jahr 2020: Quotenkönigin Angela Merkel«, in: *Süddeutsche Zeitung* vom 30.12.2020, abrufbar unter: https://www.sueddeutsche.de/wirtschaft/medien-tv-jahr-2020-quotenkoenigin-angela-merkel-dpa.urn-newsml-dpa-com-20090101-201230-99-854030.

DEUTSCHER JOURNALISTEN-VERBAND (DJV): »*Mehr Engagement gefordert*«, Pressemitteilung vom 26.05.2021.

DEUTSCHER JOURNALISTEN-VERBAND (DJV): *Aufnahmerichtlinien des DJV in der Fassung vom 01.06.2015*, abrufbar unter: https://www.djv.de/fileadmin/_migrated_uploads/media/Aufnahmerichtlinien_des_DJV.pdf.

DEUTSCHER JOURNALISTEN-VERBAND (DJV): »*Journalisten sind keine Bittsteller*«, Pressemitteilung vom 21.12.22.

DEUTSCHER JOURNALISTEN-VERBAND (DJV) u. a.: »*Appell von Verbänden, Sendern und Verlegern: Medienauskunftsgesetz jetzt!*«, Pressemitteilung vom 10.12.2019.

DEUTSCHER JOURNALISTEN-VERBAND: »*Wir sind keine Mikrofonhalter*«, Pressemitteilung vom 31.08.2023, abrufbar unter: https://www.djv.de/startseite/profil/der-djv/pressebereich-download/pressemitteilungen/detail/news-wir-sind-keine-mikrofonhalter

DI FABIO, UDO: Werbeblocker im Lichte des Verfassungsrechts, in: MMR-*Beilage* 2016, 1-13.

DIW ECON GMBH: *Die Situation der lokalen Presse in Deutschland und ihre Herausforderungen im Zeitalter der Digitalisierung*. Gutachten im Auftrag der Beauftragten der Bundesregierung für Kultur und Medien (BKM), Berlin 2022.

DUDEN: »Pageimpression«, in: *Duden*, abrufbar unter https://www.duden.de/rechtschreibung/Pageimpression.

DUDEN: »Visit«, in: *Duden*, abrufbar unter https://www.duden.de/rechtschreibung/Visit.

DUDIN, MEY: »Tweet an ‚Klaus'. Wie die Ampelregierung kommuniziert«, in: *epd medien* vom 16.12.22, abrufbar unter: https://www.turi2.de/community/epd-medien/verzoegerungstaktik-wie-die-ampelregierung-kommuniziert/.

DÜRIG, GÜNTER; HERZOG, ROMAN; SCHOLZ, RUPERT (Hrsg.): *Grundgesetz-Kommentar*, Werkstand 99. Ergänzungslieferung September 2022.

DÜRRENMATT, FRIEDRICH: »Nachrichten über den Stand des Zeitungswesens in der Steinzeit«, in: *Gesammelte Werke in sieben Bänden*, Band V, Zürich 1991, S. 149.

DUSCH, KEVIN: »Paid-Content-IVW im April: Bild, Welt und SZ stagnieren, FAZ verliert«, in: *Medieninsider* vom 17.05.2023, abrufbar unter: https://medieninsider.com/paid-content-ivw-im-april-bild-welt-und-sz-stagnieren-faz-verliert/16605/.

EICHLER, HENNING: *Journalismus in sozialen Netzwerken. ARD und ZDF im Bann der Algorithmen?*, Otto Brenner Stiftung 2022, abrufbar unter: https://www.otto-brenner-stiftung.de/fileadmin/user_data/stiftung/02_Wissenschaftsportal/03_Publikationen/AH110_OERM_Soziale_Netzwerke.pdf.

EIDGENÖSSISCHE MEDIENKOMMISSION: *Geschäftsreglement der Eidgenössischen Medienkommission gestützt auf Ziffer 5 der Verfügung vom 21. November 2012 über die Einsetzung der Eidgenössischen Medienkommission*, https://www.emek.admin.ch/inhalte/pdf/Geschaeftsreglement_der_Eidgenoessischen_Medienkommssion.pdf.

EIDGENÖSSISCHE MEDIENKOMMISSION: *Rückhalt für den Journalismus. Wie das Bewusstsein der Öffentlichkeit für journalistische Leistung im digitalen Zeitalter gestärkt werden könnte – ein Diskussionsbeitrag*, Biel 2021, abrufbar unter: https://www.emek.admin.ch/inhalte/D_Rueckhalt_Journalismus_final_2019_korrFN.pdf.

EINHEITSGEMEINDE STADT TANGERHÜTTE: »*Stabile Geburtenzahlen und niedrige Sterberate*«, Pressemitteilung vom 12.01.2021.

EMONTS, BENJAMIN: »Wie im Fernsehen, nur eine Spur witziger«, in: *Süddeutsche Zeitung* vom 08.05.2019, abrufbar unter: https://www.sueddeutsche.de/medien/diskussionsveranstaltung-wie-im-fernsehen-nur-eine-spur-witziger-1.4438165

ENGELBRECHTEN-ILOW, HERMANN VON: »Genese einer Klage: Wie man die Bundesregierung vor Gericht besiegt«, in: *FragDenStaat* vom 13.01.2022, abrufbar unter: https://fragdenstaat.de/blog/2022/01/13/social-media-klage/.

EPPING, VOLKER; HILLGRUBER, CHRISTIAN (Hrsg.): *Beck OK Grundgesetz*, 55. Edition Stand 15.05.2023.

ERB, SEBASTIAN: »Im Dienste ihres Kanzlers«, in: *Die Tageszeitung* vom 27.01.2023, abrufbar unter: https://taz.de/Linda-Zervakis-auf-der-Republica/!5903929/.

ERB, SEBASTIAN: »1.130,50 Euro für Zervakis«, in: *Die Tageszeitung* vom 28.02.2023, S. 18.

FABI, JOHANNES/STRUSS, LUKAS: Rechtsschutz gegen staatliche Pressetätigkeit, in: GRUR 2020, S. 144-152.

FACEBOOK: »*Wie funktioniert das Feed Ranking auf Facebook?*«, abrufbar unter: https://www.facebook.com/help/2856031874648203

FANTA, ALEXANDER: »News Showcase ist Googles strategische Meisterleistung«, in: *Netzpolitik*, abrufbar unter: https://

netzpolitik.org/2020/news-showcase-ist-googles-
strategische-meisterleistung/.

FASEL, ANDREAS: »Herr Schütz zählt Zeitungen«, in: *Welt am
Sonntag* vom 10.06.2012 (NRW-Ausgabe), S. 7.

FAUS, JANA; KNAUP, HORAND; RÜTER, MICHAEL; SCHROTH,
YVONNE; STAUSS, FRANK: *Aus Fehlern lernen. Eine Analyse der
Bundestagswahl 2017.* Berlin 2018.

FELDENKIRCHEN, MARKUS; MEDICK, VEIT: »Politischer Burn-
out«, in: *Der Spiegel* vom 25.09.2021, S. 12.

FIEDLER, CHRISTOPH: Technologieneutrale Pressefreiheit,
in: *AfP* 2011, 15-18.

FRIED, NICO; GAMMELIN, CERSTIN: »Angela Merkel über den
Osten«, in: *Süddeutsche Zeitung* vom 09.11.2019, S. 60.

FRIED, NICO; KORNELIUS, STEFAN,: »Gewissheiten gelten nicht
mehr«, in: *Süddeutsche Zeitung* vom 16.05.2019, S. 10f.

FRIED, NICO; KORNELIUS, STEFAN; OLTERMANN, PHILIP,:
»Merkel: Europe must unite to stand up to China, Russia and
US«, in: *The Guardian* vom 15.05.2019, abrufbar unter: https://
www.theguardian.com/world/2019/may/15/angela-merkel-
interview-europe-eu-unite-challenge-us-russia-china

FRIEHE, MATTHIAS: Anm. zu BVerfGE 154, 320-353, in: NJW 2020,
2103-2104.

FRIEHE, MATTHIAS: Facebook, Twitter und Regierung. Neue
Medien und regierungsamtliche Kommunikation zwischen
Öffentlichkeitsarbeit und Parteipolitik, in: UHLE, ARND
(Hrsg.): *Information und Einflussnahme.* Berlin 2018, S. 81-120.

FULBRIGHT GERMANY: »*Fulbright Prize for International
Understanding an Dr. Angela Merkel verliehen*«, Pressemitteilung
vom 29.01.2019.

FUNKE MEDIENGRUPPE: »*FUNKE Medien Thüringen stellt Zustellung
der Ostthüringer Zeitung in unwirtschaftlichen Gebieten von Greiz ein
und fördert Digitalisierung auf dem Land*«, Pressemitteilung vom
07.03.2023.

GAMMELIN, CERSTIN; FRIED, NICO; KRACH, WOLFGANG: »Ich weiß, was wir geschafft haben«, in: *Süddeutsche Zeitung* vom 23.10.2021, S. 11f.

GAO, PENGJIE; LEE, CHANG; MURPHY, DERMOT: Financing Dies in Darkness? The Impact of Newspaper Closures on Public Finance, in: *Journal of Financial Economics*, (2020) vol. 135, no. 2, S. 445-467

GARMISSEN, ANNA VON: »Wie man eine Zombie-Zeitung füllt«, in: *Übermedien* vom 24.02.2020, abrufbar unter: https://uebermedien.de/46106/wie-man-eine-zombie-zeitung-fuellt/

GENERAL ANZEIGER: »Trauer um ›Mister Tageszeitung‹ Walter J. Schütz«, in: *Bonner General Anzeiger* vom 29.11.2013, S. 20.

GERSDORF, HUBERTUS; PAAL, BORIS (Hrsg.): *BeckOK Informations- und Medienrecht*, 33. Edition 2021.

GEYER, STEVEN: »Mit Lob und Tadel: Steffen Seibert verabschiedet sich als Rekordregierungssprecher«, in: *Redaktionsnetzwerk Deutschland* vom 06.12.2021, abrufbar unter: https://www.rnd.de/politik/rekord-regierungssprecher-steffen-seibert-verabschiedet-sich-mit-lob-und-tadel-NC3GXFPUNFFOLMAFQ7E7VF4FPQ.html

GLOGER, KATJA; MASCOLO, GEORG: »Pandemie versus Politik«, in: *Die Zeit* vom 11.03.2021, S. 8.

GOOGLE: »*Die Grundpfeiler der Google Suche*«, abrufbar unter: https://www.google.com/search/howsearchworks/our-approach/.

GRÄBER, DANIEL: »Einsicht in Habecks Atom-Akten: Gericht lehnt Eilantrag ab«, in: *Cicero* vom 26.11.2022, abrufbar unter: https://www.cicero.de/wirtschaft/klage-wirtschaftsministerium-atomkraft-akw-akteneinsicht-robert-habeck-patrick-graichen.

GRIMM, IMRE: »Drei Buchstaben – ein Netzwerk: Das ist das RND«, in: RND vom 03.09.2019, abrufbar unter: https://www.

rnd.de/metaseiten/drei-buchstaben-ein-netzwerk-das-ist-das-rnd-2J2CQBYZTBHYVE3BI6XPRVTOVY.html

GURLIT, ELKE: Informationsbeschaffung der Medien: Gegenüberstellung von presserechtlichen und allgemeinen Informationsansprüchen, in: *AfP* 2020, 9-20.

HABERMAS, JÜRGEN: *Ein neuer Strukturwandel der Öffentlichkeit und die deliberative Politik.* Berlin 2022.

HAGENBERG-MILIU, EBBA: »Der Vater der Pressestatistik Walter J. Schütz«, in: *Bonner General Anzeiger* vom 24.07.2012, S. 14.

HALLER, MICHAEL: *Die »Flüchtlingskrise« in den Medien – Tagesaktueller Journalismus zwischen Meinung und Information.* Otto Brenner Stiftung. Frankfurt/M. 2017.

HALLER, MICHAEL: Journalismustheorie und journalistische Praxis, in: Löffelholz, Martin; Rothenberger, Liane (Hrsg.): *Handbuch Journalismustheorien.* Springer 2016, S. 131-147.

HALLER, MICHAEL: *Zwischen »Flüchtlingskrise« und »Migrationspakt«. Mediale Lernprozesse auf dem Prüfstand.* Otto Brenner Stiftung. Frankfurt/M. 2019.

HANFELD, MICHAEL: »Vor der großen Bescherung?«, in *Frankfurter Allgemeine Zeitung* vom 04.08.2021, abrufbar unter: https://www.faz.net/aktuell/feuilleton/medien/entscheidung-zu-rundfunkbeitrag-kommt-die-erhoehung-17469708.html?premium

HANFELD, MICHAEL: »Ein Land kämpft für seine freien Medien«, in: *Frankfurter Allgemeine Zeitung* vom 05.08.2023, abrufbar unter: https://www.faz.net/aktuell/feuilleton/meta-sperrt-kanads-medien-von-facebook-und-instagram-aus-19081219.html

HANFELD, MICHAEL: »Massaker bei der ›Bild‹«, in: *Frankfurter Allgemeine Zeitung* vom 20.06.2023, S. 13.

HARDING, NICOLAS: *Staatliche Öffentlichkeitsarbeit in sozialen Netzwerken.* Tübingen 2023.

HASSEL, TINA; BECKER, RAINALD: »›Farbe bekennen‹ mit Bundeskanzlerin Angela Merkel« in: *Farbe bekennen* vom 04.06.2020, abrufbar unter: https://www.youtube.com/watch?v=WoaZBkTd-Go.

HASSEL, TINA; BECKER, RAINALD: »›Farbe bekennen‹ mit Bundeskanzlerin Angela Merkel«, in: *Farbe bekennen* vom 02.02.2021, abrufbar unter: https://www.youtube.com/watch?v=EwVyHq5FYLM

HASSEL, TINA; CICHOWICZ, ANDREAS: »WDR Europaforum: Kanzlerin Angela Merkel im Interview«, in: ARD vom 20.05.2021, abrufbar unter: https://www.youtube.com/watch?v=ChZZv58wkQw

HAU, WOLFGANG; POSECK, ROMAN (Hrsg.): *BeckOK BGB*, 59. Edition 2021.

HAUPT, FRIEDERIKE; KOHLER, BERTHOLD: »›Es ist richtig, dass jetzt ein anderer übernimmt‹«, in: *Frankfurter Allgemeine Sonntagszeitung* vom 31.10.2021, abrufbar unter: https://www.faz.net/aktuell/politik/inland/merkel-im-interview-ueber-fluechtlinge-die-csu-den-zustand-der-welt-und-ihr-blick-aufs-aelterwerden-17609086.html?premium.

HECKER, JAN: Landesrechtliche Bindungen von Bundesbehörden, in: *DVBl* 2006, 1416-1419.

HEIDTKE, ARON: *Meinungsbildung und Medienintermediäre*. Baden-Baden 2020.

HEINE, HEINRICH: *Werke*. Berlin und Darmstadt 1959.

HEISE: Facebook-Seite der Bundesregierung: Bundespresseamt will Verbot prüfen lassen, in: *Heise* vom 17.03.2023, abrufbar unter: https://www.heise.de/news/Bundespresseamt-will-Facebook-Verbot-gerichtlich-pruefen-lassen-7549641.html

HELMBERGER-FLECKL, DORIS: Tiefenbohrung in Österreich. Die Furche als Beispiel, in: TURNER, SEBASTIAN; RUSS-MOHL, STEPHAN (Hrsg.): *Deep Journalism*. Köln 2023, S. 233-238.

HENSEL, JANA: »Parität erscheint mir logisch«, in: *Die Zeit* vom 24.01.2019, S. 4.

HENSEL, JANA: »Mein Angela-Merkel-Gefühl«, in: *Zeit für Sachsen* vom 31.10.2018, S. 14.

HERONYMUS, NICOLAS; KLACK, MORITZ; PIETSCH, CHRISTOPHER; SCHLIEBEN, MICHAEL; TRÖGER, JULIUS: »Was Angela Merkel umtreibt«, in: *Zeit Online* vom 30.06.2021, abrufbar unter: https://www.zeit.de/politik/deutschland/2021-06/angela-merkel-wochenberichte-bundeskanzlerin-themen-deutschland-umfragen.

HEUERMANN, BERND; BRANDIS, PETER (Hrsg.): *Blümich EStG*, 155. EL November 2020.

HOFFMANN, MAX: »DW-Exklusiv-Interview: Angela Merkel zieht Bilanz ihrer Amtszeit«, in: *Deutsche Welle* vom 07.11.2021, abrufbar unter: https://www.dw.com/de/dw-exklusiv-interview-angela-merkel-zieht-bilanz-ihrer-amtszeit/a-59735212

HÖLIG, SASCHA: *Eine meinungsstarke Minderheit als Stimmungsbarometer?! Über die Persönlichkeitseigenschaften aktiver Twitterer, Medien & Kommunikationswissenschaft* 2018, S. 140-169.

HOLZNAGEL, BERND: Phänomen »Fake News« – Was ist zu tun?, in: MMR 2018, S. 18-22.

HOPPENSTEDT, MAX: »Facebook schimmerlos«, in: *Sueddeutsche Zeitung* vom 08.10.2019, S. 11.

HÜMPEL, RIEKE; STEINHOFF, UWE; GALUSCHKA, ANTJE; KORTE, ALEXANDER; VOLLBRECHT, MARIE: »Wie ARD und ZDF unsere Kinder indoktrinieren«, in: *Welt* vom 01.06.2022, abrufbar unter: https://www.welt.de/debatte/kommentare/plus239113451/Oeffentlich-rechtlicher-Rundfunk-Wie-ARD-und-ZDF-unsere-Kinder-indoktrinieren.html.

IDRIES, AMIEN: »Merz und das Verhältnis von Politik und Presse«, in: *Aachener Zeitung* vom 17.02.2021, S. 3.

INFORMATIONSGEMEINSCHAFT ZUR FESTSTELLUNG DER VERBREITUNG VON WERBETRÄGERN E.V. (IVW): *Auflagenlisten des jeweils zweiten Quartals von 2003 bis einschließlich 2021*, abrufbar unter: https://ivw.de/print/quartalsauflagen/quartalsauflagen.

INFORMATIONSGEMEINSCHAFT ZUR FESTSTELLUNG DER VERBREITUNG VON WERBETRÄGERN E.V. (IVW): *»Gemischte Bilanz am Pressemarkt im Corona-Lockdown«*. Pressemitteilung vom 21.07.2020.

INITIATIVE TAGESZEITUNG: »Postzeitungsdienst«, in: *Initiative Tageszeitung*. abrufbar unter: https://initiative-tageszeitung.de/lexikon/postzeitungsdienst/

INSIDER INTELLIGENCE: *Excel-Datei »western-europe-ad-spending-2023«* vom 14.06.2023.

INSTAGRAM: *»So funktioniert das Ranking von Inhalten auf Instagram«*, abrufbar unter: https://www.facebook.com/help/instagram/4185332254915923

INTEGRATIONSBEAUFTRAGTE DER BUNDESREGIERUNG: *Konzept zur Erprobung von Social Media*, S. 21f., abrufbar unter: https://fragdenstaat.de/dokumente/143544-2019_02_05_machbarkeitsstudiesocialmedia/.

ISMAR, GEORG: »Der Wortschatz«, in: *Der Tagesspiegel* vom 06.07.2021, S. 3.

JAKOBS, ILKA; SCHULTZ, TANJEV; VIEHMANN, CHRISTINA; QUIRING, OLIVER; JACKOB, NIKOLAUS; ZIEGELE, MARC; SCHEMER, CHRISTIAN: Mainzer Langzeitstudie Medienvertrauen 2020. Medienvertrauen in Krisenzeiten, in: *Media Perspektiven* 2021, 152-162.

JARASS, HANS; PIEROTH, BODO (Hrsg.): *Grundgesetz für die Bundesrepublik Deutschland*. Kommentar, 16. Auflage 2020.

JARREN, OTFRIED: »Strategie gesucht. Qualitätsjournalismus unter digitalen Bedingungen«, in: *epd medien* vom 10.03.2023,

abrufbar unter: https://www.epd.de/fachdienst/epd-medien/
schwerpunkt/debatte/strategie-gesucht.

JARREN, OTFRIED: »High-Choice-Media-Environment«, in: *epd medien* vom 19.05.2023, S. 28-32.

JARREN, OTFRIED: Europäische Harmonisierung? Initiativen zur Regulierung des Medienmarkts, in: *epd medien* vom 21.10.2022, S. 5-12.

JARREN, OTFRIED: Plattformen als neue Institutionen und ihre Bedeutung für die gesellschaftliche Information und Kommunikation, in: *Kooperative Medienplattformen in einer künftigen Medienordnung*, Studie im Auftrag der Bundesregierung vom 31.01.2021, abrufbar unter: https://www.bundesregierung.de/resource/blob/974430/1929884/c5a25bec078cb6846f8ab7a6ca88e80a/2021-06-16-medienbericht-wissenschaftliches-gutachten-data.pdf.

JUSTUS, PHILIPP: »*Weltweite Premiere: Google News Showcase geht in Deutschland mit über 50 Publikationen von 20 Verlagspartnern an den Start*«, Pressemitteilung vom 01.10.2020, abrufbar unter: https://blog.google/intl/de-de/produkte/suchen-entdecken/weltweite-premiere-google-news-showcase/

KASSECKERT, MARKUS: »Die Öffentlichkeitsarbeit der Bundesregierung«, in: *DSi kompakt* vom Februar 2023, S. 2.

KELLER, DIETER; EGGERT, CHRISTIAN: *Zur wirtschaftlichen Lage der deutschen Zeitungen 2021*, Bundesverband Digitalpublisher und Zeitungsverleger (BDZV) 2021.

KELLER, DIETER; EGGERT, CHRISTIAN: *Zur wirtschaftlichen Lage der deutschen Zeitungen 2023*, Bundesverband Digitalpublisher und Zeitungsverleger (BDZV) 2023.

KELM, OLE; PHILIPPS, GERRIT; FRIESS, DENNIS; ZIEGELE, MARC: Politische Informationen und Diskussionen in Sozialen Medien, in: *Media Perspektiven* 10/2023, S. 1-15.

KILB, ANDREAS: Kilb, Andreas, »Die Inszenierung des Kümmerns«, in: *Frankfurter Allgemeine Zeitung* vom

27.04.2021, abrufbar unter: https://www.faz.net/
aktuell/feuilleton/debatten/die-kanzlerin-spricht-mit-
kulturschaffenden-17314770.html.

KLOEPFER, MICHAEL: *Grundrechte als Entstehenssicherung und
Bestandsschutz*. München 1970.

KOHLER, BERTHOLD; FRANKENBERGER, KLAUS-DIETER;
ALTENBOCKUM, JASPER VON: »Ich werde keine
Scheinlösungen vorschlagen«, in: *Frankfurter Allgemeine
Zeitung* vom 17.10.2015, S. 5.

KOHLER, BERTHOLD; LOHSE, ECKART: »Merkel: Eine
Öffnungsstrategie mit Schnelltests wird es noch im März
geben«, in: *Frankfurter Allgemeine Zeitung* vom 24.02.2021,
abrufbar unter https://www.faz.net/aktuell/politik/inland/
angela-merkel-im-interview-oeffnungen-mit-schnelltests-im-
maerz-17214330.html

KÖHR, OLIVER: ARD-*Brennpunkt vom 24.03.2021*, abrufbar unter:
https://www.youtube.com/watch?v=POAn2s9IVYQ.

KOMMISSION FÜR ZULASSUNG UND AUFSICHT: »*Neue Vorschriften
zur Diskriminierungsfreiheit: ZAK entscheidet die ersten Fälle*«,
Pressemitteilung vom 16.06.2021.

KOMMISSION FÜR ZULASSUNG UND AUFSICHT: »*Medienaufsicht
fordert Nachbesserung der Transparenzangaben bei YouTube*«,
Pressemitteilung vom 04.07.2023.

KRETSCHMER, CHRISTIAN: »Die Newsrooms der
Republik – Verlautbarung statt Journalismus«, in: SWR2 vom
30.09.2019, abrufbar unter: https://www.swr.de/swr2/wissen/
swr2-wissen-2019-09-30-100.html

KUBICKI, WOLFGANG: »Eine Aufarbeitung ist dringend nötig«,
in: *Berliner Zeitung* vom 10.12.2022, S. 29.

KÜBLER, DANIEL; GOODMAN, CHRISTOPHER: Newspaper markets
and municipal politics: how audience and congruence
increase turnout in local elections, in: *Journal of Elections, Public
Opinion and Parties*, Volume 29 (2019), Issue 1.

KÜBLER, FRIEDRICH: *Postzeitungsdienst und Verfassung.* Berlin 1992.

KÜCHEMANN, FRIDTJOF: »Moralisch bankrott« in: *Frankfurter Allgemeine Zeitung* vom 04.10.2021, abrufbar unter: https://www.faz.net/aktuell/feuilleton/medien/whistleblowerin-ueber-facebook-profit-ueber-gemeinwohl-17569034.html.

KÜHLING, JÜRGEN: »Fake News« und »Hate Speech« – Die Verantwortung der Medienintermediäre zwischen neuen NetzDG, MStV und Digital Services Act, in: ZUM 2021, 461-472.

LADEUR, KARL-HEINZ: Rechtliche Möglichkeiten der Qualitätssicherung im Journalismus, in: *Publizistik* 2000, S. 442-461.

LADEUR, KARL-HEINZ: Ein »Leistungsschutzrecht« für Presseverlage und die Rechtsverfassung der Internetkommunikation, in: *AfP* 2012, S. 420-427.

LADEUR, KARL-HEINZ: Verfassungsrechtliche Fragen regierungsamtlicher Öffentlichkeitsarbeit und öffentlicher Wirtschaftstätigkeit im Internet, in: DÖV 2002, S. 1-11.

LADEUR, KARL-HEINZ: Helmut Ridders Konzeption der Meinungsfreiheit als Prozessgrundrecht und ihre Bedeutung für den Wandel der Medienordnung, in: FEICHTNER, ISABEL; WIHL, TIM (Hrsg.): *Gesamtverfassung.* Baden-Baden 2022, S. 183-206.

LEHMANN, SVEN: »Homo- und Transfeindlichkeit ist keine Meinung – sondern Menschenfeindlichkeit«, in: *Welt* vom 07.06.2022, abrufbar unter: https://www.welt.de/debatte/kommentare/article239209511/Transfeindlichkeit-ist-keine-Meinung-sondern-Menschenfeindlichkeit.html.

LIJNDEN, CONSTANTIN VAN: »Der EuGH will den Datenschutz mit harter Hand durchsetzen«, in: *Frankfurter Allgemeine Zeitung* vom 09.01.2020, abrufbar unter: https://www.faz.net/aktuell/gesellschaft/interview-warum-behoerden-und-unternehmen-soziale-medien-meiden-sollten-16570982.html

LIPINSKI, GREGORY: »Kehren Sie in den BDZV zurück, Frau Becker!«, in: *Meedia* vom 22.02.2023, abrufbar unter: https://www.meedia.de/medien/kommentar-kehren-sie-in-den-bdzv-zurueck-frau-becker-caa716c8obb43coc6e495b7f91b942a6.

LIPINSKI, GREGORY: »Warum sich Funke und Burda mit der Vermarkterfusion nur Zeit kaufen«, in: *Meedia* vom 24.10.2022, abrufbar unter: https://www.meedia.de/medien/warum-sich-funke-und-burda-mit-der-vermarkterfusion-nur-zeit-kaufen-c1786c991d84bf1d7dc829c3e8aa7ae7.

LISCHKA, KONRAD: Wie Algorithmen Öffentlichkeit strukturieren, in: *AfP* 2018, 388-391.

LITSCHKO, KONRAD: »Ampel verabschiedet Demokratie-fördergesetz«, in: *die Tageszeitung* vom 15.12.2022, S. 6.

LOBIGS, FRANK: *Paradigmenwechsel in der Ökonomie gesellschaftlich relevanter digitaler Medieninhalte, Eidgenössische Medienkommission EMEK 2017*, abrufbar unter: https://www.emek.admin.ch/inhalte/Paradigmenwechsel_OEkonomie_digitaler_Medien_Expertise_Lobigs.pdf

LÖFFELHOLZ, MARTIN; ROTHENBERGER, LIANE (Hrsg.): *Handbuch Journalismustheorien*. Springer 2016.

LOHSE, ECKART: »Was wollen wir denn noch rummeckern?«, in: *Frankfurter Allgemeine Zeitung* vom 21.01.2021, abrufbar unter: https://www.faz.net/aktuell/politik/inland/merkel-ueber-corona-pandemie-wir-haben-das-menschenmoegliche-getan-17158338.html?premium

LOHSE, ECKART: »Sie hat recht behalten«, in: *Frankfurter Allgemeine Zeitung* vom 13.12.2020, abrufbar unter https://www.faz.net/aktuell/politik/inland/angela-merkel-in-der-corona-pandemie-sie-hat-recht-behalten-17100401.html

LOHSE, ECKART: »Merkels Plan für Merkel«, in: *Frankfurter Allgemeine Zeitung* vom 25.01.2021, abrufbar unter: https://www.faz.net/aktuell/politik/inland/angela-merkels-geplanter-abgang-aus-der-politik-17162917.html

LUDOWIG, FRAUKE; BLOME, NIKOLAUS: »Die Corona-Krise hält Kanzlerin Angela Merkel nachts wach«, in: RTL News vom 04.02.2021, abrufbar unter: https://www.rtl.de/cms/angela-merkel-im-rtl-interview-ich-sehe-ein-leichtes-licht-am-ende-des-tunnels-4698106.html

MADSACK MEDIENGRUPPE: »MADSACK geht innovativen Schritt auf dem Weg zur Digitalisierung regionaler und lokaler Medien: Der Landkreis Prignitz in Brandenburg wird zur Zukunftsregion für digitalen Lokaljournalismus in Deutschland«, Pressemitteilung vom 09.05.2023.

MAIER, ANJA; SCHULTE, ULRICH: »Politik ist immer Emotion«, in: Die Tageszeitung vom 26.08.2018, abrufbar unter: https://taz.de/Aussoehnung-Kanzlerin-und-Innenminister/!5527883/

MANDELARTZ, HERBERT: Öffentlichkeitsarbeit der Regierung, in: DÖV 2009, S. 509-517.

MARGUIER, ALEXANDER: »Warum die Grünen von den Krawallen profitieren«, in: Cicero vom 05.01.2023, abrufbar unter: https://www.cicero.de/innenpolitik/berlin-silvester-ausschreitungen-gruene-nancy-faeser-krawalle

MARTENSTEIN, HARALD: »Ich habe Fragen, Frau Merkel«, in: Der Tagesspiegel vom 04.04.2021, S. 1.

MAURER, MARCUS; REINEMANN, CARSTEN; KRUSCHINSKI, SIMON: Einseitig, unkritisch, regierungsnah? Rudolf Augstein Stiftung 2021.

MCGEE, LUKE: »Angela Merkel warns against dark forces on the rise in Europe«, in: CNN vom 29.05.2019, abrufbar unter: https://edition.cnn.com/2019/05/28/europe/angela-merkel-interview-amanpour-intl-grm/index.html

MECKEL, MIRIAM; STEINACKER, LEA: »Jetzt braucht das Land etwas Neues«, in: Handelsblatt vom 10.09.2021, S. 62.

MEDIASRES: »Mehr Instagram, weniger Pressearbeit: Die Informationspolitik der Regierung«, in: Deutschlandfunk vom 02.01.2023, ab. ca. Minute 5:35, abrufbar unter: https://www.

deutschlandfunk.de/mehr-instagram-weniger-pressearbeit-die-informationspolitik-der-regierung-dlf-59630b65-100.
html

MEDIENMANAGER: »Kooperativ die Digitalisierung stemmen:
Medien-Login-Plattform MediaKey«, in: *MedienManager* vom
29.11.2022, S. 4.

MEIER, CHRISTIAN; WINTERBAUER, STEFAN: Die Medienwoche,
in: *Welt/Meedia* vom 07.12.2019, abrufbar unter: https://www.
welt.de/kultur/medien/article204120460/Podcast-Wie-
Medien-den-Untergang-der-SPD-herbeischreiben.html

MEISNER, MATTHIAS: »Verkehrte Parallelmedienwelt«,
in: *Journalist* vom Januar/Februar 2023, S. 48ff.

MEYEN, MICHAEL: Am Sterbebett. Die Regionalpresse, mit DDR-
Erfahrung von innen gesehen, in: MIRBACH, ALEXIS VON;
MEYEN, MICHAEL: *Das Elend der Medien*. Köln 2021, S. 86-94.

MIRBACH, ALEXIS VON: Jenseits von Gut und Böse. Warum das
Elend der Medien viele Gesichter hat, in: MIRBACH, ALEXIS
VON; MEYEN, MICHAEL: *Das Elend der Medien*. Köln 2021,
S. 12-50.

MITTELDEUTSCHE ZEITUNG: »In eigener Sache«,
in: *Mitteldeutsche Zeitung* vom 24.02.2023, S. 2.

MÖBUS, PAMELA/HEFFLER, MICHAEL: Werbemarkt 2019 (Teil 2):
Wachstum in den digitalen Werbeformen aller Gattungen,
in: *Media Perspektiven* 2020, 379-384.

MÖLLER-KLAPPERICH, JULIA: Urheberrecht in der
Plattformökonomie, in: *AfP* 2021, S. 384-391.

MÖLLER, JUDITH; HAMELEERS, MICHAEL; FERREAU, FREDERIK:
Typen von Desinformation und Misinformation. Berlin 2020.

MÖLLERS, CHRISTOPH: *Zur Vereinbarkeit des von der juris GmbH
betriebenen digitalen Magazins Libra mit dem verfassungsrechtlichen
Grundsatz der Staatsfreiheit der Presse. Ein verfassungsrechtliches
Kurzgutachten im Auftrag des Bundesministeriums der Justiz vom
01.03.2023*, abrufbar unter: https://fragdenstaat.de/anfrage/

libra-rechtsbriefing/787591/anhang/gutachtenprof-mllers.
pdf.

MOZART, FRANZISKA: »Worauf stellen sich Werbungtreibende
und Agenturen ein?«, in: *Werben & Verkaufen* vom 22.02.2023,
S. 48-50.

MÜLLER-NEUHOF, JOST: »Merkel hier, Merkel da«, in: *Tagesspiegel*
vom 17.12.2019, S. 6.

MÜLLER-NEUHOF, JOST: »Mauerndes Kanzleramt«,
in: *Tagesspiegel* vom 22.05.23, abrufbar unter: https://www.
tagesspiegel.de/politik/mauerndes-kanzleramt-immer-mehr-
auskunftsklagen-gegen-die-bundesregierung-9838787.html

MÜLLER-NEUHOF, JOST: »Kanzleramt hält Protokolle der
Corona-Gipfel geheim«, in: *Der Tagesspiegel* vom 02.03.2021,
abrufbar unter: https://www.tagesspiegel.de/politik/
folgenreiche-bund-laender-konferenzen-kanzleramt-haelt-
protokolle-der-corona-gipfel-geheim/26964148.html

MÜLLER-NEUHOF, JOST: »Merkel zieht sich zurück – von
den Medien«, in: *Tagesspiegel* vom 31.10.2019, abrufbar
unter: https://www.tagesspiegel.de/politik/nur-noch-22-
interviews-im-jahr-merkel-zieht-sich-zurueck-von-den-
medien/25175818.html

MÜLLER-NEUHOF, JOST: »Der Staat und sein Senf«, in:
Tagesspiegel vom 17.2.2019, S. 7.

MÜLLER-NEUHOF, JOST: »Heimliche Einflussnahme: Scholz'
›Spin-Doktor‹ schuldet Erklärungen«, in: *Tagesspiegel* vom
31.03.2023, abrufbar unter: https://www.tagesspiegel.de/
politik/heimliche-einflussnahme-scholz-spin-doktor-
schuldet-erklarungen-9585998.html

MÜLLER-NEUHOF, JOST: »Journalisten-Diffamierung in
Cum-ex-Affäre«, in: *Tagesspiegel* vom 20.06.2023, abrufbar
unter: https://www.tagesspiegel.de/politik/journalisten-
diffamierung-in-cum-ex-affare-der-chef-des-kanzleramts-
war-nicht-im-dienst-10002598.html

MÜLLER-NEUHOF, JOST: »Protokolle der Corona-Gipfel dürfen öffentlich werden«, in: *Tagesspiegel* vom 30.06.2022, abrufbar unter: https://www.tagesspiegel.de/politik/urteil-zur-informationsfreiheit-protokolle-der-corona-gipfel-duerfen-oeffentlich-werden/28470850.html

MÜLLER-NEUHOF, JOST: »Gesteuerte Pandemie-Berichterstattung?«, in: *Tagesspiegel* vom 13.12.2022, abrufbar unter: https://www.tagesspiegel.de/politik/kubicki-rugt-merkel-steuerte-die-regierung-in-der-pandemie-die-medien-9021613.html

MÜLLER, REINHARD: »Eklatanter Verfassungsverstoß«, in: *Frankfurter Allgemeine Zeitung* vom 16.01.2023, S. 4.

MÜLLER, REINHARD: »Das Ende der Vertraulichkeit«, in: *Frankfurter Allgemeine Zeitung* vom 28.11.2020, abrufbar unter: https://www.faz.net/aktuell/politik/inland/hintergrundgespraeche-das-ende-der-vertraulichkeit-17068650.html

NEUBERGER, CHRISTOPH: *Journalismus und Digitalisierung: Profession, Partizipation und Algorithmen – Expertise für die Eidgenössische Medienkommission* EMEK i. d. F. *vom 04.01.2017*, abrufbar unter: https://www.emek.admin.ch/inhalte/Journalismus_und_Digitalisierung_Expertise_Neuberger.pdf.

NEUBERGER, CHRISTOPH: Medienrecht und Medienwandel aus kommunikationswissenschaftlicher Sicht, in: *AfP* 2009, S. 537-541.

NEUBERGER, CHRISTOPH: Kommunikationswissenschaftliche Perspektive: Konzeption einer gemeinwohlorientierten und kooperativen Medienplattform, in: *Kooperative Medienplattformen in einer künftigen Medienordnung, Studie im Auftrag der deutschen Bundesregierung vom 31.01.2021*, abrufbar unter: https://www.bundesregierung.de/resource/blob/974430/1929884/

c5a25bec078cb6846f8ab7a6ca88e80a/2021-06-16-
medienbericht-wissenschaftliches-gutachten-data.pdf

NIEDERPRÜM, ANTONIA; KÜHLING, JÜRGEN; DÜRR,
MAXIMILIAN; JUNK, PETRA; PAPEN, MARIE-CHRISTIN;
SÖLLNER, CATHRIN; STUCK, JANA: *Erforderlichkeit und
Möglichkeit einer Bundesförderung für die Pressewirtschaft.
Gutachten im Auftrag des Bundesministeriums für Wirtschaft und
Klimaschutz (BMWK)*, Bad Honnef 2022.

O'BRIEN, DANIEL; WELLBROCK, CHRISTIAN; BUSCHOW,
CHRISTOPHER: »Free or Nothing« – Gratis-Mentalität im
Internet und Zahlungsbereitschaft für Digitaljournalismus,
in: WELLBROCK, CHRISTIAN; BUSCHOW, CHRISTOPHER: MONEY
FOR NOTHING AND CONTENT FOR FREE? *Paid Content, Plattformen
und Zahlungsbereitschaft im digitalen Journalismus*, Landesanstalt
für Medien NRW 2020, S. 47-68.

OPPONG, MARVIN: »Überraschender Geldsegen für die
Medien: So viele Millionen gaben Spahn und Lauterbach
für ihre Corona-Kampagnen aus«, in: *Kress* vom 22.03.2022,
abrufbar unter: https://kress.de/news/detail/beitrag/149100-
ueberraschender-geldsegen-fuer-die-medien-so-viele-
millionen-gaben-spahn-und-lauterbach-fuer-ihre-corona-
kampagnen-aus.html

PANTELOURIS, MICHALIS: »Robert Habeck ist Gold, aber gute
Kommunikation ist noch keine gute Politik«, in: *Übermedien*
vom 03.05.2022, abrufbar unter: https://uebermedien.
de/71062/robert-habeck-ist-gold-aber-gute-kommunikation-
ist-noch-keine-gute-politik/

PAPIER, HANS-JÜRGEN; SCHRÖDER, MEINHARD: »Gebiet des
Rundfunks«. Gutachten von H.-J. Papier und M. Schröder
zu »Presseähnlichen Angeboten«, in: *epd medien*, Nr. 60 2010,
S. 16-33.

PARTSCH, CHRISTOPH (Hrsg.): *Bundesarchivgesetz*, 2. Auflage 2021.

PAULUS, ANDREAS; NÖLSCHER, PATRICK: Rundfunkbegriff und Staatsferne im Konvergenzzeitalter, in: *Zeitschrift für Urheber- und Medienrecht* 2017, S. 177-186.

PFISTER, RENÉ: *Ein falsches Wort*. München 2022.

PILARCZYK, HANNAH: »In guten, sicheren Händen. Leider«, in: *Der Spiegel* vom 12.05.2021, abrufbar unter: https://www.spiegel.de/kultur/tv/olaf-scholz-bei-prosieben-linda-zervakis-gibt-polittalk-debuet-a-91b46233-74aa-4395-a5f1-bf56b442cd6d.

PIMPL, ROLAND: »Darum geht es beim großen Reformzoff«, in: *Horizont* vom 05.09.2021, abrufbar unter: https://www.horizont.net/medien/nachrichten/vdz-darum-geht-es-beim-grossen-reformzoff--jetzt-sprechen-die-widerspenstigen-berliner-194140?crefresh=1

PIMPL, ROLAND: »Die Presse muss unteilbar bleiben«, in: *Horizont* vom 20.04.2023, S. 16.

PLUMPE, MATTHIAS: Systemtheoretische und konstruktivistische Medientheorien, in: SCHRÖTER, JENS (Hrsg.): *Handbuch Medienwissenschaft*, 2014, S. 123.

POLLERT, ACHIM; KIRCHNER, BERND; POLZIN, JAVIER MORATO; POLLERT, MARC CONSTANTIN: *Duden Wirtschaft von A bis Z: Grundlagenwissen für Schule und Studium, Beruf und Alltag*. 6. Aufl. Mannheim: Bibliographisches Institut 2016. Lizenzausgabe Bonn: Bundeszentrale für politische Bildung 2016.

POLLMER, CORNELIUS: »Rauf und Rüber«, in: *Süddeutsche Zeitung* vom 08.07.2023, S. 40.

PÖLZER, ROBERT; BASSEWITZ, SEBASTIAN VON: »Was kommt da noch auf uns zu, Frau KLIMA-KANZLERIN?«, in: *Bunte* vom 10.10.2019, S. 36.

PREUTH, KATHARINA: »Menslagerin interviewt Angela Merkel«, in: *Bersenbrücker Kreisblatt* vom 24.8.2017, S. 15.

QUADBECK, EVA: »Kevin Kühnert zieht sich von Twitter zurück: Diskussionskultur führe zu ›Irrtümern in politischen

Entscheidungen‹«, in: *Redaktionsnetzwerk Deutschland* vom 12.09.2022, abrufbar unter: https://www.rnd.de/politik/kevin-kuehnert-zieht-sich-von-twitter-zurueck-diskussionskultur-fuehre-zu-irrtuemern-in-politischen-FQGYIVSK6FFZXEJPS6WLA3KXR4.html

RAHMLOW, AXEL: »Hermann von Engelbrechten-Ilow im Gespräch mit Axel Rahmlow«, in: *Deutschlandfunk* vom 17.12.2019, abrufbar unter: https://www.deutschlandfunkkultur.de/klage-gegen-die-bundesregierung-zu-viel-reichweite-fuer-die-100.html

RAINER, ANTON: »Rohrpost auf die Ohren«, in: *Der Spiegel* vom 07.04.2023, abrufbar unter: https://www.spiegel.de/wirtschaft/rohrpost-auf-die-ohren-a-6ef2820a-f72c-47cf-90aa-fdf65a8eb9af

RATH, CHRISTIAN: »Informationen in den Vordergrund«, in: *Die Tageszeitung* vom 19.11.2020, S. 18.

RAUE, BENJAMIN; HEESEN, HENDRIK: Der Digital Services Act, in: NJW 2022, 3537-3543.

REDAKTIONSNETZWERK DEUTSCHLAND (RND): »Politische Entscheidungen im Schatten der WM«, in: *Redaktionsnetzwerk Deutschland* vom 15.06.2018, abrufbar unter: https://www.rnd.de/politik/politische-entscheidungen-im-schatten-der-wm-L6SROHNOOBUAG7BD2F27W3KINU.html.

REDELFS, MANFRED: »Was wusste der Präsident?«, in: HALLER, MICHAEL; HÖMBERG, WALTER: »*Ich lass mir den Mund nicht verbieten*«, S. 238-246.

REIDEL, MICHAEL: »CH Media und NZZ treten OneLog bei«, in: *Horizont* vom 11.01.2023, abrufbar unter: https://www.horizont.net/schweiz/nachrichten/ueber-2-millionen-accounts-ch-media-und-nzz-treten-onelog-bei-205364

REKER, STEFAN: Den Trampelpfad des Mainstreams verlassen, in: TURNER; RUSS-MOHL (Hrsg.): *Deep Journalism*, S. 261-269.

RETTIG, DANIEL; MECKEL, MIRIAM: »Der Mensch muss die Oberhand behalten«, in: *Handelsblatt* vom 21.06.2019, S. 10.

REZO: »*Die Zerstörung der CDU*«, Youtube-Video vom 18.05.2019, abrufbar unter: https://www.youtube.com/watch?v=4Y1lZQ5yuSQ.

RICO JONES: *Digitale Kommunikation 2018. Die Bundesregierung in den sozialen Medien*, abrufbar unter: https://fragdenstaat.de/anfrage/social-media-aktivitaten-des-bpa/96844/anhang/20180115_DigitaleKommunikation2018BPA.pdf.

RINKE, ANDREAS: »Das Interview mit Bundeskanzlerin Merkel im Wortlaut«, in: *Reuters* vom 17.11.2021, abrufbar unter: https://www.onvista.de/news/das-interview-mit-bundeskanzlerin-merkel-im-wortlaut-495752163.

RÖPER, HORST: Daten zur Konzentration der Tagespresse im I. Quartal 2020. Tageszeitungen 2020: Schrumpfender Markt 2020 und sinkende Vielfalt, in: *Media Perspektiven* 2020, S. 331-352.

RÖPER, HORST: Daten zur Konzentration der Tagespresse im I. Quartal 2022. Zeitungsmarkt 2022: weniger Wettbewerb bei steigender Konzentration, in: *Media Perspektiven* 2022, S. 295-318.

RUNDFUNK BERLIN-BRANDENBURG (RBB): »rbb geht auf Verlage zu«, in: *rbb Abendschau* vom 17.12.2021, abrufbar unter: https://www.rbb24.de/wirtschaft/beitrag/2021/12/berlin-brandenburg-rbb-in-eigener-sache-klage-verlage.html

RUSS-MOHL, STEPHAN: Domänenkompetenz in der Aufmerksamkeitsökonomie, in: TURNER, SEBASTIAN; RUSS-MOHL STEPHAN (Hrsg.): *Deep Journalism*. Köln 2023, S. 43-68.

SÄDLER, FLORIAN: »Merkel wollte irgendwann nur noch 15 Minuten mit mir sprechen«, in: *Welt* vom 02.10.2023, abrufbar unter: https://www.welt.de/politik/deutschland/plus247717070/Stephan-Lamby-Merkel-wollte-irgendwann-nur-noch-15-Minuten-mit-mir-sprechen.html [11.10.2023].

SCHADE, MARVIN: »Die Sache mit der Methodik: So sind die Zahlen im Digital News Report zu lesen«, in: *Medieninsider* vom 16.06.2023, abrufbar unter: https://medieninsider.com/die-sache-mit-der-methodik-so-sind-die-zahlen-im-digital-news-report-zu-lesen/17110/

SCHARRER, JÜRGEN: »Der Markt für Online-Werbung ist in eine komplette Schieflage geraten«, in: *Print & More* 2/2021, abrufbar unter: https://epaper.print-and-more.net/de/profiles/85515e7fc4ee/editions/613a82c0300918199944/pages/page/16.

SCHAUSTEN, BETTINA; FREY, PETER: »Ich werde unruhig«, in: ZDF *Heute* vom 04.06.2020, abrufbar unter: https://www.youtube.com/watch?v=bcoYI_M8ND4

SCHEER, URSULA: »Alles eine Frage der Perspektive«, in: *Frankfurter Allgemeine Zeitung* vom 11.06.2018, abrufbar unter: http://www.faz.net/aktuell/feuilleton/medien/g7-foto-von-merkel-und-trump-alles-eine-frage-der-perspektive-15634656.html

SCHMOLL, HEIKE: »Algorithmus für Hass und Hetze«, in: *Frankfurter Allgemeine Zeitung* vom 21.05.2021, S. 8.

SCHOENMAKERS, JAN: »Renaissance der Propaganda«, in: *Cicero* vom 17.09.2021, abrufbar unter: https://www.cicero.de/innenpolitik/werbung-der-bundesregierung-renaissance-der-propaganda-merkel-spahn-scholz

SCHOMBURG, ALENA; MYKHALCHYSHYN, ZORIANA; HERBER, VERENA: Angela Merkel, in: BIRKNER, THOMAS (Hrsg.): *Medienkanzler: Politische Kommunikation in der Kanzlerdemokratie*, S. 263-301.

SCHÖNAUER, MATS: »Dämon Knallpresse: »›Die Aktuelle‹ schenkt Camilla einen ein«, in: *Übermedien* vom 02.03.2017, abrufbar unter: https://uebermedien.de/13331/daemon-knallpresse-die-aktuelle-schenkt-camilla-einen-ein/

SCHULTZ, TANJEV; ZIEGELE, MARC; JACKOB, NIKOLAUS; VIEHMANN, CHRISTINA; JAKOBS, ILKA; FAWZI, NAYLA; QUIRING, OLIVER; SCHEMER, CHRISTIAN; STEGMANN, DANIEL: Mainzer Langzeitstudie Medienvertrauen 2022. Medienvertrauen nach Pandemie und »Zeitenwende«, in: *Media Perspektiven* 8/2023, S. 1-17.

SCHULTZ, TANJEV; ZIEGELE, MARC; JAKOBS, ILKA; JACKOB, NIKOLAUS; QUIRING, OLIVER; SCHEMER, CHRISTIAN: Mainzer Langzeitstudie Medienvertrauen 2019. Medienzynismus weiterhin verbreitet, aber mehr Menschen widersprechen, in: *Media Perspektiven* 2020, 322-330.

SCHULZE, TOBIAS: »›Themen setzen‹, Für Politikberater Martin Fuchs ist Twitter unverzichtbar«, in: *Die Tageszeitung* vom 08.01.2019, S. 3.

SCHWEIZER MEDIEN: »*Behördenkommunikation: Sorge um den Meinungsbildungsprozess*«, Pressemitteilung vom 21.06.2021.

SCHWEPPE, CHRISTIAN; BEWARDER, MANUEL: »Regieren ohne Spuren«, in: *Welt am Sonntag* vom 07.01.2018, S. 9.

SEMSROTT, ARNE: *E-Mail an das Bundeskanzleramt vom 14.6.2021*, abrufbar unter: https://fragdenstaat. de/anfrage/korrespondenz-mit-mitgliedern-des-bundestags/#nachricht-597141

SLOMKA, MARIETTA: »Impfstoff-Management: Merkel räumt Fehler ein«, in: *heute* vom 12.02.2021, abrufbar unter: https:// www.youtube.com/watch?v=8pNJmy3yVqs

SMITH, BEN: *Traffic*. New York 2023.

SPD; BÜNDNIS 90. DIE GRÜNEN; FDP: *Koalitonsvertrag 2021-2025*, abrufbar unter: https://www.spd.de/fileadmin/Dokumente/ Koalitionsvertrag/Koalitionsvertrag_2021-2025.pdf

STATISTISCHES BUNDESAMT: *Kreisfreie Städte und Landkreise nach Fläche, Bevölkerung und Bevölkerungsdichte am 31.12.2021*, Excel-Datei abrufbar unter: https://www.destatis.de/DE/Themen/

Laender-Regionen/Regionales/Gemeindeverzeichnis/
Administrativ/04-kreise.html

STATISTISCHES BUNDESAMT: *Wirtschaft und Statistik 7/1996*,
abrufbar unter: https://www.statistischebibliothek.
de/mir/servlets/MCRFileNodeServlet/DEAusgabe_
derivate_00000373/Wirtschaft_und_Statistik-1996-07.pdf

STATISTISCHES BUNDESAMT: *Gemeinden nach Bundesländern
und Einwohnergrößenklassen am 31.12.2021*, Excel-Datei
abrufbar unter: https://www.destatis.de/DE/Themen/
Laender-Regionen/Regionales/Gemeindeverzeichnis/
Administrativ/08-gemeinden-einwohner-groessen.html

STERZ, CHRISTOPH: »Christoph Sterz im Gespräch mit Nikolaus
Blome«, in: *Deutschlandfunk* vom 29.03.2021, abrufbar unter:
https://www.deutschlandfunk.de/merkel-in-den-medien-
anne-will-wie-die-kanzlerin-ihre-100.html

SUNSTEIN, CASS: »Is Social Media Good or Bad for Democracy?«,
in: *Sur International Journal on Human rights*, Issue 15 2018,
S. 83-89.

THE ECONOMIST: »Facebook and Australia both claim
victory as they end their spat«, in: *The Economist* vom
24.02.2021, abrufbar unter: https://www.economist.com/
business/2021/02/24/facebook-and-australia-both-claim-
victory-as-they-end-their-spat

THIELE, ULRICH: Oliver Schröm im Gespräch mit Ulrich
Thiele – »Die Enthüllungen werden Olaf Scholz juristische
Probleme bereiten«, in: *Cicero*, abrufbar unter: https://www.
cicero.de/innenpolitik/oliver-schrom-ulrich-thiele-cicero-
politik-podcast-akte-olaf-scholz-interview

THOMS, VOLKER: »Mit wem die Kanzlerin spricht«, in: *Politik &
Kommunikation* I/2021, S. 34-37.

THOMSEN, TIMO; ANDREE, MARTIN: *Atlas der digitalen Welt.*
Frankfurt/M. 2020.

THUNBERG, GRETA: »Six Months on a Planet in a Crisis: Greta Thunberg's Travel Diary from the U.S. to Davos«, in: *Time* vom 10.07.2020, abrufbar unter: https://time.com/5863684/greta-thunberg-diary-climate-crisis/

TIEDE, PETER: »Experten bewerten historisches G20-Bild mit Scholz«, in: *Bild* vom 18.11.22, abrufbar unter: https://www.bild.de/politik/ausland/politik-ausland/experten-entlarven-historisches-g7-bild-mit-scholz-dieses-foto-ist-eine-luege-81973978.bild.html

TIESCHKY, CLAUDIA: »220-Millionen-Presseförderung gescheitert«, in: *Süddeutsche Zeitung* vom 27.04.2021, abrufbar unter: https://www.sueddeutsche.de/medien/pressefoerderung-zeitungen-zeitschriften-altmaier-1.5277915

TILLACK, HANS-MARTIN: »Opposition will E-Mails von Kanzler Scholz rekonstruieren«, in: *Welt* vom 26.05.2023, abrufbar unter: https://www.welt.de/politik/deutschland/plus245551134/Regierungskommunikation-Opposition-will-E-Mails-von-Kanzler-Scholz-rekonstruieren.html

TILLACK, HANS-MARTIN: »Die Ampel versprach Transparenz, aber in den Ministerien wird gemauert«, in: *Welt* vom 06.01.2023, abrufbar unter: https://www.welt.de/politik/deutschland/plus243026269/Bundesregierung-Die-Ampel-versprach-Transparenz-aber-in-den-Ministerien-wird-gemauert.html

TILLACK, HANS-MARTIN: »So halten Berliner Ministerien brisante Informationen zurück«, in: *Welt* vom 13.01.2023, abrufbar unter: https://www.welt.de/politik/deutschland/plus243177609/Wenig-Transparenz-So-halten-Ministerien-Informationen-zurueck.html

TILLACK, HANS-MARTIN: »›Das Ministerium ist in der Bringschuld‹ – Grüne kritisieren Faeser«, in: *Welt* vom 01.06.2023, abrufbar unter: https://www.welt.de/politik/

deutschland/article245642848/Gruene-kritisieren-Faeser-
wegen-Verspaetung-bei-Transparenzgesetz.html

TILLACK, HANS-MARTIN: »Bundesregierung löscht Mails von
Kanzler und Ministern«, in: *Welt am Sonntag* vom 25.12.2022,
S. 4.

TURNER, SEBASTIAN: »Die Spaltung ist der Kern der Sozialen
Medien«, in: *Welt* vom 14.11.2019, abrufbar unter: https://
www.welt.de/wirtschaft/article203510262/Soziale-Medien-
Das-Presserecht-muss-fuer-alle-gelten.html

TURNER, SEBASTIAN: »Ohne Regionalzeitungen geht nichts«,
in: *Frankfurter Allgemeine Zeitung* vom 01.12.2020, abrufbar
unter: https://www.faz.net/aktuell/feuilleton/zukunft-
des-lokaljournalismus-ohne-regionalzeitungen-geht-
nichts-17078166.html

TURNER, SEBASTIAN: Deep Journalism. Eine Chance für
Qualitätsmedien, in: TURNER, SEBASTIAN; RUSS-MOHL
STEPHAN (Hrsg.): *Deep Journalism*. Köln 2023, S. 29-42.

TURNER, SEBASTIAN: »Ein Gutschein für die Tageszeitung«,
in: *Spiegel Online* vom 29.04.2020, abrufbar unter: https://www.
spiegel.de/wirtschaft/corona-und-lokaljournalismus-ein-
gutschein-fuer-die-tageszeitung-a-a325551e-9386-49f9-8805-
52de722ccbb1

TWITTER: »*Über deine Startseiten-Timeline auf Twitter*«, abrufbar
unter: https://help.twitter.com/de/using-twitter/twitter-
timeline

ÜBERMEDIEN: »Übermedien unterwirft sich dem Presserat«,
in: *Übermedien* vom 06.07.2021, abrufbar unter https://
uebermedien.de/61212/uebermedien-unterwirft-sich-dem-
presserat/

ULRICH, ANGELA: »Afrika – ›mehr Chancen als Risiken‹«,
in: *Tagesschau* vom 19.11.2019, abrufbar unter: https://www.
tagesschau.de/inland/merkel-interview-121.html

UNITED NATIONS EDUCATIONAL, SCIENTIFIC AND CULTURAL ORGANIZATION: *World Press Freedom Day 2021. Information as a public good. 30 years of the Windhoek declaration*, abrufbar unter: https://en.unesco.org/sites/default/files/wpfd_2021_concept_note_en.pdf

VDZ: »*Kooperation von Google und Bundesgesundheitsministerium diskriminiert Verlagsangebote*«, Pressemitteilung vom 11.11.2020.

VG MEDIA: »*Erste Entscheidung zum Presse-Leistungsschutzrecht*«, Pressemitteilung vom 24.05.2015.

VG MEDIA: »*Nach Versäumnis der Bundesregierung: Landgericht Berlin sieht nach unterlassener Notifizierung Unanwendbarkeit des Presseleistungsschutzrechts*«, Pressemitteilung vom 04.06.2020.

VITZTHUM, THOMAS: »Wir müssen den Mars erreichen wollen«, in: *Welt* vom 10.03.2018, S. 10.

VITZTHUM, THOMAS: »Die Macht über die Bilder«, in: *Passauer Neue Presse* vom 02.08.2023, S. 3.

WAGNER, GERHARD: Haftung von Plattformen für Rechtsverletzungen (Teil 1), in: GRUR 2020, S. 329-338.

WAIS, RUDI: »Ohne große Worte«, in: *Main-Post* vom 24.07.2021, S. 34.

WEBERLING, JOHANNES: *Rechtmäßigkeit einer Subventionierung der morgendlichen Zustellung von Abonnement-Zeitungen*. Rechtsgutachten im Auftrag des Verbands Deutscher Lokalzeitungen e.V. vom 07.09.2022.

WEISCHENBERG, SIEGFRIED; MALIK, MAJA; SCHOLL, ARMIN: Journalismus in Deutschland 2005, in: *Media Perspektiven* 2006, S. 346-361.

WEISS, JULIA: »Lässt Laschet Bürger im Regen stehen? Ein Foto und seine Geschichte«, in: *Tagesspiegel* vom 07.08.2021, abrufbar unter: https://www.tagesspiegel.de/politik/cdu-kanzlerkandidat-im-flutgebiet-laesst-laschet-buerger-im-regen-stehen-ein-foto-und-seine-geschichte/27490744.html

WELLBROCK, CHRISTIAN-MATHIAS: »Wie Digitalisierung und Corona endlich das Marktversagen im Journalismus offenbaren«, in: *Horizont* vom 27.04.2020, abrufbar unter: https://www.horizont.net/medien/kommentare/analyse-wie-digitalisierung-und-corona-endlich-das-marktversagen-im-journalismus-offenbaren-182611?offer=abo

WELLBROCK, CHRISTIAN-MATHIAS; LOBIGS, FRANK; ERBRICH, LUKAS; BUSCHOW, CHRISTOPHER: *Coopetition is King. Ökonomische Potentiale und medienpolitische Implikationen kooperativer Journalismusplattformen*, Landesanstalt für Medien NRW 2023.

WELTER, PATRICK: »*Verschwendung gedeiht in der Dunkelheit*«, Blogbeitrag vom 17.06.2018, abrufbar unter: https://blogs.faz.net/fazit/2018/06/17/verschwendung-gedeiht-der-dunkelheit-10027/

WIEDUWILT, HENDRIK: »Die Autorisierung von Interviews: ein Machtkampf«, in: *Übermedien* vom 06.10.2021, abrufbar unter: https://uebermedien.de/63772/die-autorisierung-von-interviews-ein-machtkampf/

WIEDUWILT, HENDRIK: »Ein Bild lügt mehr als tausend Worte«, in: *Übermedien* vom 10.08.2021, abrufbar unter: https://uebermedien.de/62449/macht-manipulation-ein-bild-luegt-mehr-als-1000-worte/

WILL, ANNE: »Anne Will«, in: ARD vom 28.03.2021, abrufbar unter: https://www.youtube.com/watch?v=UpEPnbgPkmo.

WINTER, GERD: *Not fit for purpose. Die Klagebefugnis vor dem Europäischen Gericht angesichts allgemeiner Gefahren*, EuR 2022, S. 367-399.

WITTROCK, PHILIPP: »Regierung will Auskunftspflicht einschränken«, in: *Der Spiegel* vom 17.02.2013, abrufbar unter: https://www.spiegel.de/politik/deutschland/pressefreiheit-kein-auskunftsanspruch-gegenueber-bundesbehoerden-a-883748.html

WU, TIM: *The Attention Merchants*. London 2017.

WYSS, VINZENZ; KEEL, GUIDO: *Journalistische Produktion: Trends, Innovationen & Organisation*, Eidgenössische Medienkommission EMEK 2016, abrufbar unter: https://www. emek.admin.ch/inhalte/pdf/EMEK_Expertise_Wyss_Keel. pdf

YOUTUBE: »*Empfohlene Videos*«, abrufbar unter: https://www. youtube.com/intl/ALL_de/howyoutubeworks/product-features/recommendations/.

ZENTHÖFER, JOCHEN: »Bundesregierung finanziert Juristenmedium ›Libra‹«, in: *Frankfurter Allgemeine Zeitung* vom 20.12.2022, abrufbar unter: https://www.faz.net/aktuell/ feuilleton/medien/bundesregierung-finanziert-staatsnahes-juristenmedium-libra-18546252.html

ZENTHÖFER, JOCHEN: »Immer wieder Buschmann«, in: *Frankfurter Allgemeine Zeitung* vom 11.01.2023, S. 13.

ZENTHÖFER, JOCHEN: »Libra« verstößt gegen Verfassung«, in: *Frankfurter Allgemeine Zeitung* vom 04.03.2023, S. 15.

ZIEDLER, CHRISTOPHER: »Merkel erklärt sich, zumindest ein bisschen«, in: *Badische Zeitung* vom 22.01.2021, S. 3.

ZIPS, MARTIN: »Wer steht hier im Mittelpunkt?«, in: *Süddeutsche Zeitung* vom 11.06.2018, abrufbar unter: http://www. sueddeutsche.de/panorama/g-gipfel-wer-steht-hier-im-mittelpunkt-1.4010742

Schriften zur Rettung des öffentlichen Diskurses

PETER SEELE
Künstliche Intelligenz und Maschinisierung des Menschen
2020, 200 S., 190 x 120 mm, dt.
ISBN 78-3-86962-512-6

MICHAEL MÜLLER
Politisches Storytelling. Wie Politik aus Geschichten gemacht wird
2020, 168 S.,
Broschur, 190 x 120 mm, dt.
ISBN 978-3-86962-499-0

STEPHAN RUSS-MOHL (Hrsg.)
Streitlust und Streitkunst. Diskurs als Essenz der Demokratie
2020, 472 S.,
Broschur, 190 x 120 mm, dt.
ISBN 978-3-86962-552-2

STEPHAN RUSS-MOHL /
CHRISTIAN PIETER HOFFMANN (Hrsg.)
Zerreißproben. Leitmedien, Liberalismus und Liberalität
2021, 256 S.,
Broschur, 190 x 120 mm, dt.
ISBN 978-3-86962-535-5

MARCO BERTOLASO
Rettet die Nachrichten! Was wir tun müssen, um besser informiert zu sein
2021, 358 S.,
Broschur, 190 x 120 mm, dt.
ISBN 978-3-86962-493-8

ISABELLE BOURGEOIS
Frankreich entschlüsseln. Missverständnisse und Widersprüche im medialen Diskurs
2023, ca. 270 S., Broschur,
190 x 120 mm, dt.
ISBN 978-3-86962-643-7

TOBIAS ENDLER
Demokratie und Streit. Der Diskurs der Progressiven in den USA: Vorbild für Deutschland?
2022, 208 S., Broschur,
190 x 120 mm, dt.
ISBN 978-3-86962-645-1

SEBASTIAN TURNER /
STEPHAN RUSS-MOHL (Hrsg.)
Deep Journalism. Domänenkompetenz als redaktioneller Erfolgsfaktor
2023, 316 S., Broschur, 190 x 120 mm, dt.
ISBN 978-3-86962-660-4

HERBERT VON HALEM VERLAG

Boisseréestr. 9-11 · 50674 Köln
http://www.halem-verlag.de
info@halem-verlag.de